KB111298

커리어 하이어

Bring Your Brain to Work: Using Cognitive Science to Get a Job, Do it Well, and Advance
Your Career by Art Markman
Original work Copyright © 2019 Art Markman
All rights reserved.

This Korean edition was published by Jinsung Books in 2020 by arrangement with Harvard
Business Review Press through KCC(Korea Copyright Center Inc.), Seoul.

이 책은 (주)한국저작권센터(KCC)를 통한 저작권자와의 독점계약으로 진성북스에서 출간되었습니다.
저작권법에 의해 한국 내에서 보호를 받는 저작물이므로 무단전재와 복제를 금합니다.

커리어 하이어

1판 1쇄 발행 2020. 5. 22

저자 아트 마크먼
역자 박상진
추천 김경일

편집 김제형   디자인 한수정   관리 황지원   제작 오윤제
발행처 진성북스
등록 2011년 9월 23일
주소 서울특별시 강남구 영동대로 85길 38(대치동) 우편번호 06180
전화 02)3452-7762 | 팩스 02)3452-7761

값은 뒤표지에 있습니다.
ISBN 978-89-97743-49-0   (03320)

홈페이지 www.jinsungbooks.com
네이버 포스트 post.naver.com/jinsungbooks
이메일 jinsungbooks@naver.com

진성북스는 여러분들의 원고 투고를 환영합니다. 간단한 개요와 취지 등을 이메일로 보내주세요.
당사의 출판 컨셉에 적합한 원고는 적극적으로 책으로 만들어 드리겠습니다.

나의 경력을 빛나게 하는 인지심리학

커리어 하이어

아트 마크먼 지음 | 박상진 옮김
김경일 추천

진성북스
JINSUNGBOOKS

추천사

인간은 의외로 기존 방식만 고집하거나 중요한 순간에 깊은 생각을 거의 하지 않는다. 실제로 우리는 사소한 것에 엄청난 고민을 하면서도 막상 결정적 시점에서는 생각을 깊이 하지 않음으로써 일 속에서 뒤처지고 후회할 일을 만들어낸다. 그러므로 어떤 생각과 마음가짐으로 일을 바라보아야 하는가에 대한 논의가 필요하다. 이 책이 그 출발점이다.

사람들은 면접과 취업을 성공적으로 하는 법, 직장생활 잘하는 법, 동료들과 잘 지내는 법 등 훨씬 구체적인 방법들을 알고 싶어한다. 쉽게 말해 일상생활에 도움이 되는 내용을 간절히 원하는 것이다. 인지과학의 수많은 연구자들은 누군가 그 일을 해야 한다고 주장해왔지만 선뜻 나서는 사람이 없었다. 이제야 인지심리학이 고스란히 녹아있는 경력 관리 비법을 만나게 되었다.

사실 이 책에 등장하는 수많은 각 주제는 이미 다양한 책과 강연에서 다루어져왔다. 하지만 그 대부분의 내용은 자신의 성공 사례, 직관, 경험을 토대로만 이루어졌다. 그 팁들은 인과관계가 과학적으로 설명되지 않았다. 인과관계란 원인과 결과의 관련성으로 이 관계를 규명하는 작업은 지대한 노력이 담긴 연구를 통해서만 가능하다. 연구결과는 지금까지 방대한 양이 축적되어 왔다. 다만 세상을 살아가는 사람들에게 간결하고 쉬운 언어로 전혀 소개 되지 않았을 뿐이다. 이 책을 통해 경력 관리의 작동원리를 고스란히 이해할 수 있게 되었다.

인과관계를 알면 '왜' 그 행동을 해야 하는지 '이해'하게 된다. 이해하고나면 그 행동을 '언제' 다시 해야 하는지도 분명해진다. 인간은 이 측면들을 알게 될 때 비로소 알고 있는 것을 행동하는 '동기'를 갖게 된다. 즉 실행하는 인간이 되는 것이다.

마크먼 교수가 자신의 전작들을 포함해 이 책에서도 끊임없이 강조하는 내용이다. '인과관계를 명확히 이해함으로써 작은 실천들을 반복해 습관이 생기고 위대한 결과물을 만들어내는 것'은 모든 인지과학자들의 공통된 결론이다. 다만 마크먼 교수는 그것을 설득력있는 언어로 설명하는 특별한 재능이 있다.

자! 이제 일, 직장, 경력에 대한 인지과학의 지난 수십 년의 관련 연구들을 그의 탁월한 통찰로 요약·보고받고 활용할 있는 기회를 만끽할 수 있다. 직장에서의 성공과 효과적 커리어 관리에 관심있는 모든 분들에게 이 책의 일독을 강력히 추천한다.

인지심리학자 김경일, <지혜의 심리학> 저자

역자 서문

수년 전 성공적으로 번역·출간한 <스마트 싱킹> 이후, 세계적 인지심리학자인 아트 마크먼 교수의 책을 다시 접할 수 있는 행운을 얻었다.

작년 마크먼 교수가 현대자동차 세미나를 위해 내한했을 당시 '커리어' 관련 신간 출간 계획을 듣고 한국어판을 내기로 약속한 것이 현실이 되었다. 원제는 <Bring Your Brain to Work(두뇌를 가지고 직장에 가라)>다. 직장에서 성공하기 위해 주어진 환경에 매몰되지 말고 머리를 써 주도적으로 일해 성과를 내고 자신만의 커리어를 창조해내라는 의미다.

우리나라도 '경력 관리' 과목이 대학 정규 커리큘럼에 개설되어 있고 관련 컨설팅 회사도 여러 곳이 활동 중이지만 인지심리학을 본격적으로 활용하지는 않아 보인다. 경력 관리는 크게 2가지로 나눌 수 있다. 우선 입사를 했다면 직무관련 능력을 개발해야 한다. 자기분야에서 전문지식과 기술을 익혀 회사에서 필요한 존재로 발돋움하는 것이다. 이때 각 직급에 따른 필수조건이 있다. 예를 들어, 과장이라면 실무 관리, 의사소통, 팀원 관리, 인적 네트워크, 업계 정보, 조직의 중간역할 등에 대한 역량이 필요하다. 만약 임원이라면 성과 책임, 혁신 추구, 자기 관리, 리더십 발휘, 신사업 개발 등의 역할이 요구된다.

또 다른 측면은 큰 관점에서 경력 관리를 하는 것이다. 목적에 따른 전략적인 판단이 필요해진다. 다음 커리어를 위한 준비, 자신의 브랜드 가치 향상, 현재 업종에 대한 미래 전망 등을 검토할 필요가 있다. 나아가 경험이나 경력을 확장하기 위한 이직 준비는 계획적으로 추진해 나아가야 한다.

그렇다면 이 책만의 3가지 특징은 무엇일까?

첫째, 세계 최초로 인지과학(認知科學) 연구 결과를 책 군데군데 배치해 '취업-업무성과-이직'으로 이어지는 경력 경로의 전 과정을 새로운 시각에서 조명했다. 여기서 '인지'란 인간의 생각과 관련된 지각, 이해, 기억, 사고, 학습, 추론, 문제 해결, 언어 등을 말한다. 인지심리학은 탄생한 지 50년이 조금 넘었지만 최근 눈부시게 발전하는 분야다. 특히 정보혁명과 인공지능으로 대두되는 4차산업혁명 시대에도 각광받을 학문으로 인정받고 있다.

둘째, 저자는 이 책을 집필하기 전 미국 텍사스 주립대에서 '조직의 인재 육성(HDO)'이라는 석사학위 과정을 개설하고 책임자로 있으면서 '경력 관리'에 대한 이론과 실무를 몸소 익혔다. 따라서 이론을 소개하는 데 머물지 않고 현실에 즉시 적용할 수 있는 실용성까지 갖추고 있다. 2부 '성공적인 직장생활'에서 소개하는 내용은 이 책의 백미다. 학습, 소통, 성과, 리더십은 언제 어디서나 자신의 경력을 빛내줄 도구이자 필살기가 되리라 확신한다.

셋째, 내용 전개는 주장-이론 근거-사례 순으로 이해하기 쉽다. 인지심리학은 생각에 대해 설명하다보니 들을 때는 다 아는 것 같지만 막상 개념 정리를 할 때는 혼동되는 경우가 많다. 그 어려움을 극복하도록 도와주는 충분한 실례를 보여준다. 다양한 업종과 직무, 나아가 자신뿐만 아니라 아들의 사례까지 동원한 노력이 참신하다. 또한 저자 자신이 직접 활동하고 있는 재즈 연주와 관련된 박스기사는 즐거움과 공감이 오래가는 지혜까지 선사한다.

이 책을 잘 이해하고 실무에 적용하려면 저자가 말하는 동기적 뇌, 사회적 뇌, 인지적 뇌에 대해 먼저 알아야 한다. 인간의 뇌는 당연히 하나다. 단지 심리적으로 작용하는 메커니즘이 조금씩 달라 독자의 이해를 위해 나누어 설명했다.

우리가 시도하는 모든 활동에는 동기(動機)가 작용한다. 동기적 뇌는 목표와 연결되어 있고 감정의 영향을 받는다. 어떤 성취라도 동기가 없으면 좋은 결과를 기대하기 어렵다. 사회적 뇌는 타인과의 상호작용과 관련 있다. 직장에서 의사소통을 잘 한다면 다른 동료의 도움을 받을 수 있고 팀을 원활히 이끌 수도 있다. 사회적 네트워크는 그 자체가 경력 관리의 자산이 되기도 한다. 마지막으로 인지적 뇌는 정보와 지식을 처리하는 곳이다. 특히 단순한 지식이 아니라 고품질 지식을 얻는 데 사용된다. 고품질의 인과지식이 많을수록 새로운 문제를 해결할 가능성이 커진다. 사물의 원리를 이해하고 있다면 어떤 상황에서든 대안 도출이 가능하기 때문이다.

따라서 직장생활에서 원하는 성과를 기꺼이 달성하여 자신의 발전과 조직의 성공에 기여하고 넓은 시각에서 경력 경로 관리를 잘 해보겠다는 목표가 설정된 경우, 수많은 방법 중 우선 동기적, 사회적, 인지적 뇌의 관점에서 직면한 상황을 다루어 본다면 기존 방법과 비교할 수 없는 효과가 있으리라 생각한다.

경력 관리에서는 멘토의 역할도 중요하다. 자신이 경험하지 못한 상황에서 중요한 결정을 내려야 할 때 풍부한 경험과 식견을 가진 멘토의 코칭은 큰 도움이 될 것이다. 다만 멘토는 자신이 걸어온 길에서만 멘티의 미래에 대한 대안을 찾지 말고 새로운 정보나 지식을 충분히 얻은 후 멘토링하는 것이 바람직하다. 시대에 뒤떨어지지 않은 멘토링이 필요하다는 말이다. 그런 측면에서 이 책은 멘토를 위한 훌륭한 가이드 북으로도 손색이 없다.

지난 1월 30일 미국 출장길에 오스틴에 있는 텍사스 주립대를 방문해 마크먼 교수를 만났다. 그의 여러 저서가 사무실 창 앞에 가지런히 배열되어 있었고 그 중 7년 전 역자가 번역했던 <스마트 싱킹>도 눈에 띄었다. 1시간이 넘는 토론에서 해박한 지식과 명쾌한 설명에 압도당하지 않을 수 없었다. 그가 내뿜는 엄청난 에너지는 아직 한기가 채 가시지 않은 그곳에 열기를 더하고도 남았다. 언제나 겸손하고 유쾌한 표정에서는 신뢰감이 묻어났다.

독자께서 이 책을 천천히 읽어보길 권한다. 많은 전문용어와 심리학 연구 결과가 소개되어 있으므로 이론과 이론, 이론과 실례의 인과관계를 깊이 헤아려본다면 모든 지식을 얻을 때 경계해야 할 '설명 깊이의 착각'에서 벗어날 수 있을 것이다. 아울러 어디선가 들어본 듯한 익숙함에 속아 우리가 '모른다는 것을 아는 능력'인 '메타인지'의 함정에도 빠지지 않을 수 있다.

끝으로 국내 대학 경영학과에서도 직업 현장에서의 문제해결력을 키울 수 있는 인지심리학 한 과목 정도는 가르칠 시대가 조만간 오길 기대해본다.

역자 박상진, 진성과학(주) 대표이사

●●● 차례

BRING   YOUR
BRAIN TO WORK

1장
인지심리학과 경력 관리

사람들은 대부분 정규교육을 통해 다양한 도움을 받는다. 특정 직업을 구하기 위해 여러 기술을 배우고 폭넓은 비판적 사고력도 기른다. 아마도 의사소통 능력 향상에 중점을 두었을 수도 있다. 그러나 직장에서 필요한 모든 내용을 학교교육으로 얻을 수는 없다. 직업 현장에서 업무를 효과적으로 수행하는 데는 너무나 많은 요인이 작용하기 때문이다.

대학교수로서 나는 미래 직업에 대해 심사숙고하는 사람들과 많은 시간을 보낸다. 학부생들은 졸업 후 첫 취업을 걱정한다. 대학원생들은 연구를 계속할 것인지 아니면 산업 분야, 정부기관, 비영리 단체 등에서 근무할 것인지 결정해야 한다.

나는 텍사스 주립대에서 '조직의 인재 육성^{HDO: Human Dimensions of Organization}'이라는 석사과정을 개설하는 데 일조했다. 기업의 중간 전문직 종사자들에게 '인간의 역동성'에 대해 가르친다. 이 프로그램의 등록생들은 전반적인 '경력 개발'에 대해 심도 있게 배운다. 일부는 경력을 바꾸는 데 활용하고 다른 학생들은 현재의 직장에서 업무수행 능력을 향상시키는 데 배운 지식과 경험을 유용하게 활용한다.

사람들은 일찍부터 수많은 심리학 연구들이 경력 관리에 대한 대안을 다룬다는 사실을 알고 있었지만 극소수만 연구결과를 실제로 활용해왔다. 23살이던 큰아들과 전화 통화했을 때가 생각난다. 그는 직장에서 힘들었던 하루를 설명하며 조금 흥분한 상태였다. 사무실의 한 직원이 고객에게 회사 비밀 정보를 누설했다는 이유로 자신을 심하게 꾸중했기 때문이다.

이런 상황에서 아들은 어떡해야 할까? 상사에게 즉시 달려가 그동안의 자초지종을 말해야 할까? 고객과의 문제를 해결해야 할까? 불쾌한 동료와 대화를 나누어봐야 할까? 무엇을 잘못했고 문제를 어떻게 해결할지 제대로 파악할 수 있을까? 당신이라면 이 문제를 어떻게 풀어갈 수 있을까?

잠시 생각해보자.

이제 자신에게 물어보자. 직장에서 부딪치는 이런 곤란한 상황에 대처하는 방법을 학교수업에서 배워본 적이 있는가? 전혀 생각나지 않을 것이다. 첫 직장을 잡은 후에도 그런 수업은 여전히 필요하다. 방금 동료의 비난을 받은 신입사원의 관리자라고 가정해보자. 그 상황을 어떻게 처리할 것인가? 정보를 누설한 신입사원을 처벌할 것인가? 소리 지른 직원에게 화를 낼 것인가? 당사자 둘이 직접 해결하도록 할 것인가? 아니면 다른 대안이 있는가?

구직활동을 처음 시작할 때부터 취업 후 직장생활을 시작하면서 경험하는 대부분은 과거 20년 동안 여러분이 배웠던 내용과 전혀 다를 것이다. 대학생들은 자신의 전공 관련 직업수업을 들을 수 있지만 실제로 첫 직장을 구하는 방법은 많이 익히지 못하는 실정이다. 글쓰기 수업에서 훌륭한 문장 작성법을 집중적으로 배우지만 화가 난 동료와 대화하는 방법은 없다. 프로젝트에서 성과를 내도록 동료들에게 동기부여해주는 방법도 배우지 않는다. 시험에 대비하는 학습법은 배우는 내용상의 오류를 고치는 데는 도움이 되지만 직장에서 고객에게 서비스하는 프로젝트에서 발생하는 문제의 해결법은 알려주지 않는다. 오늘날 학교교육 시스템에서 개인의 발전은 점수에서 점수로, 수업에서 수업으로 정해지고 그것에 의존하고 있다. 그렇다면 적절한 이직 시점과 전체적인 경력 관리를 위해 일자리를 바꾸어야 할 단계는 어떻게 알 수 있을까?

대부분 이런 상황을 임시방편으로 해나가고 있다. 실수를 통해 배우기도 한다. 일부 동료들에게는 깊은 인상을 심어주지만 다른 동료들과는 적이 되기도 한다. 지난 수년의 시간을 되돌아보고 성공으로 이끌어준 요인에 대해 자기 생각을 말하곤 한다.

그중 일부는 직장에서 성공하는 법과 직장에서 리더가 되는 길을 책으로 쓰기도 한다. 그들은 자신의 특정 경력을 강조하는 나름의 철학을 모두가 따라야 하는 조언 수준으로까지 끌어올린다. 불행히도 사람들은 경력 경로에 영향을 미친 수많은 요인(행운이나 기회)으로부터 자신이 직접 결정한, 매우 중요한 선택을 구별하는 데 어려움을 겪는다. 많은 사람의 경험담을 훑어보면서 조언을 구하는 바가 훨씬 나을 수도 있다.

우리는 효과적인 경력 관리를 위해 인간의 마음과 뇌 작동을 연구하는 인지과학의 도움을 받을 수 있다. 인지과학은 심리학, 신경과학, 인류학, 컴퓨터공학, 철학 등을 포괄한다. 눈부시게 발전하는 분야로 생각하고 느끼고 행동하는 방식을 탐구한다. 특히 현명한 직장생활에 필요한 실질적인 노하우를 많이 알려준다.

이런 연구는 동기를 부여해 매일 직무를 잘 끝내고 업무에 필요한 새로운 기술을 배우도록 해준다. 동료와 고객 응대법에 대해 깊이 연구하고 사람들이 특정 방법으로 일하는 이유도 설명해준다. 직장에서 생산성이 낮은 업무를 피하고 저지른 실수를 만회할 효과적인 방법도 제시할 것이다. 나아가 좀 더 넓은 시각에서 직업과 경력의 의미를 인식하고 가능한 자신의 잠재 가치를 최대로 끌어올려 삶을 빛나게 해줄 방법을 탐색한다.

자, 이제 시작해보자.

●●●
자신의 경력을 효과적으로 관리하자

'성공'이라는 단어가 지닌 큰 문제점은 바로 그것이 명사라는 점이다. 누군가 성공하면 그를 성공한 사람들의 범주에 넣는다. 심리학자들은 이렇게 분류할 때 사람들은 그 범주에 속하게 만드는 본질을 가정한다는 사실을 알아냈다. 범주가 동물이라면 이런 분류는 상식적일 수 있다. 예를 들어, 어떤 동물이 고양이의 본질, 즉 DNA를 갖고 있다면 그 동물이 고양이라는 가정은 타당하다. 이런 방법을 사람에게 적용하면 비상식적이지만 사람들은 여전히 그렇게 사용하고 있다.

프랜 Fran은 화가다. 단지 그녀가 그림을 그리기 때문이 아니라 화가의 범주에 속하는 그녀의 높은 자질 때문에 화가라고 판단하는 것이다. 제스 Jesse는 자신을 초조하게 만드는 요인 때문에 불안해한다.

마찬가지로 누군가 성공했다고 생각할 때 성공으로 이끄는 필수불가결한 자질을 그가 가졌다고 가정한다. 당신은 그런 자질이 없어 탁월하지 않다고 걱정할 수도 있다. 그렇다면 이제 '성공'이라는 명사는 접어두고 동사인 '성공하다'로 넘어가보면 어떨까? 모든 것이 바뀐다.

동사는 행동이다. 성공은 원하는 결과를 이끌어내는 행동이다. 성공하려면 현상을 개선하려는 지속적인 노력이 필요하다. 경력(커리어) 과정에는 한 직무에서 타 직무로 바꾸는 능력 향상도 포함된다. 성공하려면 오랫동안 자신에게 동기부여해주는 것도 필수다. 리더나 혁신가도 마찬가지다. 누군가가 성공하고 리더가 되고 혁신하도록 도와주는 자질은 극소수에게만 있다. 반면, 가장 원하는 성과를 이끌어내는 것은 개인의 자질보다 '일하는 과정'에 달려 있다. 결국 성공이란 이미 정해진 특정 속성에서 비롯되는 것이 아니라 일의 프로세스와 방법을 잘 해낼 때 얻어지는 성과다.

경력 개발에 매진해야 한다는 생각은 새삼스럽지 않지만 많은 사람이 경력을 개발한다면서 엉뚱한 활동에 에너지를 쏟아붓는 점이 안타깝다. 일반적으로 자신이 통제할 수 없는 요인들을 걱정하면서도 막상 충분한 영향을 미칠 수 있는 상황에서 적절한 행동을 취하지 못하는 경우가 많다. 좋은 결과를 가져올 중요한 직무를 실행하는 방법을 모르거나 나태하기 때문이다.

이 책은 인지과학을 통해 효과적인 경력 개발법을 알려주는 것이 목적이다. 이 목적을 이루려면 2가지를 반드시 수행해야 한다.

첫째, 경력 경로를 정의하는 3단계를 이해해야 한다. 즉, 취업, 직무 개발, 이직이다.

둘째, 목표 달성에 필요한 3가지 두뇌 시스템인 '동기적 뇌', '사회적 뇌', '인지적 뇌'에 대해 숙지하는 것이다.

●●●
경력 주기

경력이란 정확히 무엇인가? 주변 사람들에게 물어보면 일정한 공감대가 형성된다. 경력의 범위는 특정 직업 범위보다 넓다. 경력에는 조직, 산업, 직업 분야에서 기여할 수 있는 기술습득이 내포되어 있다. 지금까지 한 명이 거쳐온 모든 직장이 경력은 아니다. 의대생이 잠시 즉석 요리사로 일했다면 경력 개발로 볼 수 없다. 현장 조리사로 3년을 보내는 풋내기 요리사는 비슷한 일을 하지만 경력 개발 경험을 쌓고 있다고 보아야 한다.

종종 사람들은 경력의 실마리를 파악할 수 있는데도 실제로 어떤 경력에 어떤 업무가 따르는지 정확히 정의하지 못한다. 사실 미국 노동통계국은 사람들이 평생 동안 갖는 직업 수는 추적하지만 경력 수는 추적하지 않는다. 경력을 정의할 때 중요한 것은 사람들이 자신의 일생을 분명히 되돌아보아야 한다는 점이다. 인생에서 앞으로 나아가면서 경력을 바꾸는 시점은 분명하지 않을 수도 있다.

예를 들어, 나는 일리노이대 심리학과 졸업 후 노스웨스턴대, 컬럼비아대를 거쳐 현재의 텍사스 주립대에서 교수로 일하고 있다. 이런 점에서 3개 직장을 가졌지만 교수로서 하나의 경력을 개발해온 것이다. 하지만 이런 상황을 바라보는 다른 관점이 있다. 대학원 재학 때부터 약 10년 동안 텍사스대에서 가르칠 때까지 내게는 주요 관심사가 있었다. 바로 학술지에 게재할 논문을 쓰기 위한 기초연구였다. 텍사스대에서 10년 차를 보낸 후에는 블로그, 서적, 라디오 쇼인 '투 가이스 온 유어 헤드 Two Guys on Your Head'를 통해 내 연구결과를 대중에게 널리 알리기 시작했다.

또한 인지과학에 대해 더 많이 배워 비즈니스 현장에서 활용하고 싶어하는 기업들에게 컨설팅도 하고 있다. 그럼 이것은 두 번째 경력인가, 아니면 첫 번째 경력의 일부인가? 컨설팅은 기존 경력과 같은 종류로 외부 소통에 속하는가, 아니면 완전히 다른 것인가?

더 복잡한 이야기를 해보겠다. 텍사스대에서 12년째 근무할 때 나는 '조직의 인재 육성 HDO' 프로그램 책임자가 되었다. 학부생과 석사 과정의 대학원생들에게 직장에서 만나는 조직 구성원에 대해 가르쳤다. 이런 행정 관리자의 역할은 교수 경력의 일부인가, 커뮤니케이션 및 컨설팅 경력의 일부인가, 아니면 아무 관계도 없다고 보아야 하는가? 이 모든 것이 경력 궤도의 일부처럼 느껴진다. 취미로 스카 밴드에서 색소폰 연주자로 보낸 시간보다 이런 일에 더 많은 시간을 투자한 것은 분명하다. 예를 들어, 내게 기업 컨설팅 경험이 없었다면 실무 전문가가 목표인 'HDO 석사 과정' 운영은 분명히 어려웠을 것이다.

경력 정의는 매우 어려우므로 이 책에서는 주로 직업과 직책에 초점을 맞추었지만 10장에서는 단지 특정 직업에 대한 개념보다 경력 관리에 대한 논의로 돌아갈 예정이다. 직업을 정의하기는 다소 쉽다. 미국 노동통계국은 직업을 한 회사에서 일한 기간으로 정의한다. 직책은 특정 회사에서 맡는 역할이다. 수년 동안 조직 내에서 많은 직책을 맡을 수 있지만 동일 기업(고용주)을 위해 일하는 기간은 직업으로 간주된다.

2015년 미국 노동통계국은 1957~1964년 사이에 출생한 베이비붐 세대를 조사해 발표했다. 그들은 18~48세 사이에 평균 11.7개의 직업(직장)을 가졌다. 이런 사실은 조사 대상자들이 첫 30년 동안 평균 2~3년마다 직장을 바꾸었다는 의미다. 다소 많은 이동인데 최근 그 추세가 가속화되고 있다.

경력 주기는 취업, 직무 개발, 이직 3단계로 나뉜다. 이 단계들은 항상 완전히 분리되지 않는다. 같은 회사든 다른 회사든 일하면서 타 직책을 알아볼 수도 있다. 현재의 직장을 떠나지 않은 상태에서 경력 개발을 위해 교육 수강을 선택할 수도 있지만 이 둘은 완전히 별개로 분리된다. 대부분 직업 주기의 3단계를 인식하지만 각각의 구체적인 양상에는 익숙하지 않다. 다음

중 무엇을 분명히 알고 있는지 자문해보자.

- 채용 시 리크루터가 지원서를 평가하는 과정
- 입사 면접에서 답을 모르는 질문에 대처하는 법
- 면접 자리에서 예비 고용주에 대해 배우는 법
- 직장생활 도중에 저지른 큰 실수를 만회하는 법
- 내게 무관심한 상사를 대하는 법
- 직장에서 스트레스를 받는 이유와 해결법
- 자신의 실적을 동료들과 비교해야 할까?
- 직장에서 동료들의 관리자가 될 때의 대처법
- 팀원의 성격 특성에 따른 효과적인 문제해결
- 직업에서 성취와 기여의 차이는 무엇인가?
- 동기부여법과 목표전염 그리고 연결 가능한 간극
- 조직의 리더로서의 책임과 역할 그리고 윤리
- 이직, 전직, 승진의 기회와 적절한 의사결정
- 현재의 고용주에게 새 직장 지원을 설명하는 법
- 상급 또는 다른 학위는 언제 취득해야 할까?
- 실직과 사회적 네트워크 그리고 경력 경로 관리

위의 목록에서 빠진 내용 중에서도 각 개인이 처한 상황에 따라 곧바로 현장에서 활용할 수 있는 내용들이 많다. 참고로 이 중 한 가지는 내가 강연

했던 세미나에서 참석자와 나눈 대화에서 나왔다.

그녀는 수년 동안 대학 근무환경을 개선하는 중견 기술기업에서 일해왔다. 또래 8명과 함께 입사했고 퇴근 후에는 서로 어울려 술을 마시며 유대감도 키워나갔다. 나와 만났을 때 그녀는 승진에만 급급했다. 결국 승진한 후 일부 입사 동기가 그녀에게 직접 보고하게 되었고 그런 상황이 불편해졌다. 동기들은 술을 마실때면 종종 그녀에 대해 불평했다. '우리의 일부'에서 '그들 중 한 명'이 될 참이었다.

그녀의 스트레스 원인은 분명했다. 때에 따라서는 입사 동기를 부정적으로 평가해야 하는데 여전히 동료들과 행복한 시간을 보내야 할지 결정할 수 없었기 때문이다. 이 사례가 보여주듯 직장에서 부딪치는 특정 상황들은 미리 예상해 대비하기가 어렵고 다양한 문제들을 일으킨다. 하지만 직책, 직업, 전반적인 경력 주기를 관리해 나가는 데 도움이 될 만한 연구결과들이 많이 나와 있다. 먼저 '뇌의 작동 원리'를 이해하는 데서부터 출발해야 한다.

당신의 뇌

조지 W. 부시 전 미국 대통령은 1990~1999년의 10년을 '두뇌의 10년'이라고 불렀다. 그는 인간의 신비한 뇌를 연구하는 데 지속적인 투자를 하기로 했다. 이후에도 뇌에 대한 관심과 매료는 점점 더 커졌다. 뇌가 어떻게 그런 결과를 초래하는지를 논의한다면 사람들은 심리학의 연구결과를 더 강하게 신뢰할 것이다. 최근 '신경 Neuro'이라는 접두사를 사용하게 되면서 특정 분야뿐만 아니라 시장의 관심과 기대도 불러일으켰다. 바야흐로 신경경제학 Neuroeconomics과 신경마케팅 전문가가 세간의 이목을 끌게 되었다.

이 책을 쓰기 위해 인지과학에 대한 대중의 관심을 이용하고 싶지는 않다. 내 전공인 인지심리학은 이번 장에서 이미 말한 학제간 영역 Interdisciplinary으로 여러 학문분야가 함께 연구하고 있다. 경력 전반에 걸쳐 신경과학을 포함한 인지과학의 다른 영역에도 과감히 뛰어들어 연구해왔지만 대부분 심리학 방법론을 사용했다. 따라서 이 책에서 설명하는 대부분은 심리학에서 도출되었음을 밝혀둔다.

심리학 용어를 자주 사용하고 기억, 주의력, 동기, 언어 등의 개념을 말한다. 이때 우리는 마음 The Mind에 대해 논의하게 된다. 이 개념은 워드프로세서의 기초인 프로그래밍 개념처럼 인간의 뇌에 적용한다. 우리가 사용하는 특정 하드웨어에 의해 웹 브라우저가 구현되듯 그 개념들은 인간의 뇌에 의해 구현된다. 즉, 뇌가 하드웨어라면 마음이나 심리는 소프트웨어에 해당한다고 보면 된다.

일부 내용은 마음을 이해하는 데 꼭 필요한 뇌의 특징을 언급하며 신경과학 수준으로 깊이 파고들 예정이지만 아직 뇌 기능의 일부만 과학적으로 밝혀냈을 뿐이다. 현재는 사고의 복잡성을 밝혀줄 연구결과가 부족한 실정이다. 즉, 더 효과적으로 일하는 방법을 알아내거나 시장에서 제품을 고객에게 판매하는 방식에 대한 과학적 연구가 더 많이 필요하다. 그럼에도 불구하고 우리를 설득하려는 누군가는 실제로 심리학을 과도하게 앞세우고 있다.

이 책에서는 성공적인 직장생활의 필수요소인 '정신 시스템', 즉 '동기적 뇌', '사회적 뇌', '인지적 뇌'에 초점을 맞출 것이다. 이 용어들은 다소 광범위하게 쓰이고 있다. 실제로 뇌는 이렇게 3가지로 뚜렷이 구분되어 있지 않기 때문이다. 동기적, 사회적, 인지적 기능을 작동시키는 뇌의 부분들은 생리적으로 서로 얽혀 있지만 마음과 뇌가 작용하는 방법 연구는 독립적으로 수행된다. 연구결과는 다른 이론으로 설명되기도 하기 때문에 3가지 이름을 붙인 것이다. 그 3가지를 별도로 취급해 이 책에서 제안하는 내용을 숙지한다면 실제로 직장에서 활용하는 방법을 이해하는 데 도움이 되리라 본다.

일을 잘 해내려면 도전의욕을 불러일으키는 동기가 시발점이 된다. 또한 조직에서의 성과는 다른 사람들의 참여를 이끌어내는 사회성이 필요하다. 나아가 올바른 일을 제대로 실행하려면 사물의 원리를 꿰뚫어보는 인지적 능력도 요구된다.

'**동기적 뇌**'는 인간이 뭔가를 실행하거나 회피하도록 하는 메커니즘의 집합이다. '동기적 뇌'의 기능을 담당하는 변연계 Limbic System는 뇌의 핵심영역인데 진화적으로 매우 오래되었다. 인간 진화의 줄기에서 나뉜 생쥐와 사슴의 뇌에서도 발견되는 영역이다. 당신, 동료, 상사에게 동기를 불어넣어줄 요인을 안다면 직무를 관리하고 스트레스와 만족감의 근원을 이해하는 데 큰 도움이 될 것이다.

'**사회적 뇌**'는 타인들을 잘 다루는 데 필요한 시스템의 집합체다. 대학에서 배우는 대부분의 교육은 개인 스포츠와 같지만 회사 일은 팀 스포츠인 경우가 많다. 조직에서는 남들이 당신을 어떻게 평가하는지 알아야 한다. 조직의 목표를 달성하기 위해 팀이 함께 일하도록 만들어야 한다. 자신의 목표를 달성하는 데 남들이 어떻게 반응하는지도 예상해야 하고 타인의 목표 달성을 어떻게 도와줄지 판단해 적절한 지원도 해주어야 한다.

인간의 뇌는 타인과 함께 일하는 데 유리하도록 진화해왔다. 결국 인간은 엄청난 육체적 기량 때문이 아니라 인간 사이의 활동을 조정하는 능력 때문에 지구를 지배할 수 있었다. '사회적 뇌'는 내가 진행하는 세미나에 참석한 그녀가 관리자가 되는 데 사용해야 했던 바로 그 능력이다. 8장에서 다시 설명할 예정이다.

'**인지적 뇌**'는 판단하고 소통하는 데 작동하는 정교한 구조들의 집합체다. 경험에 근거해 순간적인 판단을 내리고 복잡한 추론에 관여한다. "사업의 본질은 당신이 알고 있는 지식의 문제가 아니라 당신이 알고 있는 사람이다"라는 진부한 말을 들어보았을 것이다. 물론 사업에서 아는 사람들이 결정적인 역할을 하겠지만 사물의 이치를 많이 모른다면 당신을 무능하게 생각할 가능성이 크다. 따라서 '아는 지식'과 '아는 사람'이 함께 성공으로 이끌어 준다고 말해도 과언이 아니다.

책 전체에서 뇌에 대한 세부사항을 소개할 예정이다. 뇌의 구체적인 명칭을 적시하겠지만 그렇지 않은 경우도 있다. 자신의 경력을 잘 관리하기 위해 동기적, 사회적, 인지적 요인들을 정확히 판단해 적용하는 것이 핵심이

 **재즈 브레인: 통찰력 키우기**

즉흥연주

인간의 주목할 만한 또 다른 면은 즉흥적으로 행동하는 능력이다. 사람들은 새로운 상황에 대처하고 즉시 계획을 바꾸는 데 매우 능숙하다. 이것을 잘하려면 즉흥성의 핵심요소를 이해해야 한다. 여러 장에서 이런 박스 기사에 즉흥적으로 대처하는 방법을 소개한다.

음악적인 측면에서 나는 내가 태어났어야 할 세대보다 1~2세대 늦게 태어났다. 내가 성장했던 1980년대의 주류 음악인 뉴웨이브와 싱크로 팝보다 재즈에 항상 끌렸다. 음악을 더 배우기 위해 30대에 직접 색소폰까지 잡았다. 취미가 직업에까지 선순환될 거라곤 전혀 예상하지 못했다.

즉흥연주를 잘하려면 전문지식이 필요하다. 경험이 풍부한 사람들이 그 전문성에 갇혀 새로운 방식으로 상황을 바라볼 수 없다는 선입견이 있다. 그런 경우는 분명히 발생할 수도 있지만 새로운 기회나 새로운 업무 방식에 관심을 두지 않는 것은 경험에서 나오는 결과가 아님을 분명히 밝혀둔다.

가장 유연한 사람은 전문 영역에서 깊은 지식을 보유한 사람들이다. 전문가들은 새로운 환경에 적응하는 데 유용할 수 있는 많은 내용을 과거 경험에서 가장 잘 떠올릴 수 있다. 그들은 특정 행동의 결과도 예상할 수 있어 우리 행동의 성공 여부도 잘 판단한다. 그러므로 직장에서 다양한 상황에 더 자주 노출될수록 더 많이 배울 수 있다. 낯선 일은 불편하고 처음 시도한다면 실수하기도 쉽지만 경험해본 업무 범위가 넓을수록 더 유연하게 일할 수 있다는 점을 기억해야 한다.

다. 생각하는 방법이나 원리를 더 많이 배울수록 더 자연스럽게 뇌가 작동하기를 원하는 방법에 맞추면서 더 쉽게 일하게 된다.

●●●●
계획

이 책은 뇌 관련 다양한 연구결과와 병행해 3단계 직업 주기 전 과정에서 직면할 상황들에 적합한 문제 해결법을 설명한다. **'취업-직무-이직'** 전체에 영향을 미칠 동기적, 사회적, 인지적 뇌에 대해 다룰 것이다.

독자가 이 책을 펼쳤다면 3단계 직업 주기 중 최소한 한 가지에는 관심을 가질 가능성이 크다. 각 장은 독립적으로 구성되어 있어 현재 목표에 가장 적합한 장부터 읽어도 된다. 중간부터 읽기 시작한 독자를 위해 각 부분의 해당 내용과 관련된 앞뒤 내용의 위치를 말했지만 자신의 경력과 다른 단계를 중점적으로 다루는 섹션에서 유용한 정보를 찾을 수도 있다.

또한 이 책이 자신에게 적합한지 궁금할 수도 있다. 당신이 신입사원이라면 여기서 논의하는 많은 내용이 낯설 수 있다. 경력상 중간위치더라도 그 바탕에 깔린 인지과학이나 심리학에 별 관심을 두지 않고 직장생활을 꾸려나갈 아이디어를 개발했을지도 모른다. 그런 경우, 이 책은 유용한 인지심리학적 도구를 제공한다. 만약 문제없이 업무에 이미 몰두하고 있다면 먼저 2부에 초점을 맞추고 직장에서 실적을 향상시키는 방법을 탐구해본다면 유익할 것이다.

마지막으로 적극적으로 일자리를 찾거나 이직을 시도하지 않았더라도 동료, 친구, 멘티들에게 조언할 기회는 많다. 타인들의 직장생활을 효과적으로 관리하는 방법에 대해 적절히 이야기할 수 있는 중요한 주제, 전문용어, 해법을 기꺼이 선사한다.

이 책을 읽으려면 노력도 필요하다는 점을 알아야 한다. 수년 동안 학교에서 첫 직업을 얻는 데 필요한 전문지식을 연마했을 것이다. 마찬가지로 자신의 경력 개발을 위해 동기적, 사회적, 인지적 뇌를 최적화하는 데 일정한 시간과 노력을 투입할 각오도 해야 한다. 언젠가 우리는 영화 <매트릭스>의 주인공 네오 Neo가 쿵후를 배우던 모든 기술을 뇌에 곧바로 업로드할지도 모른다. 그렇게만 된다면 시간 투자 없이 원하는 지식을 얻지 않겠는가.

하지만 현재로서는 당신 자신과 동료, 고객의 뇌 기능을 이해하도록 도와주는 것이 내 목표다. 이 책을 읽고 복잡한 업무 상황에서도 효과적인 결정을 내리도록 충분한 지식을 갖추길 바란다. 직접 인터뷰한 내용과 SNS에서 얻는 이야기를 통해 재미있는 인지심리학 원리를 설명할 예정이다. 복잡한 문제의 일률적인 답은 없다. 직장에서 뇌를 더 잘 작동시킬수록 어려운 문제를 해결할 방법이 더 많은 것은 분명하다.

심리학 문헌에서 도출된 연구와 결론에 근거해 다양한 해법을 이 책 전반에서 제시한다. 가끔 본문에서 특정 연구자와 연구결과를 인용한다. 효과적인 이야기 연결을 위해 인용한 텍스트 정보는 주지 않는다. 책 말미에 참고문헌의 출처를 장별로 표시해두었다.

또한 경력 단계가 다른 사람들의 이야기를 예로 들어 주요 논점을 설명하려고 애썼다. 그 이야기들은 책을 쓰면서 SNS에서 사람들이 던진 질문에 답하기 위해 질문자의 경험 정보를 제공받았다. 이런 경우, 이름만으로 식별되며 익명성 보호를 위해 일부 세부사항은 생략되었음을 밝혀둔다. 각 장은 2개의 '핵심내용'으로 끝난다. 하나는 해당 장의 핵심 인지과학 개념에 초점을 맞추었고 또 하나는 유용한 실무 활용 팁에 초점을 맞추었다. 이 섹션을 활용하면 다시 보고 싶은 내용을 금방 찾을 수 있다.

책을 시작하면서 언급했던 일화로 돌아가보자. 아들은 직장에서 자기 책상으로 돌아갔다. 동료가 잠시 그에게 고함치게 만든, 자신이 한 일에 대해 생각한 후 상사에게 그 상황을 찬찬히 설명해주었다. 그는 고객에게 잘못 말한 데 대해 사과했고 자신이 다르게 행동했어야 했던 최선책을 말했다. 마지막으로 앞으로 같은 상황이 벌어졌을 때의 더 효과적인 대처법을 상사에게 물어보았다. 그것은 현명한 방법이었을까?

계속 읽어보자.

BRING YOUR BRAIN TO WORK

1부
취업 활동
Getting A Job

2장
가치 있는 기회

나는 텍사스 주립대를 여러모로 사랑한다. 교수로 일하는 데 매우 적합하고 힘이 된다. 학부생과 대학원생 모두 우수하고 최고 수준의 시설에 근무 환경도 뛰어나다. 하지만 어려운 상황이 하나 있다. 학부생들에게 입학하기도 전부터 전공 선택을 요구하기 때문이다. 일부 학생은 학교에 도착한 직후까지 선택을 보류하지만 기다림이 길어질수록 4년 안에 졸업하기가 어려워질 수 있다. 예를 들어, 인문계열에서 자연과학계열로 또는 커뮤니케이션 전공에서 상경계열로 전과를 원할 경우, 특히 곤란한 상황이 된다.

문제는 대부분의 대학 신입생들이 자신의 삶을 어떻게 꾸려나갈지 별다른 계획이 없다는 점이다. 7살 때는 연예인, 카레이서, 요리사, 운동선수가 되고 싶어한다. 중·고생들의 상상력은 지금까지 노출된 경험에 국한될 뿐이다. 그들은 지금까지 보아온 부모님과 이웃 어른들의 일에 대해서는 어느 정도 알고 있다. K-12 교육, 즉 유치원부터 고등학교까지 미국 교육과정에서 가르치는 과목들의 범위는 협소하다. 적어도 내 경험상은 분명히 그랬다.

고3 당시 나는 장래에 회계 관련 경력을 추천하는 직업 설문조사 결과를 받은 적이 있다. 그 분야에 특별한 관심이나 재능이 있어서가 아니라 아버지가 회계사라는 사실이 반영된 결과라고 확신한다. 학생들이 관심가는 과목을 찾으려면 다양한 주제 탐구에 일정 수준 이상의 시간을 투자하는 것이 바람직하다. 이때 18세, 25세, 40세 때의 관심을 굳이 고려할 필요는 없어 보인다. 직업은 끊임없이 변하고 있다. 기술의 발달로 새로운 일자리와 경력의 문은 항상 열려 있다. 물론 그 변화 때문에 일부 일자리가 사라지기도 한다.

경력이 풍부한 사람들조차 어느 순간 중대한 변화에 직면했음을 느끼게 된다. 이직이 필요한 순간의 징후들에 대해서는 9장에서 다룰 예정이다. 이직을 결심하고 다른 직장을 구하는 과정은 처음 취업준비를 할 때 실행해야 했던 내용과 매우 비슷할 것이다. 그때처럼 많은 문제에 직면할 것이므로 2장에서 다룬 내용이 더 중요해질 수 있다.

● ● ●

자신의 열정을 찾아야만 하는가?

대학생과 구직자에게 던져진 과장된 문구는 "당신의 열정을 찾아라"다. 물론 선의에서 나온 충고로 이해한다. 자신의 경력에 흥분할 만큼 적극적인 사람들은 목표를 달성하기 위해 긴 시간을 투입하고 장애물을 적극적으로 극복해낸다. 업무에 만족하고 혹시 좌절하더라도 쉽게 회복되므로 구직 시 열정적인 사람은 그 직업에 헌신적일 것이라는 가정은 당연하다.

하지만 이런 일반적인 생각을 평가하기 전에 '동기적 뇌'를 깊이 탐구해보자. 열정은 어디서 나오는가? 열정은 감정이다. 감정은 동기적 뇌에서 나온다. 동기적 뇌의 많은 회로는 뇌 깊은 곳의 기저핵 Basal Ganglia과 관련 있다.

대뇌반구의 시상(視床) 바깥쪽에 있는 회백질 덩어리로 운동, 반복적 업무 수행, 강박행동, 감정 등과 관련된 부위다. 1장에서 이미 언급했듯이 이 부위는 쥐와 사슴의 뇌 구조와 비슷하다. 오래 전 인간으로 진화하기 전부터 생긴 기관이다. 인간과 동물의 뇌의 분명한 차이점은 뇌 외부 표면의 피질 Cortex 크기다. 기억력이나 사고력을 관장하는 전두엽이나 운동을 관장하는 두정엽, 청각적, 시각적 기억을 처리하는 측두엽 등은 모두 대뇌피질에 속한다.

감정을 관장하는 뇌의 깊은 부분은 사회적, 인지적 두뇌를 제어하는 피질 영역과 별로 연결되어 있지 않다. 그 결과, 사람들은 자신의 동기 시스템을 작동시키는 내관(內觀) 능력이 거의 없는 대신, 동기적 뇌는 주로 감정을 통해 인지적, 사회적 뇌와 많이 소통한다. 이는 인간을 이해하는 관점에서 중요한 발견이므로 동기는 이성보다 감정에 좌우된다는 사실을 분명히 해두어야 한다.

심리학자들이 애착 Affection이라고 부르는 감정 Feeling은 매우 단순하다. 목적을 달성하기 위해 앞으로 나아갈 때는 기분이 좋지만 반대의 경우는 기분이 나쁘다. 동기 시스템이 추구하는 목표에 더 깊이 개입할수록 감정은 더 강해진다. 이 감정이 목표를 반영하면 정서 Emotion가 된다. 즉, 본능에 가까운 감정은 목표라는 이성적 여과를 통해 정서로 자리 잡는다. 어떤 요인이 동기 시스템을 작동시켜 애착을 불러일으키는지 의식적으로 깨닫지는 못한다. 본인이 그 감정을 해석한 직후에나 특정 정서를 느낄 수 있다.

열정은 강력한 긍정적 감정에서 생긴다. 그 감정의 목적이 바로 자신의 직업이고 일이라고 믿을 때, 즉 지금 하는 일에 최선을 다하고 목표를 향해 나아가고 있다고 믿을 때 일에 대한 흥분, 기쁨, 만족 나아가 열정을 경험하게 된다. 그런데 사람을 열정이라는 동기부여의 맥락으로 이끄는 요인에 대해 우리는 무엇을 알고 있는가?

직장에서 행복을 느낄 수 있는 요인은 많을 수 있다. 이 책 전반에서도 보여주겠지만 지금은 열정에만 집중해보자. 자신이 하는 일에 정말 흥분하게 만드는 것은 무엇일까? 수많은 연구결과는 일을 단순히 직업으로서가 아니라 천직이나 소명으로 인식하는 것이 중요하다고 본다. 여러 학자들이 '소명'의 개념을 다음과 같이 정의하기도 한다.

브라이언 디크 Bryan Dik와 라이언 더피 Ryan Duffy는 소명의식 개념을 특정 직무(일, 육아, 사회활동)에 삶의 큰 의미나 목적의식을 부여하는 것으로 본다. 특히 삶의 목표가 자신이 아니라 남을 돌보는 경우가 여기에 해당한다. 제인 도슨 Jane Dawson은 일에 대해 논의하면서 소명의식이라는 용어를 재정의했다. 독일 사회학자 막스 베버 Max Weber는 '자기 일을 남에게 이타적으로 서비스해주는 관점에서 보면 자신에게도 큰 이득이 된다'라는 내용을 찾아냈다.

현대 연구에서 자기 일을 소명으로 보는 사람들은 일을 단순히 직업이나 생계수단으로 여기는 사람들보다 직무에 더 많이 헌신한다는 결과를 밝혀 냈다. 일을 소명으로 보려면 겉으로 보기에 정말 중요하고 특별한 일을 해 야 한다고 생각할 수도 있다. 즉, 다음과 같은 선입견을 가질 수 있다. 우편 물 분류나 화장실 청소를 무의미하게 생각하는 반면, 조직을 이끌거나 질병 퇴치를 연구하거나 보호소에서 동물을 구호하는 일을 의미 있다고 생각할 지도 모른다. 하지만 이미 밝혀졌듯이 사람들은 그들의 직무를 다양한 방법 으로 정의하는 놀라운 능력이 있다.

플로리다주 케이프 커내버럴 Cape Canaveral 우주센터를 방문한 케네디 전 대 통령이 정비공과 대화를 나누며 그에게 담당 업무를 물었다. 정비공은 "미 지의 세계인 달에 인간을 보내는 일을 한다."라고 답했다.

비현실적인 말일지도 모르지만 사람들은 자신의 특정 업무가 더 큰 사명 을 위한 것으로 생각할 수도 있다. 남들이 그 업무에 별 관심을 안 보여도 큰 의미를 부여할 때도 많다. 물론 업무가 폭넓은 사회적 결과와 더 깊은 관 련이 있다면 그 중요성을 더 쉽게 알 수 있다. 조직의 사명을 믿을 때 자신이 하는 일을 더 중요하게 생각하게 된다.

나는 불치병 환자들에게 말기 치료를 제공하는 기관인 호스피스 오스틴 Hospice Austin 직원들과 대화를 나눌 기회가 있었다. 매니저부터 사회복지사, 전문직 종사자에 이르기까지 그 조직에서 맡은 역할과 상관없이 모두 자신들이 매우 중요한 일을 하고 있다고 느끼고 있었다. 이들이 맡은 업무는 어려울 수 있다. 종종 자신이 느끼는 정서적 고통에서 벗어나야 하지만 모두 자신들이 사회에 지대한 공헌을 하고 있다는 점을 잘 알고 있었다.

사람들이 중요하다고 생각하는 점에는 큰 차이가 있다. 나는 화장지 사업부에서 일하면서 매우 고무되어 열정에 넘친 피앤지 P&G 직원들을 만났다. 반면, 같은 회사 치약 부서에서 근무하면서 다음 혁신을 위한 열정을 불러일으키기 힘들다는 다른 직원도 보았다. 기업간 마케팅에 종사하며 신규 거래처를 얻을 열망에 매일 아침 침대에서 힘차게 기상하는 사람들도 있었지만 고객의 행동에 부정적 영향을 미치는 냉소적 태도를 보인 직원도 있었다. 학자로서 내 직업을 좋아하지만 지난 수년 동안 자기 일에 지쳐 이곳을 떠난 동료 교수들도 있었다. 그렇다면 일에 대한 열정은 어디서 올까?

2가지 가능성이 있다. 하나는 각자 선천적으로 좋아하는 고정된 분야가 있다. 누군가의 특정 업무에 대한 초기 반응은 그 일에 대한 장기적인 애착의 좋은 예측자라는 점이다. 두 번째는 누구나 자신에게 필요한 직업을 사랑하는 법을 배울 수 있다는 것이다. 자신의 열정을 찾으라는 충고는 이 2가지 가능성 중 분명히 첫 번째 상황을 가정한다.

사람들은 어떤 일을 사랑할 수도, 그렇지 않을 수도 있다. 지금 하는 일에 별 관심이 없다면 이직을 심각하게 고려해 보아야 한다. 좀 더 깊이 생각해보면 현실은 더 복잡해진다.

패트리샤 첸 Patricia Chen 등의 연구에 의하면 일부 사람들은 열정이 이미 정해져 있다고 믿고 있다. 그 결과, 특정 직업을 선호하는지 아닌지 빨리 결정한다. 그들은 직업을 쉽게 빨리 그만두고 정말 즐기는 일을 찾을 때까지 경력 초반에 직업을 자주 바꾼다. 다른 일부는 모든 경력을 사랑하는 법을 배울 수 있다고 믿는다. 그들은 가능한 한, 오랫동안 초기 직업에 애착을 갖는다. 두 부류를 장기적으로 추적한 결과, 자신의 직업에 행복감을 느끼는 정도가 같다는 점이 흥미롭다.

이 결과가 당신에게 의미하는 바는 무엇인가?

지금 하는 일을 사랑하는 법을 배우려는 의지와 이직 수용 여부에 의해 결정된다. 사람들이 직업을 사랑하는 법을 배우는 데 마음이 열려 있는 경우, '경력 경로'와 상관없이 자기 직업에 애착을 가질 것으로 보인다. 하지만 직업을 바꾸고 몇 번이든 다시 시작할 의지가 있다면 많이 경험해보지 않고도 첫눈에 더 사랑하는 경력 경로 Career Path를 찾아낼 수 있다.

P&G에서 장기 근속한 피트 폴리 Pete Foley와 이 문제를 의논한 적이 있다. 그는 직업은 대부분 다양한 측면이 있으므로 자신이 사랑하는 방향으로 발전시킬 수 있다고 말했다. 극소수 직업만 '정체' 상태로 남아있을 뿐이므로 적극적으로 사랑하는 방향으로 일에 대한 역할을 유도할 수 있다. 여기서 얻는 핵심통찰은 바로 경력 초반에 자신이 맡은 일과 그 일을 특징짓는 역할이 오랫동안 직업의 속성 전체를 결정하는 것으로 볼 필요는 없다는 점이다.

자신이 속한 조직의 미션을 믿으면 일하는 도중 본인이 만족하는 특정 부분을 잘 수행해 미션을 달성하는 방법을 쉽게 찾아낼 수 있다. 이처럼 열정이 어디서 오는지 이해하는 것이 중요하다. 사람들은 자신이 통제할 수 없는 요인 때문에 직업선택 시 많은 어려움을 겪기 때문이다. 파트너를 따라 근무지를 옮기면서 여러 주로 이동해야 하는 사람들을 만난 적이 있는데 그들은 새로운 지역에서 자기 분야와 맞는 직업을 찾아야만 했다. 병든 가족을 돌보기 위해 하루 중 특정된 몇 시간만 일해야 하는 사람도 본 적이 있다.

이 경우처럼 구직하느라 좌절과 어려움을 겪기도 한다. 어디서나 직업을 자유롭게 선택할 수만 있다면 어떤 경우든 자신의 열정을 추구할 수 있지만 특정 요인의 제약을 받는다면 꿈꾸는 직업이 아닐 수도 있다는 점을 알아야 한다. 그런 제약에 처하면 자신을 흥분시킬 만큼 적합한 일을 따라가지 못하게 만든 사람이나 환경을 원망할 수도 있다. 그때는 쉽게 갑갑함을 느끼지만 그런 어려운 상황에서 벗어나려면 현재의 직업에 반응하는 방법을 스스로 결정해야 한다. 자신의 직업이 사회를 더 유익하게 만드는 방법과 주어진 과업보다 더 큰 직업의 영향력에 초점을 맞추어보라. 그럼 자기 일을 소명으로 생각하는 데 한 걸음 더 나아갈 것이다.

●●●

가치를 찾는 방법

구직은 단순히 가전제품을 사는 것과 다르다. 몇 년 전 어느 일요일 아침 나는 갑자기 믹서기가 필요해 차를 몰고 대형 마트로 갔다. 20% 할인 쿠폰을 소지하고 적정 가격에 원하는 물건을 사겠다는 희망으로 진열대 앞에 섰다. 연구자들이 '고려 상표군 Consideration Sets'이라고 부르는, 구입할 믹서기에 대한 특징 모음은 선택한 매장에서 결정된다.

일부 직업에서 직장은 이와 같다. 나는 처음 교수직을 얻기 위해 'APA 모니터'와 'APS 옵저버' 두 곳의 간행물을 살펴보았다. 미국 내 대학의 모든 심리학과는 그 간행물에 교수직 구인광고를 게재한다. 심리학자들이 독점 운영하는 곳이다. 조교수직 자리를 구한다면 그 간행물의 광고를 샅샅이 뒤져보고 가능성이 조금이라도 있다고 생각되면 필요한 지원 서류를 보내고 면접일을 학수고대하며 기다리면 된다. 하지만 대부분 자신의 '고려 상표군'을 고르는 일은 별로 중요하지 않다. 선택의 여지가 별로 없기 때문이다. 대신 많은 문제를 해결해야 한다. 바로 우리의 '인지적 뇌'의 작동이 필요한 때다.

먼저 지원할 직업을 결정해야 한다. 이때 자신의 가장 중요한 가치를 눈으로 볼 수 있게 표현하고 직업을 가치에 맞추는 것이 중요하다. 직업을 위해 해야 할 일을 사랑하는 법을 배울 수 있지만 조직의 미션이 자신의 가치와 부합되지 않는다면 동기부여되기는 매우 어렵다. 사람들은 핵심가치를 파악하는 데 시간이 걸린다. 일부는 자신이 살아온 주변의 폭넓은 문화와 경험의 맥락에서 가치를 인식한다. 또 다른 일부는 정말 원하는 바가 무엇인지 심사숙고한 후에 가치를 찾아낸다. 우리는 타인들과 대화함으로써 문화적 가치를 축적할 수 있다. 또는 일반 미디어에 나온 경력 설명이나 교육 과정에서 그 가치를 이해한다.

고등학교에서는 대학 진학을 강조한다. 대학 전공 분야에서는 특정 경력 과정을 강조하고 그와 관련된 가치를 중시한다. 하지만 시간을 들여 자신의 가치관을 판단해보고 그에 적합한 직업을 찾아볼 수 있다. 그 과정에서 대학에서 선택한 전공이 공부한 전문분야에만 국한되지 않고 많은 문제해결, 사고방식, 소통 기술을 갈고 닦는 데 도움이 된다는 것을 깨닫게 된다.

여기 사례가 있다.

브라이언 Bryan은 대학 졸업 후 친척, 친구, 직장 동료들에게 인정받을 만한 직업을 찾는 데 주력했다. 당연히 돈을 잘 벌 수 있는 직업도 관심사였다. 첫 직장을 잡은 후 그는 하루하루 일이 따분해졌다. 이후 25살 때 국제평화봉사단 Peace Corps으로 자리를 옮기고서야 자신이 원했던 더 국제적인 시각을 갖게 되었다. 그 경험을 통해 직업의 외형이 아니라 잠재력을 일깨워줄 직업에서 만족감을 얻을 수 있다는 것을 깨달았다.

또 다른 예가 있다. 제이슨 Jason은 형을 잃고 큰 충격에 빠졌다. 그 비극으로 그는 삶에서 무엇을 이루고 싶은지 깊이 생각해 보았다. "만약 내가 내일이나 2주 후에 죽는다면 지금까지 세상에 기여한 것에 대해 행복할까?"라고 자문했다. 그는 남들을 가장 잘 도와줄 방법을 찾기 위해 몇 가지 직업에 도전해보았다. 결국 사람들이 이미 알고 있는 행동에 참여하도록 영향을 미치는 방법을 찾는 일이 자신에게 적합해 마케팅 분야의 경력에 집중했다.

자신의 가치탐색 이야기에는 몇 가지 공통점이 있다.

첫째, 사람들은 주변에서 경험한 문화가 자신의 가치와 관련 있다는 사실을 깨닫지 못한다. 브라이언은 권력과 성취를 매우 중시하는 문화에 가치를 둔 직업을 찾아냈지만 놀랍게도 그 일을 즐길 수가 없었고 자신의 가치를 정말 이해하고 있는지 의문이 들었다. 결국 국제평화봉사단에서 자애와 보편주의 가치를 추구하며 만족하게 되었다. 다음 섹션에서 사람들이 추구하는 가치관에 대해 더 많이 논의하겠다.

둘째, 사랑하는 사람과의 사별과 같은 극단적 경험 후 많은 사람이 핵심 가치에 대해 다시 심사숙고한다. 제이슨은 형의 죽음 때문에 정신적으로 시간여행을 하게 되었다. 삶의 종착역을 관조하고 그가 성취한 일에 행복할 수 있을지 궁금해하며 자신을 되돌아보았다. 이런 반응은 톰 길로비치 Tom Gilovich와 빅토리아 메드벡 Victoria Medvec의 논문과 일치한다. 노년층은 자신이 해보지 않은 일에 대해 후회한다는 점이다. 살면서 그 활동에 참여할 기회가 없었기 때문이다. 운명이 다하는 시점을 상상해보면 사람들은 그때까지 이루지 못한 일에 초점을 맞추고 아쉬워하는 경향이 있다.

자신의 죽음을 상기시키는 사건이 없더라도 시도해보지 않으면 후회할 수도 있는 일을 생각해보는 것은 직업선택의 관점에서 유용하다. 매년, 매일, 매순간 자신의 삶에서 이루고 싶은 일이 있는지 자문해보라. 만약 있다면 시간을 투자해 그 일을 추진할 가치가 있다. 하지 않으면 후회할지도 모를 일을 경력 목표에 포함시킬 때는 경력 경로를 재정비할 방법을 고려해야 한다.

셋째, 세월이 흐르면서 가치관도 변한다. 신념이나 인생 단계에 따라 변하기도 한다. 내 이웃은 수십 년 동안 성공한 변호사였다. 일찍이 실력을 연마하고 파트너 관리에 주력했다. 자녀들이 어려 직장에서 물러나 가족 부양에 전념하기도 했다. 특히 아내의 건강에 문제가 있던 시기였다. 자녀들이 성장하면서 잠시 법률 업무를 다시 했지만 은퇴가 다가오자 일을 그만두고 비영리 단체를 운영하기로 결정했다. 자녀들이 성장했고 주택담보대출도 모두 갚아 이제 지역사회를 돕는 데 에너지를 쏟기로 한 것이다. 직업을 관리할 때 이런 의사결정은 자신의 삶에서 핵심가치가 변하면서 영향을 받는다. 가치 변화에 대해서는 9장에서 다시 다루겠다.

1단계 : 가치 탐색하기

장기간 사람들의 행동에 영향을 미치고 삶의 방식을 안내해주는 요인은 바로 동기다. 즉, '동기적 뇌'는 가치관의 심장이다. 시간이 흐르면서 가치관을 바꿀 수는 있지만 이 가치들은 추상적인 장기적 방침 Abstract Long-term Policies에 속한다. 샬롬 슈워츠 Shalom Schwartz는 사람들이 가진 중요한 가치 범주에 대해 많이 연구했다. 그의 연구에 의하면 문화는 가치선택에 지대한 영향을 미친다. 문화가 다르면 다른 가치 시스템을 갖게 된다. [그림 2-1]은 슈워츠의 연구결과에 나타난 '가치관의 바퀴 The Wheel of Values'를 보여준다. 이 프레임워크에 10개의 보편적 가치가 있음을 알 수 있다.

　[그림 2-1]의 원형 바퀴를 보면 서로 이웃한 가치는 속성이 비슷한 반면, 바퀴의 반대쪽 가치와 상반된다는 것을 알 수 있다. 즉, 브라이언이 첫 직업에서 채택했던 권력과 성취는 서로 비슷하다. 그가 국제평화봉사단으로 이직

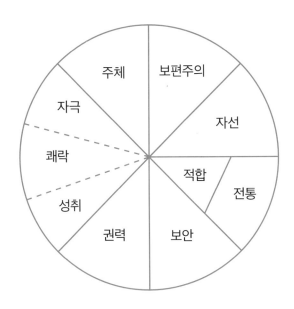

[그림 2-1] 10가지 보편적 가치

권력	사람과 자원 통제, 사회적 지위
성취	개인의 성공, 사회적 기준에 따라 정의됨
쾌락	기쁨, 즐거움, 자화자찬
자극	흥분, 참신과 도전을 추구
주체	생각과 행동의 독립성, 창의성
보편주의	모든 사람과 자연에 대한 관용, 감사, 수용
자선	남들을 도와주고 그들의 복지에 기여
적합	사회적 규범에 맞도록 행동과 충동 억제
전통	문화적 관습, 규범, 사상 존중
보안	자신, 사회, 관계의 안전과 안정성

[표 2-1] 가치 정의

한 이후의 가치인 보편주의와 자선도 서로 비슷하지만 처음 선택했던 가치의 반대쪽에 있다.

[표 2-1]은 이 구조에서의 가치에 대한 간략한 정의다. 2가지 방법으로 자신의 가치관을 확인할 수 있다. 첫째, 가치 목록을 살펴본다. 일부 가치는 공감과 반향을 주지만 그렇지 않은 가치도 있다. 자신의 가치를 가장 잘 대변한다고 생각되는 일을 먼저 선택한다. 이때 가치관 설문조사도 유용하다.

크리스 Chris는 미국 연방정부가 개최한 해외 일자리 설명회에 갔던 경험을 말했다. 진행 과정에서 참석자들에게 설문조사를 했고 점심시간에 몇몇 예비지원자들은 서로 답변을 비교해 보았다. 그들 중 일부는 "국제 분쟁지역에서 일하고 싶다"라는 항목을 보고 웃었고 누가 그 항목을 선택할지 궁금해했다. 당시 크리스는 국제 분쟁지역에서 일할 생각에 들뜬 자신의 가치관이 반드시 다른 사람들의 가치관과 같지는 않다는 점을 깨달았다. 그는 그룹 내의 몇 명보다 더 큰 자극을 주는 일자리를 분명히 원했다. 결국 그 일자리를 얻어 위험한 해외 분쟁지역에 파견되었고 매우 만족해했다.

둘째, 자신의 행동에 대한 반응을 관찰해보고 동일 행동에 대한 타인들의 반응도 살펴본다. 만약 특정 일을 즐기고 있다면 메모를 해 둔다. 싫어하는 일을 타인이 하거나 그것에 불편을 느낄 때도 기록한다. 왜 그런 행동을 했는지, 좋아하지 않았는지 자신에게 설명해본다. 설명 도중 자신의 가치관에 대해 말하게 될 것이다.

더 좋은 방법은 이 과정에 '사회적 뇌'를 쓰는 것이다. 단순히 무엇을 해야 할지 직접 알려주지 않고 인생의 가교 역할을 할 수 있는 사람을 찾아본다. 무엇을 왜 원하는지 그에게 말해본다. 혼자 생각하기보다 타인과 대화하며 얻는 장점은 수많은 숨은 가정들을 분명히 표현할 수 있다는 점이다. 직업이나 경력 경로를 선택하는 방법에 대해 그렇게 느낀 이유를 구체적으로 이해할 수 있다. 타인에게 설명할 때는 자신이 그런 감정을 느낀 이유를 적절한 어휘로 솔직히 털어놓아야 한다. 그럼 단순히 내면을 성찰하는 데 그치지 않고 그 이상으로 자신의 가치관에 대한 분명한 통찰을 얻을 수 있다.

가치관이 직업 검토사항의 가부를 결정하는 것은 분명해 보인다. 결국 '평가'라는 단어 자체에 가치관이 내포되어 있다. 하지만 자신의 반응을 유심히 관찰해보면 가치를 가졌던 대상과 실제로 당신에게 중요한 것 사이의 틈을 발견할 수도 있다. 브라이언은 자신을 세속적 성공으로 이끌어줄 직업을 원한다고 믿었다. 하지만 진정으로 즐기는 활동과 결과를 더 유심히 살펴보니 승진을 거듭하고 더 많은 돈을 버는 일에 만족할 수 없음을 깨달았다. 그는 남들을 도와주는 일에 고취되었다.

2단계: 직업 탐색 대안목록 작성하기

가치관에 대한 이해는 지원할 직업의 대안목록 개발의 기초가 되므로 잘 활용해야 한다. 자신의 가치관을 알고 시작한다면 구체적인 계획을 세울 수 있다는 장점이 있다. 막연한 목표보다 가치관에 근거해 특정 직업과 경력 경로에 초점을 맞추어야 한다. 그 결과, 잠재적으로 이룰 수 있는 경력 궤도에 올려 막연히 판단하지 않고 특정 직업을 구체적으로 선택하게 된다.

많은 학부 전공과목은 구체적 진로에 초점을 맞추고 있다. 기계공학은 특정 직업 범주에 해당되는 반면, 컴퓨터공학은 타 범주의 직업으로 갈 수 있도록 한다. 학생들은 가끔 문과계열 전공을 꺼린다. 인문학 전공자를 원하는 기업이 상대적으로 적기 때문이다. 일부 사학 전공자들은 사학자가 될 수 있지만 대부분 그렇지 못하다. 사학 전공자를 원하는 기업도 적다. 그렇다고 대학에서의 역사 전공이 가치가 없다는 말은 절대로 아니다. 거기서는 직장에서 활용할 수 있는 사고법, 상황분석, 글쓰기까지 수많은 기술을 가르치지만 전공 과목 자체의 전문적인 내용이라기보다 이 기술을 적용할 때 얻는 혜택에 불과하다.

앞에서 논의한 정신적 시간여행을 위해 그 능력을 사용해보자. 지금까지의 경력을 되돌아보며 자신을 미래에 투영해본다. 지난 일에 대해 무엇을 말하고 싶은가? 어떤 일에 만족할 수 있는가? 요령만으로 삶의 이야기를 미래를 향한 순방향으로 편집할 수는 없다. 우리 모두는 삶이 가야 할 방향과 바람직한 모습을 알고 있다. 살아야 할 곳, 얻어야 할 직업, 이상적인 가족에 대해 조심스럽게 상상하고 판단해왔다. 경력을 선택할 때 기회의 과도한 사전 편집(누락)은 스스로 한정해놓은 이상적인 직업군에만 초점을 맞추는 우를 범할 수 있다. 특정 직업의 기회가 삶의 비전에 가까울수록 그 직업에 더 많이 노력하고 진전시키려는 동기와 의지는 커진다.

하지만 상상한 미래는 자신이 이미 알고 있는 내용의 제약을 많이 받는다. 톰 워드 Tom Ward와 그의 동료들은 성인들에게 외계 행성에서 살 만한 생명체를 그려보게 하는 연구를 했다. 이 문제에 답하려면 정말 새로운 상상력이 필요하다. 그럼에도 불구하고 참가자들은 팔, 다리, 눈, 귀를 대체로 대칭으로 그렸다. 일반적으로 생명체들은 지능이 높을수록 두 다리로 걸을 가능성이 크지만 그들은 그것을 깨닫지 못하고 어느 동물이 더 지능적일지 생각하며 동물 관련 기존 지식을 새로운 아이디어의 기저로 사용했다. 어떤 창의적 시도도 이미 알고 있는 내용의 영향을 받는다는 것이다.

우리 미래에 대한 비전도 같은 방식으로 작용한다. 스스로 상상할 수 있는 내용은 자신이 이미 경험한 정황에 기초하기 마련이다. 미래에 선택할 수 있는 경력 경로는 자신이 과거에 보거나 경험한 경력 경로의 영향을 받는다. 내가 고등학교 시절의 경력 설문조사에서 미래에 회계사가 되겠다고 답한 이유도 그렇다. 어떤 직업의 가능성을 한 번도 상상해본 적이 없다는 이유로 잠재 직업군에서 빼버린다면 직업에 대한 핵심지식을 넓힐 기회를 버리게 된다. 일찍이 내 경력을 편집해 축소시켰더라면 이 책은 세상에 나오지 못했을 것이다. 대신 나는 지금 세액을 산정하는 회계사 일을 하고 있었을지도 모른다.

이전에 고려하지 않았던 직업에 자신을 노출시키는 방법은 다양하다. 사회에서는 채용 박람회를 개최하는 경우가 많다. 특히 대학 주변이라면 다양한 리크루팅 프로그램이 있다. 각 도시에는 구직자들을 알선해주는 네트워킹 그룹이 있다. 경력 상담사는 새로운 가능성을 제시할 수 있다. 일부 웹사이트는 취업 준비생에게 바람직한 워라벨 Work-Life Balance(일과 삶의 균형)이나 경력 개발과 같은 가치들에 적합한 기업과 직장 관련 기사를 싣는다. 이런 매체와 자원을 활용해 원하는 직업선택의 기회를 넓혀보길 바란다.

마지막으로 고려 사항들을 편집할 때 가장 큰 문제는 지원 범위를 설정하는 방법이다. 자신의 이상을 실현시켜줄 직업에 근접해야 하는가, 아니면 더 넓은 선택 범위에 지원해야 하는가? 이것은 일반적인 정답이 이미 나와 있는 직업 관련 소수 질문 중 하나다. 애초의 생각보다 훨씬 더 많은 일자리를 신청해야 한다. 구직 신청 시, 지원 대상 수를 축소해 고려하는 것은 자신이 선호하는 신념에 따라 다양한 직업을 이미 편집해버렸기 때문이다. 더 중요한 이유는 지원서를 낸 한 직장에 취업할 것이라고 과신하기 때문이다.

　일반인들처럼 생각한다면 '통제 환상 Illusion of Control'에 빠질 수 있다. 엘런 랭거 Ellen Langer가 이 용어를 처음 사용했다. 사람들은 자신의 행동이 일의 결과에 실제보다 더 큰 영향을 미친다고 믿는다. 지원하는 직업의 맥락에서 보면 실제로 많은 요인은 자신의 통제권 밖으로 완전히 벗어나 있다. 해당 기업은 원하는 자리에 이미 다른 사람을 염두에 두었을지도 모른다. 입사지원서를 읽어본 채용 담당자는 설명 내용에 별 관심이 없을 수도 있다. 아니면 최근 채용한 직원이 이직했는데 그가 당신과 같은 대학 출신인 경우도 있다. 하물며 회사가 이직한 그 직원과 불쾌한 경험을 했다면 어떻게 되겠는가.

　일자리 지원 과정은 생각보다 훨씬 더 무작위적이다. 대부분 '무작위성'이라는 말은 논리적 지식에 기초해 예측이 불가능한 요인을 설명하는 용어다. 따라서 일반 법칙에 따라 지원할 취업목록을 작성하기 위해 지원을 재검토해야 한다. 애당초 배제했던 기회를 다시 포함시켜야 한다. 원래 준비한 취업 가망 목록을 2배로 늘린다면 제대로 처리한 것이다.

　많은 구직자들은 다른 전략으로 시작한다. 실제로 자신이 원한다고 생각하는 직업 범위를 좁히고 고려 대상 수를 점점 넓힌다. 처음부터 폭넓게 지원하는 데는 몇 가지 이유가 있다.

첫째, 자신의 통제권 밖 요인들 때문이다. 지원 대상 리스트가 짧으면 취업 가능성이 줄어든다. 아예 면접 기회가 없을 수도 있다. 그렇게 되면 누구나 의욕이 떨어진다.

둘째, 구직기간은 당연히 '기회비용'이 따른다. 기회비용이란 한곳에 사용한 자원을 타 용도로 사용할 수 없다는 개념이다. 만약 자신에게 적합한 직업으로 보이는 소수 지원 서류를 준비하는 데 긴 시간을 보낸다면 다른 지원 기회를 잃어버린다. 무직 상태가 길어질수록 이상적인 직장을 구하려다가 다른 회사에서 돈 벌 기회마저 놓치게 된다.

셋째, 지원서를 냈다고 의무적으로 선택할 필요는 없다. 선호하지 않는 곳이라고 확신되는 조직으로부터 취업 제안을 받았다면 언제든 거절할 수 있다.

마지막으로 결국 해당 조직에 반하는 결정을 내리더라도 면접 스킬을 익힐 기회로 삼겠다는 생각은 결코 나쁘지 않다. 이 모든 이유를 고려해보면 자신이 애당초 필요하다고 생각한 수보다 더 많은 직업에 지원해야 한다. 입사 후 자기 일을 사랑하는 법을 배울 수 있다고 생각하는 어떤 직업에라도 기꺼이 지원서를 접수한다. 기회가 많을수록 선택 가능성도 커진다.

 **재즈 브레인: 통찰력 키우기**

새로운 상황에 대한 개방성 갖기

나름대로 큰 '고려 상표군'을 작성하려면 개방성을 길러야 한다. 이제 즉흥성을 강조하는 재즈 브레인을 작동시킬 때다. 재즈 음악가는 '예외적'으로 화음 진행과 잘 맞지 않는 솔로 악보 연주법을 배워야 한다. 대중음악에서는 예외적 음계, 즉 반음이나 축소된 음계도 연주해야 한다. 시간이 지나면서 이런 불협화음에도 안정감을 찾아간다. 그런 예외적인 음계에 점점 익숙해지기 때문이다. 하지만 이것은 유능한 즉흥 연주가들이 '멜로디는 다양한 방법으로 발전시킬 수 있다'라는 가능성을 개방적으로 수용할 때만 이루어진다. 개방성은 음악에만 효과적인 것이 아니라 모든 잠재적 경험에서도 유용하다.

성격 심리학자들은 현명하게 '빅 5'라고 부르는, 5가지 주요 성격 특성을 찾아냈다. 그 중 하나는 경험에 대한 개방성이다. 이것은 새로운 상황에 직면할 때 취하는 개인 성향을 반영한다. 호기심과 상상력 수준을 나타낸다. 새로운 기회를 매우 즐겁게 추구하는 성격이라면 개방적이다. 반면, 새로운 것에 불안을 느낀다면 폐쇄적이다. 하지만 성격은 운명적이지 않다. 새로운 것에 대해 자연적으로 두려운 반응을 보이더라도 어느 정도 새로운 것을 시도해볼 수는 있다. 특히 직장에서 그런 경우에 직면한다면 말이다.

새로운 것을 탐구하는 의지력을 키워야 하는 이유는 경력 개발의 다양한 경로와 가치관이 서로 어울리기 때문이다. 어떤 직업에는 과거에 전혀 생각해 본 적이 없는 일들이 직무에 포함될 수도 있다. 앞에 등장했던 크리스는 정부 공채에 지원하기 전에는 해외 분쟁지역에서의 생활을 심사숙고하지 않았을 것이다. 하지만 궁극적으로 그는 위험이 상존하는 곳에서도 보람을 찾은 직장에서 경력을 잘 쌓아나가고 있다.

핵심 내용

당신의 뇌

동기적 뇌

- 감정은 동기 시스템이 뇌와 소통하는 방법이다.

- 정서는 감정의 해석이다.

- 경험에 대한 개방성은 새로운 상황에 대한 성격을 반영한다.

사회적 뇌

- 가치체계는 대부분 문화와 주변 사람들의 영향을 받는다. 가치관은 개인의 경험에 따라 큰 차이가 있다.

인지적 뇌

- 상상력은 이미 알고 있는 내용을 근거로 도출된다.

- 인간에게는 '통제 환상'이 있다.

실무 활용 팁

- 자신의 열정을 반드시 찾아낼 필요는 없다. 대신 자신의 직업을 사랑하는 법을 배울 수 있다.

- 직업을 천직이나 소명으로 보면 그 일에 쉽게 헌신할 수 있다.

- 자신의 가치관에 적합한 직업을 찾아라.

- 장래의 직업을 예단하지 말고 모든 가능성을 열어둔다.

- 생각보다 더 많은 일자리에 지원한다.

- 단지 특정 직업에 대해 잘 모른다는 이유만으로 취업 기회까지 놓치면
  안된다.

3장
입사 지원과 면접

일단 입사 지원을 하기로 결정했다면 이제부터 짜릿한 즐거움이 시작된다. 이번 장은 입사 지원 단계에서 면접관의 호감을 받는 방법 위주로 구성했다. 입사지원서부터 면접까지 폭넓은 주제를 다룬다. 이 시점의 성공비결은 채용 담당자와 비슷한 생각을 하는 데 있다. 채용 담당자들은 제출된 입사지원서만으로 지원자를 평가할 것이다. 따라서 자신의 서류를 심사받는 방법에 대해 더 많이 알수록 쌓여있는 지원서 중에서 '대면 면접'으로 갈 가능성이 커진다. 면접은 그 자체가 역동적이므로 기업에서 입사를 제안할 가능성에 직접적인 영향을 미친다.

　또한 입사 지원 과정은 일하게 될지도 모르는 회사에 대해 알 수 있는 중요한 기회다. 종종 지원자들은 정보가 자신으로부터 미래의 고용주에게만 전달되는 것처럼 입사지원서와 면접 상황을 다룬다. 하지만 많은 고용주는 기업 가치와 관련된 엄청난 부분을 설명해주고 합격해 그 회사에서 근무하면 받게 될 혜택도 알려준다. 이런 신호에 유의하면서 지원과 면접 과정을 잘 처리한다면 지원한 회사의 많은 정보를 알 수 있다.

●●●●
당신의 입사지원서

입사지원서는 채용 담당자나 인사부서에 깊은 인상을 줄 첫 번째 기회다. 미국 기업의 경우 지원서 양식과 직무 자격을 제시할 수 있는 커버레터, 주요 직무 경험 위주의 간략한 이력서, 지금까지 수행한 포트폴리오가 포함된다. 일부 기업은 직무능력평가나 인·적성 평가와 같은 시험을 요구할 수도 있다. 지원서에서의 성공 요인은 채용 담당자에게 얼마나 깊은 인상을 주느냐에 달려 있으므로 그들의 지원서 평가 방법과 결정 과정에 대해 자세히 알아야 한다. 아마도 채용하려는 기업이 원하는 직무를 확인하는 일이 가장 중요할 것이다. 지원서를 제출하기 전에 지원자가 해야 할 일이 많다는 뜻이다.

지원자를 평가하고 수많은 구직자에게 조언해온 앨리슨 Alison과 대화를 나눈 적이 있다. 그녀는 "연구, 연구, 연구… 회사의 인적 구성, 장소, 문화에 대해 많이 알아내라. 직무가 자신과 맞는지 판단하고 도전할 기회가 공개적으로 열려 있는지 알아보라. 회사 내외의 호감을 받기 위해 약간의 '비하인드

스토리 Behind Story'를 만들어라. 자기소개서뿐만 아니라 이력서를 지원회사에 맞게 고쳐라"라고 조언했다.

기업은 약간의 회사 소개와 지원 자격요건을 구인광고에 게재하지만 구직자는 그 내용만 살펴보면 안 된다. 회사에서 하는 일과 미션에 대해 어떻게 말하는지도 잘 이해해야 한다. 그런 정보는 기업 홈페이지나 신문·방송 등에서 얻을 수 있다. 회사의 전·현직 임직원을 알고 있다면 그들이 경험담을 말할 때 쓰는 용어들에 귀 기울여야 한다.

이 책을 쓰면서 수많은 리크루터와 대화를 나누었다. 그들은 지원자들이 저지르는 가장 큰 실수가 회사의 미션과 핵심가치에 대해 익숙하지 않고 구인광고의 내용을 잘 모르는 것이라고 한결같이 말했다. 그렇다고 회사가 원하는 조직의 모든 직무를 반드시 숙지해야 한다는 말은 아니지만 구인광고에 게재된 모든 내용은 꼭 숙지해야 한다는 뜻이다. 회사의 목표를 추상적으로만 이해하려고 하면 안 된다. 회사 사람들이 쓰는 특정 언어가 중요하다. 어떤 대상에 대한 선호도를 증가시키려면 그것에 대해 생각을 쉽게 할 수 있도록 해야 한다. 이를 '처리 유창성 Processing Fluency'이라고 한다. 평소 자신에 대한 설명 이상으로 채용 담당자들이 서류에 적힌 정보를 잘 이해하도록 한다면 입사지원서가 마음에 들 것이다. 입사 지원 시 '처리 유창성'을 좋게 할 방법은 무엇일까? 회사 측이 직무설명에 사용했던 용어를 따라서 반복하는 것이 매우 바람직하다.

로빈 Robin은 스타트업 기업에게 인재를 자주 소개해주었다. 자신도 수년 동안 많은 회사에 지원한 경험이 있다. 그는 "이력서를 작성할 때와 면접을 볼 때는 고용주가 사용하는 언어를 써야 한다. 같은 내용도 수만 가지 방법으로 전달할 수 있다. 회사가 원하는 내용이지만 자신의 언어로만 설명한다면 그들이 찾는 인재라는 것을 깨닫지 못할 수도 있다."라고 말했다. 같은 언어를 사용하면 리크루터가 입사지원서의 내용을 더 잘 이해하므로 지원자에 대한 호감도 높아진다.

입사지원서 자료를 조합·정리하면서 지원서 형식의 최신 동향에도 주목해야 한다. 이력서에 대한 온라인 스타일 가이드를 통해 사용하는 글꼴, 선호하는 페이지 형식, 용지 종류(출력 시)를 고려해야 한다. 오·탈자가 없는지도 확인해야 한다. 어떻게 보이는가보다 해야 할 말의 내용이 더 중요하다고 생각할지도 모르지만 첫 인상이 매우 중요하다. 이력서상의 많은 정보는 채용 담당자에게는 별 도움이 안 된다. 초보 수준의 직무에서 관련 경험이 많은 지원자는 거의 없을 것이다. 또한 더 높은 직책에는 다양한 지원자의 경험을 직접 비교하기 어렵다. 추천서는 대부분 매우 좋게 포장해 표현하므로 지원자의 옥석을 가리는 데 별 도움이 안 된다. 어색한 형식이나 틀린 표기가 발견된다면 채용 담당자는 심사숙고도 안 하고 즉시 지원서에서 눈을 뗄 수도 있다. 이런 점들을 더 검토해보자.

합격과 불합격: 발표자 패러독스에 주의하라

각 채용 단계마다 채용 담당자는 지원자와 다르게 생각한다. 잠시 채용자의 입장이 되어보자. 그들은 구인광고를 냈고 많은 구직자가 지원서를 보냈다. 초기 단계에서 채용자의 목표는 지원자에 대해 더 자세히 살펴볼 지원서수로 추리는 일이다. 채용자들은 궁극적으로 훌륭한 후보자를 찾아내고 싶어하지만 첫 과제는 많은 지원서를 탈락시키는 것이다. 이 단계에서의 목표는 지원서 통과에 있다.

엘더 샤퍼 Eldar Shafir의 연구에 의하면 채용자들은 포괄적인 목표와 상관없이 그 순간 수행하는 업무와 가장 잘 맞는 정보에 비중을 둔다. 즉, 지원서를 처음 평가할 때는 개인의 본질적인 능력을 확인하기보다 대부분 탈락시킬 명분이 될 만한 정보부터 찾는다. 부적합한 사항이 보이면 우수한 강점이 있더라도 더이상 검토하지 않을 수도 있다. 따라서 맨 먼저 할 일은 지원서를 거부할 명분을 안 주는 것이다. 모든 서류는 교정을 잘 봐야 한다. 대부분의 워드 프로세서가 오·탈자를 표시해주므로 그 작업은 매우 쉽다. 어쨌든 지원서를 꼼꼼히 검토해야 한다. 일반적인 단어를 오용할 수도 있다. 커버레터(한국에서는 외국계회사 지원의 경우에 자주 사용)에 기록한 직책, 회사, 담당자 이름이 업데이트되었는지도 확인해야 한다. 만약 다른 회사의 인사부서 책임자 이름이 적혀 있다면 입사지원서는 보나마나 쓰레기통으로 직행이다.

자료 형식도 문제가 될 수 있다. 읽기 힘든 이력서는 바쁜 채용 담당자에게 거절당할 수 있다. 서툰 글꼴 선택도 문제가 될 수 있다. 다음 단계로 진행되는 것을 막는 요인을 없애야 한다. 직무기술서도 정직하게 작성해야 한다. 자격요건이 필요하다면 실제로 보유하고 있는지 확인하라. 이 첫 단계에서 채용 담당자들은 지원자가 지금까지 준비해온 훌륭한 이력을 살펴보지 않는다. 지원서를 걸러내기 위해 기본적인 자격요건만 검토한다. 다행히 채용 담당자가 걸러내는 작업을 마치면 평가방식이 바뀐다. 앞에서 말한 '호환성 원칙 Compatibility Principle'에 따라 지원자를 탈락시킬 명분을 찾는 데서 이제 지원자를 매우 신중히 검토해 면접할 소수 후보자를 찾는 것으로 바뀐다. 지금부터는 지원자의 긍정적인 면에 집중해 찾기 시작하므로 지원자의 자료는 긍정적인 정보로 그 영향력을 극대화해야 한다.

킴벌리 위버 등이 논문에서 제시한 용어인 '발표자 패러독스 Presenter's Paradox'에 주목해야 한다. 이 연구자들에 의하면 사람들은 자신의 정보를 제시할 때 생각할 수 있는 긍정적인 내용을 가능하면 많이 제시하는 경향이 있다고 한다. 강조하는 업적 중 일부는 정말 훌륭할지도 모른다. 대학에서 상을 받거나 공모전 수상 등은 탁월한 성취다. 하지만 단지 상금이 걸린 일반적인 발표대회에서 수상했다는 언급은 피하는 것이 좋다.

입사지원서를 준비하면서 채용 담당자들이 지원자의 모든 장점을 합하는 '부가 Additive 전략'으로 당신을 평가할 것이라고 가정할 수 있다. 즉, 지원서를 검토하는 채용 담당자들은 제출된 모든 업적을 지원자의 장점에 추가한다고 말이다. 지원서가 그런 식으로 평가된다면 발표대회 수상까지 언급하면 강점이 된다. 하지만 대부분의 채용 담당자들은 모든 정보를 평균적인 시각에서 평가한다. 따라서 3가지 큰 성과에 몇 가지 작은 성과를 더하면 실제로 3가지 큰 성과보다 낮은 평균점수를 받을 수 있다. 제출하는 긍정적인 정보에 선택과 집중 차원에서 가장 훌륭한 강점에 집중하라. 이력서를 평범한 요소들로 가득 채우려는 유혹을 버려야 한다. 이 경우에는 적을수록 좋다.

강점을 부각하라

입사지원서 작성자들은 자신이 제시하는 모든 내용을 남들이 중요하게 평가할 것이라고 종종 가정한다. 그 결과, 강점을 강조할 기회를 놓친다. 문제는 문화다. '사회적 뇌'는 자랑을 피하도록 프로그램되어 있다. 특히 여성이 그렇다. 자신의 업적을 공개적으로 선전하는 사람을 꼴불견으로 생각한다. 자신의 훌륭한 일에 대한 자랑에 너무 많은 시간을 쓴다면 듣는 사람이 외면하거나 부정적인 반응을 보일 위험이 있다고 본다. 겸손이 최선이지만 입사지원서를 쓸 때만큼은 그러면 안 된다.

입사지원서는 업적을 과소평가하는 자료가 아니다. 전에 어느 시점에 실패했던 벤처기업에서 지금은 성공적으로 팀을 이끌고 있다면 그 점을 부각시켜야 한다. 입사지원서에는 어떤 맥락에서도 말할 수 없었던 자기소개 내용을 담을 수 있다. 팀에 기여한 업적을 설명하고 팀을 성공적으로 이끄는 과정에서의 역할을 충분히 설명한다. 다시 강조하지만 지원서를 검토하는 고용주 입장이 되어야 한다. 채용 담당자들은 평가할 지원서가 쌓여 있는 동시에 많은 빈자리의 직책을 채우려고 할 수도 있다. 그들은 많은 이력서를 보고 있다. 채용 담당자가 가이드라인도 없이 지원자의 중요 업적을 이해할 것이라고 생각하면 안 된다. 만약 노벨상 수상자라면 주목할 만한 이유를 설명할 필요도 없다.

자신이 소속된 전문 학회나 단체가 펠로우 Fellow(지식탐구의 엘리트 일원)로 지명했다고 가정해보자. 대단한 일인가? 그럴 수도 있다. 그 단체가 해당 분야에서 가장 큰 단체이고 소수 회원만 그 지위를 얻는다면 정말 눈에 띌 만한 내용이다. 채용 담당자에게 중요성을 알리려면 주석을 달아야 한다. "실제로 중요한 전문단체로서 1만 명 이상의 회원 중 5%만 펠로우로 지명된다."라고 설명해야 한다.

채용 담당자들은 지원서의 가장 중요한 부분을 중점적으로 빨리 검토하고 싶어할 것이다. 그렇다면 지원서 표지에 자신의 강점을 부각해야 한다. 그리고 그 강점을 직무설명서에 나열된 특정 기술과 연관시킨다. 이력서에 강점을 설명하기 위해 표지 설명에서 사용했던 동일 단어를 사용해 강점을 부각한다면 채용 담당자는 지원서 내용을 쉽게 이해할 수 있다. 이 시점의 목표는 '면접을 제안받는 것'이다.

엘더 샤퍼와 동료들의 논문에서 잘 요약된 많은 심리학 연구는 '이유 기반 선택 Reason-Based Choice'에 중점을 두고 있다. 수많은 상황에서 특히 자신의 선택을 남들에게 정당화해야 할 때 선택한 이유를 찾는다. 즉, 선택한 이유를 짧게 설명한다. 사람들은 일상생활에서 분명한 이유가 없는 선택을 한다. 좋아서 집에 소장할 예술작품을 선택하지만 그 작품에 끌린 이유를 설명하기는 어렵다. 감으로 특정 경주마에 베팅할 수도 있다. 하지만 채용 담당자는 자신의 선택을 타인이나 평가지에 문서화해 이유를 정당화해야 한다. 그들이 지원서 뭉치에서 당신을 선택한 이유를 찾도록 도와주어야 한다. 대면 면접으로 가는 지름길이 거기에 있다.

마지막으로 지원서 내용 중 소명이 필요한 부분은 요청 시 보완해야 한다는 점을 명심해야 한다. 유명인사들이 자격증명서를 위조한 사례들이 있다. 이력서의 구체적 내용은 최대한 정확해야 한다는 점을 다시 강조하겠다. 졸업하지 않고 특정 학교에 다녔다면 졸업생으로 표기하면 안 된다. 장려상을 받았는데 최우수상으로 표기하면 신뢰에 금이 간다.

성취한 업적에 대해서도 현실적이어야 한다. '자기중심적 편향 Egocentric Bias' 연구에 의하면 일반적으로 사람들은 조직이나 벤처기업의 성공에 대한 자기 기여도의 중요성을 과대평가한다고 한다. 실제로 한 팀의 모든 구성원에게 최종제품의 생산기여도 평가를 요구한다면 합이 100%가 훨씬 넘는다.

입사지원서 맥락에서 자기 기여도의 중요성을 과대평가하는 것이 본질적으로 잘못되었다고 할 수는 없지만 성취한 업적에 대한 구체적 예를 들 수 있는지 확인해야 한다. 지원한 직책의 면접을 볼 때 채용 담당자는 지원서에서 강조한 업적에 대해 더 꼼꼼히 질문해올 것이다. 자신의 주장을 펴려면 구체적 증거나 에피소드가 있어야 한다는 말이다.

●●●●

면접을 잘 보는 방법

입사지원서를 제출한 후에는 통제할 수 없는 답답한 '기다림의 게임'이 시작된다. 채용 담당자들은 대면 면접 후보자를 결정하기 위해 많은 지원서를 평가하고 있다. 이제 곧 면접 과정이 시작된다. 면접은 채용 담당자에게 노동집약적인 작업이므로 대부분 빈자리를 채울 때마다 몇 명만 응시할 기회를 준다. 면접을 보고 느낌이 좋다면 입사 제안을 받을 가능성이 매우 크다.

구직자가 예비 고용주에게 얼마나 가치 있는 정보를 제공하는지는 불분명하지만 면접은 입사 제안 여부에 큰 영향을 미친다. 지원자의 이력서에는 전체 경력이 들어 있다. 자격증, 인증서, 학력 등이 포함된다. 참고자료는 장기적 관계를 개선시키는 데 도움이 된다. 지원서에 포트폴리오가 포함된 경우, 제출한 작품은 상당한 노력의 증거를 반영한다. 하지만 종종 면접은 몇 시간(높은 직책인 경우, 수일 동안)에 걸쳐 진행되며 고도로 통제된 환경 속에서 이루어진다. 지원자에 대한 사소한 대면 정보가 지원서의 구체적 정보보다 더 비중 있는지는 확실하지 않다.

기업들은 외식업계에서 조금 배울 수 있을 것이다. 내 둘째 아들은 식당에서 일한다. 새 직장에 지원할 때 간단한 면접을 보고 보증인을 확인한다. 다음에는 종일 근무자나 실습자로 근무한다. 이런 시도는 고용주와 지원자 모두에게 유익한 정보를 준다. 고용주들은 지원자들의 스킬을 찬찬히 살펴보고 지원자들은 레스토랑이 함께 어울리고 즐길 만한 곳인지 알 수 있다. 견습 과정을 거친 둘째 아들은 일하고 싶은 곳이 아니라고 결론내렸다. 고용주는 면접에서 무엇을 얻고 싶어할까? 먼저 입사지원서에 적힌 불분명한 스킬 정보를 알고 싶어한다. 많은 기업이 면접을 특정 직책에 대한 적성검사 테스트의 기회로 점점 더 많이 활용하고 있고 조직에 대한 지원자의 적합성을 평가하려고 노력하고 있다. 지원자와 함께 일하는 것이 좋을까? 내가 말한 채용 담당자는 면접의 많은 부분에서 후보자의 성품과 태도에 문제가 없는지 확인한다고 말했다.

하지만 면접 과정에서 고용주에 대해 많은 것을 알 수 있다. 내 아들이 견습 과정에서 각 레스토랑에 대해 많이 알게 되었듯이 말이다. 지원자들은 면접에서 호감을 주는 데 너무 관심을 두다 보니 면접에서 막상 무엇을 알게 될지 생각하지 않는다. 면접의 몇 가지 측면을 자세히 살펴보자.

스킬

이력서만으로 스킬 정도를 제대로 파악하기는 어려울 수 있다. 특정 기술 능력을 증명하는 몇 가지 인증을 받을 수는 있다. 그렇다고 실제로 무엇을 할 수 있는지는 항상 분명하지 않으므로 기업들은 면접 시간의 일부를 지원자의 스킬을 직접 평가하는 데 할애할 수도 있다. 전문기술 분야라면 업무상 필요한 특정 문제의 해결을 직접 요구할 수도 있다.

조이Joy는 대기업 데이터 분석 직무에 지원했고 회사는 그녀와 1차 면접을 마친 후 예시 문제를 발송했다. 2차 면접에서 면접관과 자신의 답변을 논의했다. 기업들은 지원자의 지식에 근거해 문제를 해결할 인재를 추천하도록 하거나 특정 프로젝트의 예상 소요시간을 물어볼 수도 있다.

타 분야에서도 비슷한 질문을 할 수 있다. 교사들에게 수업 계획표를 작성하거나 특정 수업 상황에서 학생을 다루는 방법에 대해 물어볼 수도 있다. 영업사원에게는 가상고객에게 접근하는 방법을 설명해 줄 것을 요구할 수도 있다. 인기 구직 웹사이트에는 면접 경험자들이 질문받은 내용을 올리는 코너가 있다. 면접 예상 질문을 알아보기 위해 이 질문들을 살펴본다. 그 회사에서 경험 있는 사람을 안다면 좋은 반응을 얻기 위해 예상 답변을 연습해볼 수도 있다. 면접관들은 이런 질문들로 지원자에 대해 알아보려고 한다. 물론 그들이 알고 싶어하는 사항의 일부는 이력서의 내용이 정확한지 확인하는 것이다. 또한 문제 해결법도 알아보려고 한다. 이때 고려할 사항들이 있다.

① 질문에 어떻게 답할지 곧바로 확신이 서지 않더라도 당황하지 말라

면접은 스트레스가 큰 시간이다. '인지적 뇌' 연구에 의하면 스트레스는 마음속 정보량, 즉 '작동 기억력 Working Memory Capacity'을 감소시킨다. 작동 기억은 복잡한 문제 해결에 중요하므로 스트레스 때문에 문제 해결이 더 어려워질 수도 있다. 당황하면 스트레스를 더 많이 받고 작동 메모리 용량도 더 감소한다.

② 많은 기업이 사업 논의에 그들만의 용어를 사용한다는 점을 기억하라

피앤지의 면접에서 '진실의 첫 순간 The First Moment of Truth'에 관한 '제품 성능향상 전략' 질문을 받았다고 가정하자. 이 질문에 어떻게 답해야 할지 모를 수도 있다. 그 용어는 매장 선반에서 고객과 제품 사이의 첫 몇 초간의 상호작용에 대한 의미로 사내에서만 사용되고 외부에서는 안 쓰이기 때문이다. 면접관이 생소한 용어를 사용한다면 설명해달라고 요청해도 좋다. 면접관이 사용하는 모든 전문용어가 일반적으로 통용된다고 생각하면 오산이다. 면접관의 질문을 정확히 이해해야 한다.

③ 면접관과 대화할 기회로 질문을 자유롭게 활용해야 한다

프로젝트 예상 소요기간 질문을 받으면 회사에서 프로젝트 일정 계획에 일상적으로 사용하는 도구, 마감일, 책무를 다하기 위해 주로 만나는 그룹에 대해 물어보는 것이 좋다. 그 질문들은 문제 해결에서 당신이 중요한 장애물에 익숙하다는 것뿐만 아니라 그것들을 해결하는 방법에 대해 알고 싶어 한다는 사실을 보여줄 수 있다. 어느 직장에서나 문제의 핵심을 잘 파악하고 해결하려는 의지는 선호하는 인재의 자질에 속한다.

한때 기업들은 면접에서 매우 일반적인 추론과 논리적인 질문을 했다. 구글 Google은 지원자들에게 이상한 퍼즐을 풀라는 질문으로 유명했다. 하지만 실제 상황과 무관한 문제를 해결하는 능력은 지원자가 직장에서 업무를 얼마나 잘 해낼지 예상하는 데 도움이 되지 않았다. 따라서 이 방법은 얼마 안가 인기가 시들해졌다. 진정한 문제 해결은 고품질 지식을 근간으로 한 지식 집약적 과정에 있다는 점을 인지심리학자나 경영자는 잘 알고 있다.

성격

많은 기업이 지원자와 업무가 적합할지 알아보기 위해 개인의 성격 Trait 평가도 요구한다. 성격은 행동에 영향을 미치는 장기적 동기가 된다. 그것은 특정 상태의 정반대 상황에서 순간적으로 경험하는 동기나 감정이다. 입사지원서나 면접 과정의 일부로 주요 성격 특성을 평가하는 여러 설문지에 응답하라고 요구할 수도 있다.

이 책에서는 직장에서의 성과와 관련된 다양한 성격을 설명하지만 여기서는 3가지 요점을 말하고 싶다.

① 성격 특성은 '동기적 뇌'의 '선천적인 기준'이 된다

각자의 동기부여 시스템은 선호가 다르고 조금씩 다르게 연결된다. 일부는 사회적 상호작용에 끌리지만 다른 사람들은 개별적으로 일하는 것을 선호한다. 사람에 따라 사물을 신중히 생각하도록 동기부여 되거나 일을 실행한 후 무슨 일이 일어나는지 확인하는 경우도 있다. 일단 성인이 되면 이 기본적인 동기는 삶의 과정에서 매우 안정적으로 유지된다. 일반적으로 '혼일(혼자 일하기)'을 선호한다면 갑자기 직장에서 많은 사회적 상호작용에 참여하려는 의욕이 생기지 않을 것이다. 따라서 개인 성격과 일과 관련해 기업들이 이런 평가를 해본다면 유용할 수 있다. 그 결과로 '동기적 뇌'에 영향을 미치는 몇 가지 일반적인 요인의 스냅 사진을 제공하겠다.

'성격 특성 항목표 Personality Inventories'에 최대한 정확히 답하는 것이 최선이다. 성격 테스트 용지를 잘 활용하는 기업들은 지원자의 기본 동기를 파고들어 신속히 답변을 지속적으로 요구하므로 단순한 응답으로 끝나지 않도록 노력해야 한다. 이 설문지에 대해 회사가 어떤 답을 원하는지 추측할 필요는 없다. 성격과 맞지 않는 직책을 제안할 수도 있기 때문이다.

② 성격적 특성은 운명이 아니다

대부분의 성격 연구에 의하면 사람들이 특정 상황에서 다르게 행동하는 경우는 약 20%만 예측된다고 한다. 미래 행동을 결정하는 데 많은 요인이 있기 때문이다. 종종 상황 자체가 행동을 유도하기도 한다. 목표도 행동에 영향을 미친다. 그 결과, 우리는 직장에서 성격 특성과 호환이 안 되는 여러 업무를 수행할 수 있고 심지어 그 일을 사랑할 수도 있다. 회사의 미션을 믿거나 성취하고 있는 목표로부터 자극을 받거나 동료들을 도와주려고 하기 때문이다. 따라서 성격 테스트 결과에 대한 과도한 의존은 주의해야 한다. 따라서 직무경력 관련 결정을 내리는 유일한 도구로 이용하면 안 된다. 개인의 성격은 성공에 영향을 미치는 수많은 요인 중 하나일 뿐이다.

③ 면접 과정의 일부로 'MBTI'를 검사하는 회사를 경계해야 한다

인기 있는 인간특성 검사인 MBTI Myers-Briggs Type Indicator는 칼 융의 심리학적 이론에 뿌리를 두었으며 사람들을 4가지 유형으로 분류한다. 불행히도 MBTI에는 많은 문제가 있다. 특히 평가 신뢰도가 낮아 여러 번 치르면 매우 다른 결과가 나올 수 있다. 행동을 일관되게 예측하지 못해 행동과학 연구에서는 거의 사용되지 않는다. MBTI는 실제보다 4가지 유형에서 더 극단적으로 보이게 한다. 수많은 성격조사 결과, 대부분 중간위치에 분포하기 때문이다. 어떤 조직이 채용 과정의 하나로 이 평가를 수행한다면 직장에서 성격적 특성을 어떻게 활용해야 하는지 제대로 이해하는 직원은 없다고 보아야 한다.

사회적 스킬

이력서만 보고 지원자의 원만한 인간관계 여부를 파악하기는 어렵다. 이 정보가 가치가 있는 것은 모든 직장에서의 성공의 핵심이 주요 업무수행에서 동료 직원과 협업하는 능력이기 때문이다. 업무수행에는 많은 집단적 문제 해결이 필요하고 팀원의 활동에 따라 특정 작업이 지속적으로 전개되기도 한다. 당연히 기업은 지원자가 동료 직원들과 잘 어울릴지 알아야 한다. 서류상으로 일에 필요한 모든 스킬을 갖춘 지원자로 보이더라도 동료들과 잘 어울리지 못하거나 기업문화에 대한 공감력이 떨어지면 부적합할 수도 있다. 그래서 채용 담당자들은 개인의 사회적 능력을 평가하는 것이다.

루카스는 다음과 같이 요약해 말했다. "한 회사에 2차 면접을 갔을 때 1차 면접은 직무능력을 평가하도록 설계되었다고 했다. 2차 면접은 '인간관계의 문제아가 아님을 확인하는' 의미라고 했다." 면접의 이런 측면에서 자신의 진면목을 보여주고 싶을 것이다. 당연히 그래야겠지만 면접에서는 스트레스가 크다. 즉, 면접에서 호감을 주는 방법에 대해 신중히 생각할 겨를이 없을지도 모른다. 후회할 언행을 할 수도 있으므로 명심할 사항들이 있다.

면접에서 외모의 중요성은 두말할 필요도 없다. 지금까지 '단편 판단 Thin-Slice Judgements *'에 대한 수많은 연구가 이루어졌다. 이것은 자신이 만나는 사

---

* 심리학과 철학에서 사용되는 용어. 최소한의 정보로 개인의 상태, 특성 또는 세부 사항에 대해 매우 신속히 추론하는 본능적인 판단을 의미한다.

람의 생각을 신속히 판단하는 것이다. 일부 인상은 상대방과의 관계에서 비롯되었지만 일부는 외모에서 비롯된다. 전에 보았던 편안한 사람처럼 보이는가? 관심을 끄는 외모의 어떤 특징이든 첫 인상으로 부정적인 영향을 미칠 수 있다. 따라서 면접 시 첫 인상은 지원자 평가에도 영향을 미친다. 이력서 기재사항에 잠재적 모호성이 있듯이 행동을 이해하는 데도 모호성이 있다. 설명은 재미있었는가? 엉뚱했는가? 자신만만했는가? 거만했는가? 매력적이었는가? 아첨꾼처럼 보였는가? 당신에게 좋은 첫 인상을 가졌다면 그런 행동을 너그럽게 해석할 가능성이 있다. 긍정적인 인상을 가지면 행동도 더 긍정적으로 해석하고 더 호의적으로 판단한다. 이것을 '후광 효과 Halo Effect'라고 한다.

사람들에게 면접 조언을 해줄 때 그중 일부는 심지어 면접 도중에도 항상 그들의 진정한 모습을 보여주어야 한다고 주장했다. 이상하게 들리기 싫지만 보통 그렇게 입지 않더라도 면접 때 프로처럼 옷을 입는 것은 가식적으로 보이지는 않는다. 그런 모습은 면접의 맥락을 충분히 이해하고 행동한다는 점을 분명히 보여준다. 직장생활에서 속마음을 진솔하게 말하지 않거나 특정 프로젝트를 하고 싶은 대로 정확히 수행하지 않을 때가 많다. 면접 때 복장을 제대로 갖춘다면 직장에서 다시 옷을 잘 입어야 할 경우가 없더라도 업무 행동을 관리하는 규칙을 잘 이해하고 있음을 보여주는 것이다. 면접에서 만나는 상대방들은 당신에 대해 극히 일부 정보밖에 기억하지 못한다. 대부분 3가지 정도다. 그중 하나가 외모라면 나머지 2가지는 정말 잘 기억하도록 해주는 것이 좋다. 면접관이 좋은 인상을 받도록 해야 한다.

마틴 피커링 Martin Pickering과 사이먼 가로드 Simon Garrod는 사람들이 사회적 상호작용을 하는 동안 서로 '미러링 Mirroring'한다는 많은 증거를 검토해왔다. 당신이 웃으면 대화하는 상대방도 웃기 십상이다. 몸을 앞으로 기울이면 그들도 따라서 기울이게 된다. 에너지가 넘치면 그들도 그렇게 된다. 당신이 열정, 기쁨, 에너지를 내뿜는다면 당연히 면접관에게도 긍정적인 영향을 주게 된다. 활기찬 모습은 평소 사회생활의 상호작용에서보다 면접에서 훨씬 더 중요하다. 면접관들은 지원자들과 하루 종일 또는 여러 날 만나고 있을 가능성이 크기 때문이다. 그들은 면접 때마다 제대로 집중하기 힘들 수 있다. 당신이 점심식사 전 마지막 면접 대상자라면 면접관의 열정이 식어가는 것을 목격할 수도 있다. 이때 당신도 덩달아 에너지가 없어 보일 수 있다. 이럴 때 당신의 에너지로 면접관을 리드하면 높은 점수를 받을 수 있다는 점을 명심하자.

점심식사에 대해 덧붙이면 구직활동 중에 자신의 음식을 준비해야 할 경우가 있다. 특정 식이요법으로 제한사항이 있다면 면접 일정 관리자들에게 미리 알려주는 것이 좋다. 면접 때는 평소보다 천천히 조금만 먹어야 한다. 술도 신중해야 한다. 보통 저녁식사와 함께 술을 마신다면 초청자의 안내를 받아도 된다. 하지만 그들이 어떻게 하든 한 잔만 마시고 멈추어야 한다.

품위 있게 행동하되 가장 편안한 사람으로 타인들과의 상호작용에 충실해야 한다. 웃기는 스타일이 아니라면 면접에서 생전 처음 코믹하게 보이려고 애쓸 필요가 없다. 평소 사용하는 어휘에 새로운 단어를 추가하면 안 된다. 단어를 잘못 사용하거나 발음이 틀릴 수도 있기 때문이다. 지원하는 회사가 원하는 사람이 되려고 무리하지 말고 자신만의 최고 버전이 되어 사람들에게 감동을 선사하길 바란다. 하지만 사람들과 상호작용하는 과정에서 거친 부분은 없애려고 노력해야 한다. 관련 산업이나 시사문제에 대해 투박하거나 주관적 의견을 많이 표출하는 경향이 있다면 그런 의견은 채용된 후 별도로 개진하는 것이 낫다.

언제나 긍정성에 초점을 맞추는 것이 핵심이다. 남을 비난·폄하하는 발언의 소용돌이에 자신도 모르게 빠지기 쉽다. 비판은 강해 보일 수도 있지만 면접관이 강하게 믿는 사안에 대해 부정적으로 말해버리는 실수는 치명적이다. 직장에서의 성공은 단순히 문제 인식에 머물지 않고 해결책까지 제시해야 한다. 비판의 악순환에 빠지면 문제 해결력이 불분명해진다. 부정적인 문제 제기보다 긍정적인 문제 해결책에 중점을 두어야 한다.

마지막으로 부정적인 대화가 많아질수록 앞으로 전개될 더 많은 개념과 감정이 마음속에서 부정적으로 변하는 경우도 있다. 그런 부정성은 자신에게 전가되어 결국 당신에 대한 호감을 떨어뜨린다. 면접관의 인식은 사실을 바탕으로 해야 하지만 분위기나 태도, 순간적인 상호작용의 영향을 많이 받는다. 당신의 목표는 회사에서 더 많은 시간을 구성원들과 함께 하고 싶은 사람으로 남는 것임을 잊으면 안 된다. 자신의 진면목을 보여주어야 한다는 점에 반대할 수도 있다. 친구들은 당신의 무뚝뚝함, 엉뚱한 유머 감각, 어색한 침묵을 좋게 생각해줄 수 있다. 직장 동료들도 당신에 대해 충분히 알게 되면 그런 모습을 좋아할지 모르지만 첫날부터 대인관계에서의 약점을 굳이 강조할 필요는 없다.

재즈 브레인: 통찰력 키우기

악보를 보고 연주하는 사이 이미 다 지나가버린다.

나는 재즈를 색소폰으로 처음 배울 때 정말 많은 악보를 엉뚱하게 불었다. 보통 엉망으로 연주한 후(특히 뭔가 보여주려고 연습할 때)에는 연주를 그만 두곤 했다. 그때 선생님이 내 귀에 손을 대고 말씀하셨다.

"들리니? 아니! 그 악보는 이미 다 지나갔어. 다시 연주해!"

누구나 면접에서 실수할 수 있다. 평소 기대보다 질문에 대한 답이 생각보다 잘 나오지 않을 수 있다. 아는 내용도 기억이 가물가물하다. 완벽한 지원자를 기대하는 회사는 없다. 회사가 알고 싶은 것은 역경에 직면했을 때 헤쳐나가는 방법이다. 면접에서 과거 실수에 연연하면 안된다. '압박 하에서의 성취' 연구에 의하면(그중 상당 부분은 시안 베일록의 멋진 책 '초크'에서 검토됨) 이해관계가 깊을 때 자신의 행동에 많은 주의를 기울이기 시작한다고 한다. 따라서 지금 하는 일을 완벽히 하려고 집중한다면 자연스러운 대화를 나눌 수 없다. 면접 장소에 도착하면 준비해온 내용을 믿어야 한다. 걱정이 성공을 보장해 준다면 그 성공은 가치가 없을 수도 있다. 실수했다면 일단 잊어버리고 면접관과 정상적으로 상호작용하라. 면접이 끝난 후 질문에 답하는 법을 고칠 수 있다. 실수하면서 발전한다.

무엇을 배워야 하는가?

어떻게 평가받을지 결과에만 집착하는 면접에 빠지기 쉽다. 결국 평생 남들의 평가만 받아가며 살아가는 사람이 되어서는 안 된다. 알다시피 모든 시험은 최종 성적이 결정적 문제다.

하지만 순간이 살아있는 면접은 쌍방향이다. 면접을 보면서 일정 수준에 접근하게 되면 회사는 당신에게 어느 정도 관심을 보이게 된다. 면접관에게 좋은 인상을 주려고 애쓰는 시간이더라도 회사 입장에서도 면접은 회사의 장점을 알릴 절호의 기회다. 그 점을 놓치면 안 된다.

리사는 "나는 면접에서 미처 예상하지 못한 직무가 있을 때마다 그 일을 거절한다. 그들은 당신이나 당신의 시간을 존중하지 않는다고 보기 때문이다."라고 내게 말했다.

갑작스런 일에 대해 어떻게 느끼든 회사가 면접을 진행하는 방식이 평소 직원들을 대하는 태도를 보여준다는 평가는 중요하다. 면접에서 알 수 있는 일부는 질문을 통해 얻어야 한다. 면접 볼 회사에 대한 많은 자료를 찾아본다. 면접을 보기 전 직원들이 그 회사에서 근무하는 데 대해 어떻게 말하는지 확인하자. 직원으로서 무슨 일을 할 것인지 질문을 준비하고 면접에 가라. 준비는 업무에 대한 관심을 보여주므로 중요하다. 물론 당신의 질문에 대한 구체적 답변도 중요하지만 어떻게 대답해주는가도 중요하다.

회사에서 일하는 다른 사람들을 비판해야 한다면 그것을 인정할 근거를 찾아라. 진정한 '학습조직 Learning Organization'은 과거의 비판을 수용하고 작업 환경을 어떻게 개선하려고 노력해왔는지를 말한다. 비판을 무시하거나 통제하는 회사들은 입사 후에도 변화하기 어렵다. 하지만 회사에 대해 알 수 있는 많은 내용은 면접 시의 관찰로도 얻을 수 있다. 면접관이 질문 공세를 퍼붓는 상황을 생각해보라. 아마도 고객과의 특정한 상호작용을 어떻게 시작할지부터 물을 것이다. 분명한 대답이 생각나지 않는다면 그 질문이 분명해지도록 몇 가지 확인하는 질문을 하고 면접관이라면 그 일을 어떻게 처리할지 물어볼 수도 있다. 그런 경우, 제대로 답하지 못해 불합격할 것이라고 생각할 필요는 없다.

일부 회사들은 지원자가 업무수행에 필요한 모든 기술을 갖추었다고 가정한다. 또 다른 회사는 잠재력에 투자하려고 한다. 그들은 직장의 다른 사람들과 함께 일하고 문제를 해결할 사람으로 간주하고 싶어한다. 지식이나 특정 스킬을 아직 터득하지 못했더라도 발전시킬 기회로 생각해야 한다. 한편, 질문에 답하지 못하는 당신에게 눈살을 찌푸리고 깔보는 듯한 면접관은 회사가 첫날부터 완벽한 직원을 원한다고 말할지도 모른다. 그러나 면접 도중 어려운 문제를 기꺼이 토론하고 가르치는 면접관은 회사가 직원들의 능력을 키워줄 수 있다는 점을 소통하는 중이다. 어느 쪽에서 더 좋은 인상을 받겠는가? 면접은 쌍방향이라는 점을 면접관이나 지원자 모두 알아야 한다.

대학생 때 내가 경험한 면접은 소매 전자제품 체인점의 영업부 직무 건이었다. 당시 면접관은 지점장이었다. 그는 내가 판매에 대해 잘 모른다고 확신하고 면접 도중 고객에게 응대하는 법을 가르쳐 주었다. 물론 그 일자리를 구했다. 이런 관점에서 면접 도중 어느 시점에서 약간 부정적인 상호작용을 하는 것이 실제로는 긍정적일 수 있다. 회사에서 모든 날이 행복하지는 않다. 프로젝트가 잘 안 풀리거나 실수할 때도 있다. 면접 도중의 실수를 만회할 기회를 주는 조직들은 성공을 이끌어내는 그들의 저력을 보여준다. 직원들의 성장을 지원하는 조직은 대부분 만족스러운 업무 환경을 제공한다. 면접 도중 회사가 이런 상황을 어떻게 처리하는지 정보를 찾아본다. 면접 도중 부정적인 상호작용이 없었다면 더 바랄 나위 없지만 직원을 훈련시켜주는지 물어본다. 누군가 실수했을 때 어떤 일이 일어나는지 구체적으로 대화해본다. 조직의 인적자원 개발 HRD 프로세스가 당신의 스킬을 향상시켜줄 준비가 되어 있는지 반드시 알아본다.

면접에서 회사에 대해 알게 된 내용을 최대한 활용하려면 '인지적 뇌'를 가동할 준비를 해야 한다. 회사에 대해 잘 모르는 점은 목록으로 만들어 면접 때 가져간다. 면접 시작 전에 한 번 더 읽어본다. 그렇게 하면 면접 때 모르는 내용 관련 정보를 주워 담을 수 있다. 면접 때 가능하다면 메모를 한다. 기억력에 의존하지 말고 면접관의 언급 중 특히 중요한 내용은 계속 기록한다. 이 목록은 이어지는 입사 제의를 받을 때 특히 도움이 된다. 입사를 수락하기 전에 직위에 따른 근무조건을 협상해야 하기 때문이다. 4장에서 그 과정에 대해 알아보겠지만 채용 과정은 실제로 면접에서 시작된다는 사실을 분명히 기억해야 한다.

면접 후

면접이 끝나고 필요한 경우에는 감사 이메일을 보낸다. 그 직위에 매우 관심이 있다면 기꺼이 그렇다고 말한다. 채용 담당자들이 후속 조치를 취하려는 내용이 있다면 이메일에 연락처를 남길 것이다. 하지만 이후에는 인내심을 가져야 한다. 특정 결정을 내릴 가능성이 크다면 면접 도중 자유롭게 물어본다. 그럼 무엇을 기대해야 할지 어느 정도 알 수 있다. 회사가 일자리 하나를 채우는 과정은 시간이 많이 든다는 점도 명심해야 한다. 구직 탐색에 대한 걱정을 덜어주는 것은 회사가 아니라 지원자 자신에게 달려 있다. 기다리는 동안 채용 담당자에게 다시 연락해야 할 유일한 경우는 몇 가지 중요한 새로운 정보가 나왔을 때뿐이다. 예를 들어, 이전 회사에서 신청해놓은 특허가 통과되었다는 소식을 접한 경우다. 이 정보는 새 회사에 가치가 있을 수 있으므로 업데이트한 이력서와 함께 메모를 보낼 수 있다. 마찬가지로 또 다른 회사에 관심이 있고 다른 제의를 받았다면 회사에게 알려주고 마감일 전에 새로운 소식을 기대할 수 있다.

하지만 마냥 앉아서 기다리는 것은 힘들다. 면접이 끝나면 최종 합격 여부는 지켜봐야 하고 좌절하거나 불안해지기도 한다. '동기적 뇌'는 대안이 필요하다. 자신이 상황을 어느 정도 통제할 수 있길 당연히 바라지만 그 과정이 잘 진행되도록 놔두어야 한다. 이 단계에서 채용 담당자에게 연락하면 별 도움도 안 되고 오히려 귀찮을 가능성이 크기 때문이다.

핵심 내용

당신의 뇌

동기적 뇌

• 스트레스는 작동 메모리 용량을 감소시킨다.

사회적 뇌

• 발표자 패러독스에 조심하라. 면접관은 지원자의 장점을 모두 합해서 평가하지 않고, 평균적으로 처리한다.

• 자기중심적 편견을 조심하라. 프로젝트에 대한 자신의 기여를 과대평가하는 경향이 있다.

• 후광 효과는 좋은 첫 인상으로 상사에게 호감을 주었다고 판단할 때 생긴다.

• 사람들은 사회적으로 상호작용하는 과정에서 서로 모방한다.

인지적 뇌

• 처리 유창성은 정보를 쉽게 이해하도록 해준다.

• 선택에는 작업 호환성 효과가 있다. 접수한 지원서에서 면접자를 추리는 방법은 먼저 지원서를 배제시킬 경우에 부정적인 측면에 초점을 맞춘다. 다음으로 면접기회를 줄 대상자를 선택하는 경우에는 긍정적인 면에 초

점을 맞춘다.

- 자신이 일단 선택하게 되면 선택의 이유를 많이 나열하게 된다.

실무 활용 팁

- 지원한 회사에 대해 많이 조사한다.

- '처리 유창성' 향상을 위해 채용 면접관의 언어를 사용한다.

- 지원서를 세심히 살펴보고 거절할 명분을 주지 말라.

- 최대한 전진하는 데 집중하라. 지원서에서 평범한 사항은 강조하지 않는다.

- 자신의 성과를 과소평가하지 말고 수행했던 업무를 상세히 설명한다.

- 지원서에서 강조한 기술을 직접 보여줄 준비한다.

- 면접에서 진정한 비즈니스맨의 면모를 보여주어야 한다.

- 에너지와 열정을 먼저 보여주면 면접관도 동화되어 평가받는 데 유리해진다.

- 면접 도중의 실수를 너무 걱정하지 말라. 회사가 실수를 어떻게 받아들일지 알아볼 좋은 기회다.

- 면접관에게 질문할 내용을 미리 준비해 간다.

- 면접이 끝나면 결과에 연연하지 말고 인내심을 갖고 대안을 준비한다.

4장
입사 협상과 결정

최종 면접 얼마 후 회사로부터 결과 통보를 받을 수 있다. 당연히 합격 아니면 불합격이다. 이번 장에서는 결과 통보 시점과 입사 제의의 수용 여부를 결정하는 기간에 고려해야 할 내용을 중점적으로 다룬다. 대부분 입사 예정 회사와의 가장 효과적인 협상법과 입사 결정 시의 고려 사항을 논의한다. 먼저 원하는 일자리를 얻지 못한 경우부터 간단히 설명해 보자.

● ● ●

면접 불합격 소식

'동기적 뇌'는 자신의 중요한 목표에 관여한다. 일자리 구하기 이상으로 삶의 큰 목표가 구직자들에게 더 중요하므로 목표 달성을 위해 막대한 투자를 하게 된다. 자신의 목표에 대한 몰입의 크기에 따라 감정적 반응의 정도를 결정하게 된다. 이때 반응의 긍정적, 부정적 양태는 면접의 성패에 달려 있다. 나는 한때 뉴욕 자이언츠의 골수 팬이었다. 미식축구 경기에서 패한 날은 하루를 망치기도 했지만 나이가 들며 스포츠에 대한 관심이 점점 줄었다. 요즘은 자이언츠의 패배 소식을 듣더라도 감정에 미치는 영향이 미미하다.

원했던 직업을 얻지 못했다는 사실을 알게 되면 먼저 강한 부정적 반응이 생긴다. 슬프거나 불안하거나 분노할 수도 있다. 이런 정서적 경험은 그 상황을 어떻게 보는가에 달려 있다. 2장에서도 언급했듯이 정서는 감정의 해석이다. 놓쳐버린 기회에 집착하면 슬퍼지고 반드시 취업해야 한다는 강박관념에 사로잡히면 불안해진다. 누군가(아마도 채용 담당자)가 채용 결정 과정에서 부당한 처사라도 했다면 화가 치밀 것이다.

나는 우리 대학에 지원했던 동료 2명과 토론한 적이 있다. 두 후보자 모두 경쟁자들보다 유리하게 통과했는데 둘 다 면접관의 매우 부정적인 반응을 경험했던 것 같다. 한 동료는 기회를 놓친 데 초점을 맞추었으므로 결과 통보 후 한동안 슬픔과 실망감을 감출 수 없었다. 또 다른 동료는 인사위원회가 대학에 대한 자신의 지속적인 기여를 몰라주었다고 생각했다. 그는 위원회와 대학에게 크게 분노했다. 똑같은 상황이 발생했지만 사건 해석에 따라 다른 정서적 반응을 보일 수 있다. 불합격 소식을 처음 들었을 때는 초기 반응으로 직접적인 대응을 원하겠지만 그렇게 하지 않는 것이 바람직하다.

결과가 마음에 안 들고 기분 나쁠 때 하는 많은 행동은 그 순간 합리적으로 보일 수 있다. 이메일이나 전화로 그 직업을 얻었어야 했다고 많은 사람에게 큰 소리로 불평하고 싶을지도 모른다. 그런 반응은 장기적으로 일자리를 구하는 데 결코 도움이 안 된다. 구직 과정을 길고 지루한 게임이라고 생각해야 한다. 우선 마음을 진정시킬 시간을 가진다. 운동이나 춤으로 내면의 나쁜 에너지를 발산시키고 요가나 명상으로 안정감을 회복해야 한다. 항상 강조하지만 무슨 일을 하든 잠부터 푹 자두는 것이 좋다.

당신이 내뱉은 말이 그 회사에 들어갈 수도 있고 굳이 사회적 연결 사다리를 불태울 필요도 없으므로 불평은 피해야 한다. 1993년 나는 텍사스 주립대 첫 면접시험을 보았다. 당시 면접을 잘 보았다고 생각했지만 그 자리는 다른 사람에게 돌아갔다. 담당 부서와 계속 연락을 유지했고 5년 후 다른 자리가 나오자 재지원하라는 연락을 받았다. 그때 결과가 좋아서 지금까지 20년 이상 여기서 근무하고 있다. 우선 조용히 마음을 가라앉힐 시간을 가지면 자신을 거부한 곳에 다시 손을 내밀지 말지 합리적으로 결정할 수 있다.

대규모 공채의 일부였다면 채용 담당자들이 잘 기억하지 못할 것이다. 그렇게 해도 도움이 안 될 수 있지만 채용 담당자들과 어느 정도 개인적 관계를 맺었다고 느끼고 그 일에 정말 관심이 있다면 재도전은 당연하다. 회사에 대한 관심을 다시 강조하면서 추후 면접에서 개선할 점을 물어보는 것도 가치가 있다. 개선 방법 질문은 채용 담당자가 실수했다는 암시가 아니라 면접 때 보였던 모습에서 더 잘 할 방법을 배우는 데 관심이 있음을 보여주는 것이다. 때때로 이런 상호작용으로부터 유용한 반응을 얻을 수 있다. 최악의 경우라도 채용 담당자에게 관심이 있음을 상기시켜줄 수 있다. 실제로 1장에서 말했던 내 큰아들은 회사 첫 면접에서 불합격했다. 아들은 면접을 매우 잘 보았다고 생각하고 채용 담당자에게 다시 의견을 구했다. 상담 기간 동안 채용 담당자는 아들과의 두 번째 면접을 결정했고 결국 채용했다. 반드시 기억할 핵심은 회사와의 모든 상호작용이 소셜네트워크에 영향을 미친다는 점이다. 당신에 대해 긍정적인 의견을 가진 사람 수는 늘리고 부정적인 사람 수는 최소화해야 한다. 이것은 특히 매우 부정적인 감정 상태일 때 누구나 명심해야 할 사항이다.

● ● ●
회사와 협상할 시간

이제 회사로부터 입사 제의를 받는 경우다. 여전히 강한 감정적 반응을 보이겠지만 그것은 행복, 즐거움, 흥분이거나 달아오르는 긴장감일지도 모르겠다. 고용계약서에 실제로 서명할 준비를 위해 몇 가지 할 일이 있다. 조건을 협상해야 한다. 이 시점에서는 어느 때보다 더 큰 주도권을 가질 수 있다. 회사가 일하길 원한다고 말한 지금부터 실제 채용 모드로 넘어간다. 일단 서명하고 입사 수락을 하면 타사로 이직하거나 뛰어난 성과로 고용주가 추가 보상을 해주기 전까지 이런 협상 기회는 다시 오지 않는다. 따라서 이 기회를 목표 달성에 도움이 되는 상황으로 만들어야 한다. 맨 먼저 할 일은 '인지적 뇌'를 가동해 협상에 대비하는 것이다.

정보 비대칭의 수정

고용 협상의 근본적인 어려움은 회사와의 정보 비대칭이다. 당신은 자신의 필요와 급여, 혜택, 업무 시작일, 인센티브, 휴가 등에 대해 어디까지 받아들일지 알고 있다. 회사도 협상 결렬의 경우, 예비후보를 면접볼 수 있다. 또한 제안하는 직책의 급여 수준, 연말 보너스, 판매원 수수료율, 교육 혜택 등 직원들에게 대가를 지불할 범위를 알고 있다. 소기업이 아니라면 담당자는 훨씬 더 다양한 고용 조건으로 직원과 협상해본 경험이 있을 수 있다. 그러므로 첫 번째 임무는 협상 중인 회사의 정보를 많이 입수해 정보의 비대칭을 줄이는 것이다. 이 비대칭성을 극복하기 위해 협상 준비를 체계적으로 해야 한다. 준비 상태에 대한 판단을 감에만 의존하면 절대로 안된다.

법 해석 수준 Construal Level 연구에 의하면 시·공간, 사회적 관계에서 멀리 떨어져 있으면 가까운 데 있을 때보다 더 추상적으로 판단한다고 한다. 실제로 출·퇴근 거리가 멀수록 급여, 휴가 기간 등 겉으로 중요한 근무조건에 초점을 맞출 가능성이 크다. 하지만 이 거리 조건에서 중요해보이지 않는 직책에 대한 세부사항은 직원으로 정식 근무를 시작한 후에 비로소 중요성을 알게 된다. 거기에는 업무 공간(사무실, 칸막이 방, 공용 책상), 보상(퇴직 계획, 보너스 구조), 경력 개발(멘토링, 교육 수당), 시간(근무 시간, 주말 근무, 초과 근무), 업무상 이사할 경우의 비용까지 다양하다.

먼저 확인하고 싶은 채용 패키지에 대한 모든 질문을 나열해본다. 질문 목록을 만들어 다른 사람들에게 보여주고 중요한 항목이 빠졌는지 확인한다. 어쨌든 그 질문들에 답해야 한다. 자신의 경험으로 이 질문들에 대처하는 법을 알고 있을 수도 있지만 다른 자료원도 반드시 확인해야 한다. 업계 (또는 더 나은 제안을 한 회사 내부)에서 관련자를 찾아내 비슷한 회사가 직원들의 보상 패키지를 어떻게 구성하는지 알아본다. 사람들은 자신의 정확한 급여액을 밝히길 꺼리겠지만 그들의 보상과 복리후생이 어떻게 설정되는지는 알아낼 수 있다. 많은 회사가 직원들의 혜택 조건을 강조하므로 채용 담당자에게 물어볼 수 있다. 잠시 후 논의할 예정이지만 회사와 협상한다고 그들을 적으로 간주하라는 의미는 절대로 아니다.

다음으로 협상에서 얻어내려는 기준을 각 항목에서 결정한다. 자신의 요구 수준에 대한 평가로 시작한다. 이 직장을 얻고 생활을 영위하는 데 자신과 가족의 생활비로 얼마가 필요한가? 향후 수년 동안 그 액수를 올리려는 열망은 어느 정도인가? 아내가 아이를 가질 예정이라면 그 요인도 반영해야 한다. 긴급 상황과 미래의 목표를 위해 얼마나 저축할 수 있는가?

이상적인 업무 스케줄을 생각해보라. 전통적으로 9시 출근, 5시 퇴근이 가장 편할지도 모르지만 다른 활동(열정)으로 그 이상적인 조건에 영향을 미칠 수도 있다. 색소폰 밴드에서 연주하는 나는 많은 음악가를 알고 있다. 대부분 라이브 연주를 하는 그들은 심야 시간을 자유롭게 활용할 수 있는 직업을 가졌다. 제빵사인 한 멤버는 새벽 3시부터 교대 근무를 해 늦은 시간대의 공연이 가능하다. 다른 사람들은 아침 10시부터 일과를 시작하므로 음악 클럽의 늦은 연주가 끝난 후 잠잘 수 있게 했다. 또한 입사 제의는 다양하므로 우선순위를 정해야 한다. 어느 항목을 양보하고 싶지 않은가? 어느 항목을 바꿀 수 있는가? 협상을 준비하면서 융통성을 발휘할 수 있는 분야를 정해둔다. 신도시 이사비용을 충당할 수 있는 보너스와 월급을 기꺼이 맞바꿀 수 있다. 실제 협상 때까지 기다리지 말고 제의하고 싶은 거래의 종류를 심사숙고한다. 일단 협상이 시작되면 거래에 대한 압박을 받고 나중에 후회할 양보도 하게 된다.

이제 요구사항과 관련된 구체적인 정보를 얻을 때다. 회사에서 제의한 직책의 급여 수준은 어떤가? 수많은 채용 사이트에서 비슷한 직책에 대한 일반적인 보상 패키지를 볼 수 있고 그중 많은 곳은 생활비 항목을 고려해 급여 수준을 지역별로 세분화해 놓았다. 업계 종사자를 안다면 그들은 소중한 정보를 제공해줄 수 있다. 특히 온라인에서 정보를 찾았는데 해당 직책과 비교할 수 있는 포지션이 하나도 보이지 않는다면 말이다.

나는 D 씨와 대화를 나눈 적이 있다. 그는 30년간의 군 경력을 성공적으로 마치고 은퇴해 민간 일자리를 찾던 중에 한 대형 컨설팅 업체로부터 군사기지 프로젝트를 관리해달라는 제의를 받았다. 알고 보니 그는 군사기지의 주요 담당자를 알고 있어 결국 자신의 급여 요구를 뒷받침하는 계약 규모에 대한 정보를 입수할 수 있었다. 결국 그는 원하던 수준의 급여를 받을 수 있었다. 이 모든 노력의 목표는 회사의 입장을 전혀 모른 채 협상해 벌어지는 격차를 최소화하는 것이다. 그 제의의 어떤 면이 협상이 가능한지 알고 핵심 요구사항을 제시하길 바란다.

협상이란 무엇인가?

효과적인 협상에 들어가기 전에 협상의 의미와 이상적인 협상 결과부터 이해해야 한다. 협상은 서로 '인식된 이해 상충'을 해결하는 방법이며 두 당사자의 목표가 다른 상황에서 일어난다. 직원들은 직무실행의 댓가로 많이 받길 원하는 반면, 고용주는 최소 비용을 원한다. 많은 상황에서 당사자가 상대방이 원하는 내용을 잘못 가정하기 때문에 협상을 정의할 때 '인식된 Perceived'이라는 용어를 사용했다. 협상 내용과 양 당사자 사이의 간극을 서로 정확히 '인식'하지 못하면 좋은 결과를 도출하기 어렵다. 기업은 직원들을 행복하게 해주길 원하므로 훌륭한 인재를 고용하고 유지하기 위해 최소 설정 금액보다 훨씬 많은 돈을 기꺼이 지불할 의사가 있다.

사람들은 대부분 함축된 은유적인 프레임으로 협상에 임한다. 메타포 Metaphor는 다른 조건에서 특정 영역을 개념화하는 세계를 말하는 방법이다. 예를 들어, "사리타 Sarita는 후안 Juan이 물러설 때까지 그의 주장을 공격했다."라고 말할 수 있다. 그렇다면 그것이 마치 전쟁인 것처럼 논쟁에 대해 말하는 방법이다. 특정 상황에서 특정한 은유적 프레임을 배치함으로써 성패를 판단하는 방법에 종종 영향을 미친다. 그런데 논쟁을 전쟁으로 생각하는 것은 상대방을 설득하지 못하면 패배했다고 생각하기 때문이다. 이런 프레임에서 복잡한 문제에 대한 상호이해는 긍정적인 결과로 간주될 수 없다는 것이다.

협상을 위한 지배적인 은유적 프레임은 양측이 테이블 건너편에 앉아 있고 테이블 어딘가에 상호동의하는 협정이 놓여 있다. 협정이 한쪽에 더 가까워지면 반대쪽과 멀어질 수밖에 없고 양측은 상대방의 양보를 받아내기 위해 치열한 줄다리기를 벌인다. 이런 관점에서 협상은 근본적으로 경쟁이므로 한쪽이 이기면 반대쪽은 진다. 결과적으로 이해 당사자는 상대방이 가진 어떤 정보라도 이용하려고 한다고 우려한다. 당사자들은 정보 비대칭성이 자신의 협상 포지션에 힘을 실어준다고 가정하면서 그들이 원하거나 필요한 대상의 정보를 종종 밝히지 않는다.

고용계약 상황에서는 협상에 대한 대안적인 '은유적 프레임'으로 접근해야 한다. 협상 파트너와 아름다운 풍경 속으로 나란히 걸어 들어가는 장면을 머릿속에 그려본다. 합의문은 저 밖 어딘가에 있고 유일한 제약조건은 그곳에 함께 도착해야 한다는 것이다. 이런 점에서 협상은 한쪽의 승리보다 공동 문제 해결에 방점이 있다. 이 방법은 양측의 목표가 똑같은 잠재적 윈-윈 Win-Win 상황을 만들어준다.

새로운 업무를 시작하기 전에 2개월 동안 여행하며 쉬고 싶을 수도 있다. 고용주는 당신의 업무 시작 몇 달 전에 새로운 사무실 공간을 마련해줄 수도 있다. 상대방의 목표가 자신의 목표와 반대라고 가정하면 상대방이 협상 테이블에서 물러날 것을 걱정해 요구사항을 정확히 제시하지 않을 수도 있다. 이런 경우, 실제로는 당사자 모두에게 더 나쁜 거래가 될지도 모른다. 덧붙이면 협상을 동행의 기회로 여길 때 쌍방의 필요와 요구에 대한 정보를 공개할 수 있다. 협상 파트너는 당신의 니즈도 모른 채 목표가 이루어지도록 도와줄 수는 없다. 협상 파트너가 당신이 원하는 방식으로 줄 수는 없더라도 다른 방법으로 줄 수 있는 대안이 있을 수 있다.

수잔 Suzanne은 판매직 면접 협상 중이었다. 그녀는 1억 원대 연봉을 희망했다. 회사는 기본급으로 제공할 수 있는 현금 제안은 거의 없었지만 수잔이 목표를 달성할 수 있을 정도로 기꺼이 수수료 Commission를 인상해줄 용의가 있었다. 그들은 함께 협상한 덕분에 합의에 이를 수 있었다.

양측의 목표와 제약요건을 분명히 밝히지 않았다면 절대로 얻을 수 없었던 결과다. 여기서 중요한 점은 당신의 실제 목표에 대한 정보 비대칭이 있으면 고용주와의 협상에 도움이 안 된다는 것이다. 필요한 내용이 있다면 고용주에게 알려주어야 한다.

당신이 원하거나 필요한 대상이 회사의 목표나 가치와 일치하지 않는다고 말해준다면 협상을 통해 가치 있는 내용을 알게 된다. 하지만 고용주는 전혀 예상하지 못한 방식으로 당신의 목표는 안중에도 없는 선택권을 가질 수 있다. 진정으로 원하는 것을 고용주에게 말하지 않으면 그것을 알아낼 수 없다. 원하는 것이 있다면 부드럽게 분명히 밝혀야 한다.

●●●

협상 시작하기

협상을 어떻게 시작할 수 있을까? 지난 50년 동안 심리학에서 가장 위대한 발견 중 하나는 아모스 트베르스키와 다니엘 카네만이 처음 윤곽을 잡은

'기점화와 조정 추단법 Anchoring & Adjustment Heuristic'이다. 이 개념은 매우 단순하다. 어떤 대상의 가치를 판단할 때 사람들의 정신에서는 숫자에 집착한다. 숫자가 틀렸다는 것을 알면 옳다고 생각하는 방향으로 조정할 수 있지만 종종 항목을 잘못 평가해 불충분하게 조정한다는 것이다.

잘못 판단하는 간단한 예로 조지 워싱턴이 미국 대통령으로 선출된 연도를 누군가가 물어본다고 가정해보자. 독립선언서가 서명된 1776년은 유명한 역사적 기준이다. 워싱턴이 그보다 늦게 선출되어야 한다는 것을 아니까 그 기준을 적용해 날짜를 조정해본다. 하지만 독립전쟁 기간은 대부분의 최근 분쟁들보다 훨씬 길었으므로 미흡하게 적용할 가능성이 크다. 아마도 6년 정도 걸렸다고 생각하고 워싱턴이 1783년에 선출된 것으로 추측한다. 사실 헌법 협약은 1787년에야 열렸고 워싱턴은 1789년에 대통령으로 선출되었다.

협상에서 보거나 듣는 첫 번째 숫자는 나머지 협상의 핵심가치에 대한 논의를 고정시킬 수 있다. 협상이 진행되는 내내 기점(엔커링)으로서 어떤 숫자를 사용하는지 알아내고 너무 애착이 안 가도록 주의한다.

오랫동안 채용업무를 해온 코너 Connor는 대학을 갓 졸업한 지원자들이 흔히 저지르는 실수를 지적했다. 지원자들은 회사의 구직 광고에 표시된 급여 범위의 최상위 금액을 기점으로 정하고 회사가 액수를 낮추려고 하면 화를 냈다고 한다. 회사가 자신들을 깎아내리려고 한다고 생각하면서 제의를 회피할 수도 있다.

급여 범위의 기능을 이해하는 것은 중요하다. 최상위 수준은 현재 직무에서 다음 단계로 승진할 수 있는, 경험 많은 직원들이다. 그것에는 직무기술서만으로는 말하기 어려운 여러 상황이 내포되어 있음을 알아야 한다. 최고 급여 수준이 연 6,000만 원이라면 이미 6,500만 원을 받는 누군가에게 그 직장이 아마도 적합하지 않다고 말하는 것이다. 급여 범위의 최하단은 최근 대학 졸업자처럼 경력이 없거나 매우 적은 사람에게 회사가 주는 정보다. 경력이 없는데도 급여 범위의 최상단에 고정한다면 불만 요인이 될 가능성이 있다. 대신 하단 기점에서 시작해 위쪽으로 조정해 당신이 요구할 액수에 점점 다가가야 한다.

협상 중인 기점들의 또 다른 원천은 수중에 있는 다른 일자리 제의에서 나올 수 있다. 협상 용어로 다른 대안적 제의는 BATNA Best Alternative To a Negotiated Agreement이다. 이것은 '협상할 계약에 대한 최선의 대안'을 의미한다. 이 회사와의 협상이 결렬된다면 대안은 무엇인가? 다른 입사 제의를 받았다면 대안은 바로 다른 제의 수용이다. 그렇지 않다면 최선의 대안은 구직활동을 다시 시작하는 것이다. 분명히 말해 이미 다른 일자리 제의를 받고 있다면 회사와 벌이는 협상은 더 편하다. 현재의 협상을 대체할 다른 구직 협상을 하면서 어느 정도 모험을 감수할 수 있다고 생각하기 때문이다. 또한 현재 받은 제의를 당연히 기점(기준)으로 사용할 수 있다. 즉, 새로운 회사에서 제의한 급여액을 기점 삼아 현재 회사의 급여액을 조정하는 방안도 가능하다는 의미다. 하지만 이 전략을 쓰면 돈을 협상 테이블 위에 무심코 놓고 갈 수도 있다. 회사는 실제로 당신의 요구액보다 훨씬 더 많은 금액을 기꺼이 지불할 수도 있었으므로 그 직책에 대한 연봉 범위를 분명히 알고 있어야 한다. 협상을 훨씬 더 잘 할 수 있는 여건이라면 BATNA에만 고정할 필요는 없다.

마지막으로 자신의 연봉 기준을 어떻게 프레임화해 수치를 정했는지에 주목해야 한다. 연봉으로 51,000달러를 요구한다고 가정해보자. 이때 기점은 0이 아닌 가장 작은 숫자에 초점을 맞추길 기대한다는 의미로 전달된다. 아마도 당신은 48,000달러의 반격을 기대하겠지만 지금 매우 중요한 돈 얘기를 하고 있다는 데 주목하라. 연 3,000달러 차이는 월 250달러나 되기 때문이다. 그 정도면 식료품점에서 쇼핑을 여러 번 할 수 있는 금액이다. 대신 51,400달러를 요구한다고 가정해보자. 지금 협상에서 수천 달러가 아니라 수백 달러 범위를 예상한다는 의사를 전하고 있다.

아담 갤린스키 Adam Galinsky와 동료들의 연구에 의하면 협상 전문가들이 이런 더 구체적인 제시 기준(기점)에 민감하다고 결론내렸다. 만약 협상가들이 제시한 금액에 마음이 상하지 않는다면 말이다. 하지만 51,432달러 4센트의 급여를 요구해도 구체적인 반응을 얻을 수는 없다. 당신의 직관이 요구하는 수준보다 한 단계 아래인 기준점을 시도하면 수정 제의로 연봉 예상액 범위를 제한하거나 원하는 수준에 협상을 안착시킬 수도 있다.

경청하고 배워라

이번 장의 주제는 '사회적 뇌'가 미래 고용주에 대해 많이 알도록 도와주는 것이다. 협상 과정에서 분명한 사실을 알 수 있다. 협상을 진행하고 장애물을 뛰어넘을 방법을 찾으려는 의지를 통해 회사가 얼마나 융통성이 있는지,

일을 시작한 후 문제에 대한 혁신적인 해결 방법을 찾을 가능성이 있는지 많은 것을 알려준다.

헤더 Heather는 CEO의 경영 보조원을 찾기 위해 첨단기술업체에 고용된 채용 담당자로서의 경험을 내게 말해준 적이 있다. 그녀는 65,000달러의 연봉을 요구하는 완벽한 지원자를 만났다. 회사는 거주 도시 간의 생활비 차이를 이유로 55,000달러를 제시했다. 지원자는 전 직장에서 받든 금액에서 임금 삭감을 원하지 않았고 65,000달러를 고수했다. 결국 회사는 보너스 7,500달러를 약속하며 57,500달러에 합의했지만 보너스를 받는 데 필요한 기준은 구체적으로 언급하지 않았다. 지원자는 자신의 재능과 전문지식에 대한 예우 부족을 반영한 것이라고 우려했다. 그녀는 회사와의 협상으로 어쩔 수 없이 직장을 선택했지만 곧 떠나버렸다.

회사에 대해 얻는 정보 중 일부는 원하는 모든 것이 아니라해도 긍정적인 측면이 있다. 앞에서 언급했던 코너는 업계 직무 경험이 없는데도 최고 수준의 대우를 요구하는 많은 지원자를 만났다. 그는 구직자들이 직무를 잘 해내기 위해 얼마나 많이 배워야 하는지 모른다고 지적했다. 회사는 리크루터들에게 입사 초기 몇 년 동안 그들의 직무 연마를 도와주기 위해 제공하는 트레이닝(훈련) 양에 대해 말했다. 지원자들이 회사가 자신의 미래에 투자하고 있다는 것을 인식한다면 사내교육에 가치를 두어야 한다. 잘 배워둔다면 결국 그 회사나 다른 회사에서 더 높은 연봉을 요구할 수도 있다. 단기적인 연봉에만 집착한 후보들은 코너의 회사를 떠났다. 그중 상당수는 이런 후한 교육제도를 제공해주지 않는 회사에 고용되었다. 미래에 대한 투자는 다양한 방법으로 이루어진다. 하나의 직장이 아니라 전체 경력을 심도 있게 추론해야 한다.

회사와 협상을 처음 시작할 때 직면한 상황의 해석 방법을 조언해줄 수 있는 멘토는 유익하다. "월급은 기대치보다 왜 이렇게 낮을까?", "이 회사는 유급 휴가에 대해 왜 이렇게 융통성이 없을까?"와 같은 질문의 적절한 이유를 찾아야 한다. 협상에서 원하는 것을 얻지 못하면 회사를 비난하고 비협조적으로 일한다고 가정할 수 있다. 그런데 요구가 비합리적인 이유를 분명히 말해주는 중요한 정보가 누락되어 있는지 아는 것이 중요하다. 경험이 더 많은 동료가 당신을 도와줄 수 있다. 그는 당신의 희망대로 이루어지지 못한 협상이 끝난 후 그 이유에 대해 나름대로 유익한 해법을 줄 것이다.

●●●

적기에 생각하고 행동하라

아리 크루글란스키 Arie Kruglanski와 토리 히긴스 Tori Higgins가 시작한 연구 관찰에서 '동기적 뇌'는 '사고 모드 Thinking Mode'와 '행동 모드 Doing Mode'가 있음이 밝혀졌다. 사고 모드에서는 상황 정보를 처리한다. 우리는 옵션을 고려하며 문제를 해결하고 있다. 행동 모드에서는 모종의 조치를 준비한다. 일에 진전이 없으면 참을성이 없어진다. 은유는 이 차이를 포착해낸다. 다음과 같이 말할 수 있다. '심사숙고하기 위한 일보 후퇴' 또는 '계획에 따른 전진'…

협상하면서 이 모드에 유의해야 한다. 지금 진행 중인 협상을 개선하기 위해 사고 모드를 유지하라. 당신의 요구사항을 더 충족시켜줄 방법을 찾아내야 한다. 최선의 거래라고 느낄 때 합의에 도달하기 위해 '실행 모드'에 뛰어들고 계약서에 서명한다. 이상적으로는 뇌의 작동방식이 그렇다는 얘기다. 하지만 채용 담당자들은 상황을 조작해 당신의 동기부여 방식에 영향을 미치기 위해 협상 제안에 마감시간을 두거나 행동에 박차를 가한다. 데드라인 Deadline이 가까워질수록 행동에 대한 압박이 생각보다 커지지만 데드라인에 대해 협상할 수도 있다.

고용주들은 시간적 압박을 느낀다. 지원자 몇 명이 일자리에 대해 들어보려고 기다릴 수도 있기 때문이다. 그중 일부는 당신이 그 일을 맡지 않을 경우, 회사가 원할 사람일 수도 있다. 동시에 고용주들은 당신이 선택한 일에 전적으로 전념하길 바란다. 따라서 고용주는 수개월 후 더 좋은 기회가 와도 당신을 해고하지 않을 것이다. 필요하면 기한 연장을 요청해야 한다.

내가 박사학위를 막 취득하고 아직 신참일 때 시카고 일리노이대학으로부터 제의를 받았다. 최종 결정을 내리기 1주일 전쯤에는 컬럼비아대로부터 면접 요청 전화가 왔다. 나는 일리노이대 담당자에게 연락해 기한 연장을 요청했다. 그들은 내가 강압에 못 이겨 자신들의 입장을 받아들이지 않길 바랐으므로 기한 연장을 허락했다. 결국 나는 컬럼비아대 교수직을 얻었고 일리노이대는 다른 사람을 채용했다.

이런 상황과 아울러 생각은 동기부여 방식에 영향을 미칠 수 있다. 구직활동은 매우 불확실하므로 스트레스를 받는다. 빨리 끝내고 싶을지도 모른다. 그냥 실행 모드에 뛰어들면서 모든 종류의 일자리에 신청할지도 모른다. 그런 후 생각 모드에 머물며 이상적이지 않은 제안에 제대로 응답하기 전에 기다리지 못하고 첫 번째 제안을 덥석 받아들일지도 모른다.

이번에는 유익한 조언을 해줄 누군가가 있을 때다. 고용시장 상황이 좋을 때는 첫 번째 제안에 바로 뛰어들 필요가 없다. 잘 맞지 않는 일에 의욕을 가지고 계속 하기는 어려울 수 있다. 급여와 복리후생 요구를 충족시켜주지 못하는 직장은 곧 떠나야 할지도 모른다. 훌륭한 멘토가 있다면 더 좋은 제안을 언제까지 기다리는 것이 좋은지 결정하는 데 도움을 줄 수 있다.

● ● ●
결정하기

어느 시점이 되면 당사자가 결정해야 한다. "이 일은 과연 내게 맞는 일인가?" 지금은 취업하지 않은 경우의 직장 선택에 초점을 맞출 예정이다. 하지만 대부분 직업이 있으면서 다른 직업을 찾을 때도 다음 사항 중 많은 내용이 적용될 수 있다. 9장에서는 전직이나 이직 관련 내용을 결정하는 다른 문제를 다룬다. 직업 결정의 큰 요인은 그 일이 자신의 많은 요구조건을 충족시키는지 여부다. 애당초 구직의 목적은 무엇이었나? 직업선택 시 가치관의

재즈 브레인: 통찰력 키우기

영감에 귀 기울여라

위대한 재즈 음악가들은 그들에게 영감을 주는 음악가들과 함께 연주함으로써 라이브 공연을 발전시킨다. 그들은 연주 중인 음, 리듬, 스타일에 영향을 미칠 수 있는 방식으로 끊임없이 서로 말을 듣고 있다. 음악가들이 상호작용하는 순간 훌륭한 재즈 연주와 단지 듣기에만 좋은 연주는 구별된다. 마찬가지로 갈등 해결책을 찾는 협상 도중에는 당신 내면의 음성에 귀 기울여야 한다. 종종 협상자들은 진행 방향에 대한 시나리오를 염두에 두고 있다. ○○○ 금액의 급여를 바라면서 15%를 더 요구하고 원하는 급여에 맞추어 협상하길 기대한다. 이때 회사는 급여 수정 제의를 하기 전에 조건의 다른 차원에 대해 논의할 수도 있다. 사람들은 대부분 회사가 제시하는 대안을 주의 깊게 듣기보다 자신의 요구사항에만 집착한다.

많은 경우, 협상의 성공은 특히 각 당사자가 협상 요소들의 가치를 다르게 평가할 때 서로 다른 가치의 절충에 달려 있다. 평소 별로 신경도 안 쓰는 요소를 때로는 기꺼이 포기할 수 있다면 가장 중요한 가치가 있는, 원하는 요소를 얻을 수 있다. 근무 시작일에 별 관심이 없다면 더 많은 유급 휴가의 대가로 근무 시작일을 미룰 용의가 있을 것이다. 다만 채용 담당자들의 제의 내용을 먼저 들어봐야만 자신의 우선순위를 정확히 깨닫게 된다.

역할에 대해서는 2장에서 언급했다. 그 가치들을 깊이 고려해야 한다. 이 일은 정말 중요하게 여기는 가치들과 일맥상통하는가? 경력 경로를 따라 앞으로 나아가든, 각종 실생활 자원을 제공하든, 다른 열정을 추구할 유연성을 제공하든, 당신에게 정말 필요한 것들을 제공하는 회사인가?

한 가지 기억할 것은 일단 일을 시작하면 선택의 맥락이 처음과 완전히 같지는 않다는 점이다. 운 좋게도 복수의 회사로부터 입사 제의를 받는다면 그 일자리를 비교하고 싶은 유혹을 받는다. 한 곳은 더 많은 급여를 줄 수도 있다. 다른 곳은 더 많은 교육 기회나 더 유연한 근무 시간을 제공할 수 있다. 두 직업을 비교해보면 분명히 가치 있는 정보를 제공하지만 그 비교는 사용하는 정보에 대한 편견도 갖게 한다.

어떻게 그런 일이 가능한지 알아보기 위해 '인지적 뇌'가 비교하기 위해 사용하는 '구조적 정렬 Structural Alignment' 과정에 대해 더 깊이 공부해야 한다.

디레 겐트너 Dedre Gentner와 나는 오래전 내가 대학원생일 때부터 그녀의 연구실에서 이 주제를 연구해왔다. 두 가지 항목을 비교할 때 그 사이에서 가능한 모든 공통점을 찾아내는 것으로 시작한다. 그중 일부는 특징이 같을 수도 있다. 두 직업 모두 2주 유급 휴가를 제공할 수 있다. 그 외 다른 것들은 관점이 되거나 두 직업 모두 연봉이 줄어들 수도 있지만 한 직업이 다른 직업보다 더 많은 급여를 줄 수도 있다. 그 차이점에는 공통점이 필요하므로 둘 다 급여를 준다면 그 차이를 '조정 가능한 Alignable Differences' 차이라고 한다. 연구에 의하면 사람들이 직장을 비교할 때는 조정 가능한 차이에 초점을 맞춘다고 한다. 옵션들의 공통점은 두 회사를 비교·결정하는 데 별로 유용하지 않기 때문이다. 하지만 한 가지 옵션의 일부 요소는 다른 옵션과 일치하지 않을 수도 있다. 예를 들어, 한 직장은 지속적인 교육에 재정지원을 해줄 수 있지만 다른 직장은 그렇지 못할 수 있다. 한 항목에서 고유 요소를 비교할 수 없는 차이를 '비정렬 차이 Nonalignable Differences'라고 한다. 연구 결과에 의하면 직장 조건을 비교할 때 비정렬 차이가 강조되지 않는다는 것이다. 즉, 뭔가를 선택할 때 선택권 중 한 고유자산에 가치를 덜 부여할 수 있다는 의미다. 그 자산은 나중에 중요해질 수 있다. 따라서 단순히 옵션을 비교하기보다 개별적 옵션에 초점을 맞추어야 한다. 각 회사에서 일하는 자신을 상상해본다. 면접이나 본사 방문과 같은, 회사에 대한 경험을 되새겨본다. 그럼 실제로 그 회사에서 일하는 것을 상상하는 데 도움이 될 것이다.

물론 조정할 수 없는 차이를 발견하더라도 평가 방법을 확신할 수 없으므로 여전히 그것을 과소평가 할 수 있다. 지속적인 교육 혜택의 2,000달러 가치는 좋은가, 좋지 않은가? 그 혜택이 다른 제의에 맞춰질 수 있다면 결정 내리기 더 쉬울 것이다. 결국 5,000달러의 혜택이 2,000달러보다 훨씬 낫다. 제의의 비교 불가능한 진정한 가치를 결정하려면 전문지식이 조금 필요하다. 즉, 그 가치 평가를 하려면 전문가의 도움을 받아야 한다.

이유와 반응

구직활동 시 선택사항을 고려할 때는 직관적 인지 두뇌와 더 신중한 인지 두뇌가 모두 관여할 가능성이 크다. 다니엘 카네만 Daniel Kahneman은 키스 스타노비치 Keith Stanovich와 리차드 웨스트 Richard West가 처음 사용한 '직관적 인지 뇌 시스템 1'과 '숙의적 인지 뇌 시스템 2'라는 용어를 대중화했다.

사람들은 선택할 때 '숙의 시스템'에 초점을 맞추는 경향이 있다. 그들이 종종 이미 잘 알려진 특정 옵션을 선택한다는 것을 많은 연구가 보여준다. 그 선택을 정당화하기 쉽기 때문이다. 또한 경력 선택을 확실히 하기 위한 많은 이유는 중요하다. 자신이 가진 각 옵션에 대한 수용 이유와 반대 이유 모두에 주의를 기울여야 한다. 동시에 자신의 감정 또한 중요하다.

팀 윌슨 Tim Wilson과 동료들의 연구에 의하면 선택에 대한 정서적 반응은 종종 자신이 만들어내는 이유보다 더 많은 정보를 통합시킨다고 한다. 좋은 이유는 간단하고 진술하기 쉽지만 정서는 선택 시에 많은 다른 면에 영향을 미친다. 그럼에도 불구하고, 선택 이유가 월급, 복리후생, 휴가 등 말하기 쉬운 요인에 집중되는 경향이 있다. 자신의 정서적 반응은 말로 표현하기 어려울 수 있다. 사무실 구경을 하면 그곳에서 좋은 느낌이나 나쁜 느낌을 받을 수 있다. 아마도 설명하기 힘든 방식으로 직원들 사이의 긴장에도 반응할 것이다. 왠지 모르게 기분이 별로일 때 그런 반응을 무시하면 안 된다. 특정 회사에 대한 몇 가지 우려사항이 있다면 그 회사를 이해하기 위해 더 많은 정보를 얻으려고 노력하길 바란다. 직원들과 대화해보자. 채용 사이트에 들어가 현 직원과 전 직원의 후기를 읽어보라.

나는 밥 듀크 Bob Duke와 함께 주간 라디오 쇼 '투 가이스 온 유어 헤드 Two Guys on Your Head'의 팟캐스트를 진행한다. 밥은 좋은 결정이란 옳다고 생각하고 옳다고 느껴야 한다고 자주 말한다. 거기에는 지혜가 많다. 선택해야 할 이유와 정서적 반응이 잘못 정렬되어 있다면 앞으로 더 진행하기 전에 그 이유를 알아내려고 노력해야 한다.

확산 일관성

특정한 선택으로 기울기 시작하면 2가지 요소가 의향에 영향을 미친다. 첫째, '동기화된 추론 Motivated Reasoning*'에 영향을 받는다. 즉, '동기적 뇌'는 자신이 원하는 결과와 일치하는 방식으로 정보를 해석하기 시작한다. 잠재적으로 애매한 정보를 자신이 원하는 것에 맞추는 방식으로 이해하는 것이다. 선택을 고려 중인 회사에 대한 여러 소문을 들으면 자신이 원하는 결과와 일치하는 내용을 믿을 가능성이 더 크다.

둘째, 제이 루소 Jay Russo와 그의 동료들의 의사결정 연구가 증명했듯이 인지적 뇌는 현재의 선호도와 일치하는 정보로 관심을 돌리고 자신이 원하는 옵션의 부정적인 면과 다른 옵션의 긍정적인 면 모두에서 벗어나게 해 원하는 결과가 실제보다 훨씬 더 좋게 보인다. 이 메커니즘은 믿음의 '확산 일관성 Spreading Coherence'을 만들어낸다. 시간이 지나면서 사람들은 결국 그들의 선호도를 유일한 선택으로 보게 된다. 특히 선택을 고려 중인 고용주에 대한 부정적인 정보를 얻는다면 이 메커니즘이 일어나고 있다는 것을 아는 것이 중요하다. 당신은 그 내용을 평가절하하고 싶을지도 모른다.

---

* 객관적 근거가 아닌 개인의 주관적 동기에 근거한 추론이다. 이 동기화된 추론은 개인의 합리화에 의해 특정된다. 그러므로 자신이 믿고 있는 것을 확인시키는 정보만 찾고 그렇지 않은 정보는 외면하는 경향을 보이는 것을 말한다.

점점 더 기우는 마음과 반대되는 정보를 고려하려면 옵션 정보를 체계적으로 문서화해야 한다. 미래의 고용주를 만난다면 기억력에 의존하면 안 된다. 즉, 자신의 인상과 고용주로부터 받은 특정 정보에 대한 경험을 즉시 메모해야 한다. 마찬가지로 채용 담당자의 연락처를 메모한다. 회사 직원의 모든 이메일을 보관하고 결정 과정에서 읽어본다. 선택의 확산 일관성은 주로 기억과 관심에 영향을 미친다. 목록이나 이메일과 같은 자료는 여러분이 구직활동을 하는 동안 핵심정보를 잊지 않게 해준다.

뒤돌아보지 말라

일단 선택했다면 길이 생긴다. 계속 전진해야 한다. 자신이 거절한 다른 회사와 계속 비교하고 싶은 유혹을 느낄지도 모른다. 그런 행동으로 얻을 것은 거의 없다. 의심의 여지 없이 자신이 선택한 옵션에 동의하고 다른 옵션을 거부하면 좋은 것을 얻지만 직장에서의 성공은 이제 자신이 선택한 이 옵션과 관련 있다. 선택에 의구심이 들더라도 집착하면 안 된다. 동료직원들에게 깊은 인상을 심어주는 능력은 회사에 대한 헌신과 사명감에서 출발한다. 일단 선택했다면 온전히 받아들인다. 당신은 이 회사와 결혼하지 않았고 회사도 절대로 그럴 리 없지만 현재는 서로 얽혀 있다. 2부에서는 직장에서의 주요 성공 동기에 대해 알아본다.

정중한 거절

운 좋게도 하나 이상의 옵션이 있다면 특정 옵션을 거절해 누군가를 실망시킬 수밖에 없다. 미래의 고용주에게 입사 제의를 수용하지 않겠다는 뜻을 알릴 때는 2가지를 명심하라.

첫째, 제의를 거절하는 불편한 마음이 당신의 결정에 영향을 미치지 않아야 한다. '동기적 뇌'는 저항하는 행동에 직면하면 회피 모드로 들어갈 수 있다. 미래의 고용주가 매우 친절히 대해주었다면 입사 제의 거절에 부담이 될 수도 있다. 6장에서 더 자세히 논의할 예정이지만 일반적으로 나쁜 소식을 전하기는 어렵다. 거절하려는 직장이 더 매력적일지도 모른다. 결국 승낙할 이유를 찾는다면 거절하기 위해 회사에 연락할 필요는 없다. 이때 진행 중인 업무 관계를 긴 안목에서 바라보아야 한다. 잠재적 고용주들은 당신의 채용 건을 두고 경쟁 중임을 알고 있다. 평생 많은 직장을 거절하지 않을 수도 있지만 채용 담당자들은 항상 거절하며 살아간다. 그들은 일반적으로 이런 일을 개인적으로 받아들이지는 않는다. 만약 그렇게 한다면 회사에서 채용 업무를 하고 싶지 않을 것이다. 그들은 당신의 목표보다 훨씬 포괄적인 업무를 하고 있기 때문에 그런 상황을 무리 없이 받아들인다. 채용하는 회사의 희망과 무관하게 자신의 경력을 위해서는 최상의 결정을 내려야 한다.

둘째, 채용 과정의 다른 면과 마찬가지로 제의를 거절하는 방식은 자신의 소셜네트워크에 영향을 미친다. 당신의 목표는 그 회사와 긍정적인 관계를 유지하면서 특정 일자리 제의를 거절하는 것이다. 채용 담당자들과의 개인적 관계를 발전시켰다면 이메일보다 전화 통화로 일자리를 정중히 거절하는 것이 바람직하다. 이메일이 주는 '사회적 거리'를 선호할 수 있지만 직접 연결해야 한다. 채용 담당자들에게 그동안 보여준 시간과 관심에 감사를 전한다. 결정을 내리기 어려웠다면 솔직히 말한다. 경력을 관리하는 동안 이 회사 사람들을 언젠가 다시 만날 수도 있다. 세월이 지나면서 그곳에 다니고 싶어질지도 모른다. 경력 경로에는 다양한 기회가 서로 얽혀 돌아가고 그 모든 것을 예측하기는 어렵다. 어떤 경우든 우호적 관계유지는 미래를 향한 문을 활짝 열어두는 태도이므로 의미가 있다.

핵심 내용

당신의 뇌

동기적 뇌

- 정서적 반응의 강점은 목표를 가지고 관여하는 힘과 관련 있다.
- 사람들에게는 '동기부여 사고방식'과 '동기부여 행동방식'이 있다.
- 원하는 결과는 새로운 정보에 대한 가중치에 영향을 미친다.

사회적 뇌

- 협상에는 정보의 비대칭이 있다. 회사는 지원자가 모르는 내용을 많이 안다.
- 다른 사람들에게 거절 의사를 표현하는 것은 내게 불편할 수 있다.

인지적 뇌

- 해석 수준 이론은 시·공간, 사회적 거리에서 멀리 떨어질수록 그것에 대해 더 추상적으로 생각하는 것이다.
- 은유(메타포)는 사물에 대해 생각하는 방식을 만든다.
- 구조 정렬은 정렬할 수 없는 차이보다 옵션 간의, 정렬 가능한 차이에 초점을 맞춘다. 알고 있는 경우에도 정렬 불가능한 차이는 정렬 가능한 차이보다 평가하기 어렵다.

- 기점화와 조정은 숫자를 고정한 후 원하는 숫자로 조정하는 의사결정 전략이다. 사람들은 종종 불충분하게 조정하는 경향이 있다.
- '인지적 뇌'는 직관적 측면(시스템 1)과 숙고적 측면(시스템 2)이 있다.

실무 활용 팁

- 원하는 일자리 취업에 실패한 후 몸과 마음을 식힐 시간을 가진다.
- 직업을 구하지 못했다면 무엇을 더 잘 할 수 있었는지 채용 담당자에게 자유롭게 물어본다.
- 많은 질문과 조사로 협상을 준비한다. 정보의 비대칭을 줄이기 위해 회사나 전 직원에게 정보를 요청한다.
- 당신에게 중요한 모든 요소에 대해 협상할 준비를 한다.
- 경쟁보다 공동의 문제를 해결하는 연습으로 협상을 간주한다.
- 협상 환경에서 기점 역할을 할 수 있는 숫자에 유의하라. BATNA가 하나로 작용하지 않도록 한다.
- 협상하는 방식을 통해 회사에 대해 많은 것을 알 수 있다.
- 협상할 때는 사고 모드와 행동 모드를 활용한다. 우호적 합의가 없을 때는 사고 모드를 유지한다. 계약 상태에 만족한다면 실행 모드로 밀고 나간다.
- 좋은 결정이란 옳다고 생각하고 옳다고 느끼는 것이다.
- 단순히 미래 옵션을 비교하면 안된다. 협상은 조정 가능한 차이에만 초

점을 맞출 수 있다.

- 긍정적인 면에 너무 큰 비중을 두지 말고 원하는 결과의 부정적인 면도 과소평가하지 않는다.
- 채용 담당자를 실망시키지 않을 목적으로 입사 수용 결정을 내리면 안 된다.
- 채용 담당자나 회사와 관계를 맺을 때는 이메일이 아닌 전화로 입사 제의를 거절해야 한다.

BRING YOUR BRAIN TO WORK

2부

성공적인 직장생활

Succeeding At Work

5장
고 성과자의 학습법

제2부에서는 조직에서 자신의 일을 잘 해내고 동료들과 함께 생산성을 올리는 방법에 초점을 맞춘다. 직장에서 성공하는 4가지 중요 결정요인은 학습, 의사소통, 성과, 리더십이다. 먼저 학습에 대한 논의부터 시작하겠다. 직장에서 성과를 이끌어내는 요인 중 업무 자체에 대한 배움만큼 중요한 것도 없다. 입사하자마자 업무에 필요한 모든 내용을 아는 사람은 찾아보기 힘들다. 대학에서 양질의 교육을 받거나 이전 직장에서 많은 경험이 있더라도 마찬가지다. 배움의 길은 무지를 인정하는 의지와 새로운 지식에 대한 관심에서 출발한다.

지식 간극을 채우는 학습

인지적 뇌는 업무를 잘 해내는 데 필요한 지식 저장소다. '누가(Who)?', '어떻게(How)?', '왜(Why)?'는 직장에서 필요한 핵심지식을 얻는 방법이다. '누가?'는 업무수행에 필요한 자원, 정보, 지원, 승인 관련자다. 이 주제는 나중에 멘토링을 다루는 장에서 다시 언급하겠다. '어떻게?'는 업무를 완수하는 절차다. '왜?'는 자신의 전문분야에서 사물이 작동하는 방식인 '인과적 지식'을 얻는 방법이다. 우리는 인과적 지식으로 새로운 문제를 새로운 방법으로 해결할 수 있다. 이미 배운 기존 업무수행 방법을 반복하는 것과는 다르다.

인과지식의 실제 예로 전과 다른 고객서비스 방법을 생각해보자. 많은 기술기업은 1차적으로 콜센터에 고객서비스 담당 직원을 배치해두고 있지만 그들은 해당 분야를 깊이 모른다. 주어진 대본에 따를 뿐이다. 자신들이 상담하는 시스템의 실제 작동법을 잘 모르므로 대본에서 벗어날 수 없다. 전화를 건 고객의 문제가 대본에 나와 있다면 괜찮지만 그렇지 않은 경우, 긴 통화로도 문제를 해결하지 못할 수도 있다. 반면, 잘 훈련된 전문가라면 전에 경험하지 못한 경우를 포함해 다양한 문제를 진단하고 해결할 수 있다. 그것이 바로 인과적 이해(지식)의 힘이다.

전문지식을 늘리려면 자신이 가진 지식의 간극부터 파악해야 한다. 무엇을 알고 무엇을 모르는지에 관심이 없다면 새로운 내용을 배우려는 동기가 생기지 않을 뿐만 아니라 학습에 대한 전략적 시각도 갖기 어렵다. 현재 가진 '지식'이라는 훌륭한 지도가 없다면 준비 없이 우연만으로 중요한 새로운 지식을 접하게 되어 지식의 간극도 커진다는 말이다.

이번 섹션에서는 우리가 가진 지식의 간극을 찾는 데 장애가 되는 것을 알아볼 예정이다. 일부 요인은 항상 '인지적 뇌'에 있다. 우리가 '무엇을 모르는지'를 제대로 모르는 데 있다. 다른 일부는 '사회적 뇌'에 속한다. 일반적으로 사람들은 자신이 모른다는 사실을 항상 인정하지는 않는다. 나아가 지식을 향상시키도록 견인하는 동기에 대해서도 검토할 것이다.

자신이 모른다는 것을 아는가?

'아는 것과 모르는 것을 아는 능력'을 '메타 인지 Meta Cognition'라고 한다. 즉, 자신의 사고에 대해 생각하는 과정이다. '인지적 뇌'는 무엇을 알고 무엇을 모르는지를 평가하는 정교한 능력이 있다. 이때 판단하기 위해 몇 가지 정보원을 사용한다. 로디 로에디거 Roddy Roediger와 캐슬린 맥더모트 Kathleen McDermott의 연구 결과, 무엇을 아는지를 판단하는 중요한 원천은 '기억과 친숙함'임이 밝혀졌다.

스티븐 호킹 Stephen Hawking에 대해 들어본 적이 있느냐는 질문을 받으면 사람들은 우선 그에 대한 정보를 기억에서 꺼낸다. 유명 물리학자, 블랙홀 연구, 루게릭병(ALS) 관련성을 떠올린다. 따라서 그에 대해 들어봤다고 판단할 수 있을 것이다. 물론 기억 속의 정보검색만으로 그를 안다고 판단하지는 않는다. 그 정보에 대한 친숙 여부에 따라 그렇게 생각하기도 한다. 그레이스 호퍼 Grace Hopper에 대해 들어봤는지 당신에게 묻는다면 그녀의 정보를 기억에서 전혀 찾아낼 수 없을지도 모르지만 이름이 익숙하다면 그녀에 대해 들어본 적이 있다고 대답하게 된다. 그레이스 호퍼는 컴퓨터 과학의 선구자로 프로그램 오류를 가리키는 '버그 Bug'라는 용어를 최초로 사용했다. 사람들은 그녀에 대한 아무 정보도 기억해내지 못하더라도 그녀를 들어봤다고 판단할 수 있다.

메타 인지의 특징은 일반적으로 다양한 지식에 긍정적으로 작용한다. 사람들은 특정인에 대해 들어본 경험이나 간단한 사실을 판단하는 데는 무척 능하다. 누구나 다양한 '절차적 지식'의 수행 여부를 판단하는 감각은 정확하다. 피아노를 칠 수 있는지 당신에게 물어본다면 정확히 대답할 수 있다. 그러나 메타 인지가 좋더라도 완벽하지 않다는 점을 기억해야 한다. 대부분 특정 분야 특히 직무 숙련도를 평가할 때는 자신을 과신하는 경향이 있다. 이런 과신 상태를 '레이크 보비건 Lake Wobegon 효과'라고 한다. 개리슨 케일러 Garrison Keillor가 라디오 쇼 '프레리 홈 컴패니언(Prairie Home Companion)'을 위해 만든 가상 마을에서 용어를 따왔다. 거기 등장하는 여성들은 모두 강하고 남성들은 잘생겼고 아이들은 우수하다.

데이비드 더닝 David Dunning과 저스틴 크루거 Justin Kruger는 이 주제를 연구했다. 그들은 많은 분야에서 비숙련자들의 능력 과신이 가장 크다는 사실을 밝혀냈다. 그 이유 중 하나는 전문가들이 실제로 얻어내는 성과를 잘 이해하지 못해 남들보다 자신의 능력이 우수하다고 과신한다는 것이다. 전문지식(고품질 지식)을 쌓으면 새로운 것을 배울 뿐만 아니라 자신이 아직 모르고 있다는 사실을 깨닫게 된다.

'더닝-크루거 Dunning-Kruger 효과'의 중요한 사회적 측면은 종종 젊은 직원들과 회사 사이에 긴장감을 유발한다는 점이다. 특정 영역에서 성공에 필요한 핵심기술을 제대로 이해하지 못하는 사람은 자신의 능력을 과대평가한다. 나아가 자신과 상사 사이의 지식 격차를 잘 모른다. 그 결과, 그들이 빨리 승진하지 못하는 이유도 자각하지 못한다. 따라서 경력 초반에 금방 좌절하는 경우가 많다. 전문적인 성과 달성에 필요한 모든 요건을 빨리 인정할수록 자기계발에 따르는 인내심을 더 많이 가질 수 있다. 생산성 향상에 필요한 능력이 없는 직원에게 자기계발을 강조하면 당사자만 힘들게 할 뿐이다.

메타 인지 능력에 수반되는 두 번째 한계는 레오니드 로젠블릿 Leonid Rosenblit과 프랭크 켈 Frank Keil의 연구 결과에 있다. 사람들이 자신의 인과지식의 질을 과대평가한다는 점이다. 사람들은 사물의 작동방법에 대해 실제보다 더 잘 이해한다고 믿는다. 심리학자들은 이 오판을 '설명 깊이의 착각 Illusion of Explanatory Depth'이라고 부른다. 이 착각에는 많은 근거가 있다.

첫째, 사람들은 종종 특히 비즈니스 맥락에서 자신이 제대로 이해하지 못한다는 의미로 이 용어를 사용한다. 내가 이 책을 쓰는 동안 수많은 사람이 산업의 미래와 관련해 '딥러닝 Deep Learning'과 블록체인 같은 개념의 중요성에 대해 말하는 것을 들었지만 이런 용어를 사용하는 사람들이 그 용어에 대해 얼마나 알고 있는지는 분명하지 않았다. 특정 용어에 친숙해질수록 실제와 달리 아닌데도 그 용어를 이해한다고 착각할 수 있다.

인과지식 Causal Knowledge의 구조는 흥미롭다. 일반적으로 단편적인 선형구조라인 이야기와는 달리 계속 나오는 러시안 인형처럼 많은 내용이 함축되어 있다. 즉, 하나의 고품질 지식은 다른 많은 지식과 연결된다. 그러한 인과 지식은 또 다른 원인과 결과를 이해하는 원리와 같은 맥락이다. 지식의 큰 힘은 바로 인과지식에서 나온다. 이 책의 의도는 직장생활에 심리학 지식을 적용하는 것이므로 인지적, 사회적, 동기적 심리학에서 도출된 용어를 사용한다. 심리학의 저변에는 뇌의 메커니즘을 실험으로 밝히는 신경과학이 있다.

1장에서 논의했듯이 뇌 각 부분의 작동 원리를 깊이 탐구하지는 않지만 심리학을 이해하려면 뇌에 대한 일정 지식이 필요하므로 당연히 지식의 중첩화 Nesting는 계속되어야 한다. 즉, 뇌세포의 작동 방식을 밝히려면 정보를 운반하는 전자신호의 생성 방법을 이해해야 하며 신경화학 지식도 많이 필요하다. 사물의 작동 방식에 대한 이해 여부를 판단할 때는 가장 큰 러시안 인형처럼 긴 지식 구조를 확인하는 '정신적 등가물 Mental Equivalent'을 실행하면 되지만 설명 내용을 모두 밝힐 필요는 없다. 관련지식을 확인해가며 일정 시점에서 인형 중 하나가 비었다는 사실을 깨닫지 못할 수도 있다. 그런 경우, 핵심적인 인과지식이 부족한 시점을 제대로 파악할 수 없다.

자신이 알고 있는 지식에 간극(격차)이 있다는 사실을 인지하지 못하면 그 것을 채울 수 없다. 마이클린 치 Michelene Chi와 쿠르트 밴 린 Kurt Van Lehn의 연구에 의하면 그 지식 간극을 찾아내는 가장 좋은 방법은 자신에게 그 내용을 설명해보는 것이다. 즉, 사물의 작동 방식에 대한 설명에 맞닥뜨릴 때마다 실제로 배운 내용을 자신에게 설명해본다. 그것이 바로 관련 내용에 대해 완벽한 지식을 갖추었는지 확인하는 방법으로 마음속의 러시안 인형을 하나씩 열어보는 정신적 등가물인 것이다.

이 과정은 자신이 아는 것과 모르는 것을 아는 데 도움이 된다. 지식 간극을 채우는 데 어떤 선택을 하는가는 자신에게 달려 있다. 무엇을 선택하는가에 따라 지식의 깊이와 습득 속도도 결정될 것이다. 그렇다면 어떤 지식 간극을 채워야 할까? 그 판단 방법은 나중에 다시 논의하겠다.

지식 간극과 실수를 인정하라

자신의 지식 간극을 메우는 방법은 다양하다. 일반적인 방법은 인터넷을 검색하는 것이다. 우리는 다양한 주제에 대한 정보의 원천을 제공하는 많은 웹사이트에 들어가 볼 수 있다. 심지어 인터넷을 대충 검색해도 필요한 특정 작업을 수행하는 방법을 보여주는 많은 동영상이 있다. 하지만 직장에서 지식의 가장 강력한 원천은 주변 사람들이다. 동료 특히 상사는 경력 개발에 분명히 도움이 된다. 그들은 회사 일이 어떻게 돌아가는지 잘 안다. 그들은 매일 직면하는 수많은 문제 해결에 필요한 전문지식을 이미 개발했다. 또한 직무처리에 유용한 정보를 얻는 방법을 알려줄 의향도 있다. 필요한 직업 관련 정보를 배우는 방법을 제의받을 수도 있다. 학습에 동료들을 참여시키려면 '사회적 뇌' 때문에 생기는 몇 가지 장애물을 극복해야 한다.

첫째, 대부분의 사람들처럼 사회적 상황에서 체면 때문에 자신의 무지를 용인하면 안 된다. 뭔가를 모른다고 인정하려면 당황하게 된다. 그 영향은 매우 강력해 심지어 익명의 조사에서도 나타난다. 사람들은 자신의 의견에 대한 충분한 지식이 없을 때 일어나는 수많은 소통상황에서 단지 적당한 중간 옵션을 선택하는 경우가 많다. 때때로 사람들은 '가면 증후군 Imposter

Syndrome' 때문에 자신의 무지를 인정하려고 하지 않는다. 즉, 자신이 누릴 수 없는 지위에 오른 엉터리 같은 존재라고 믿고 있다. 남성보다 여성에게 이런 태도가 많은 것 같다. 가면 증후군이 있다면 자신의 무지나 실수를 인정할 가능성이 작다. 결국 자신이 실제로 특정 위치에 있을 자격이 없다고 두려워한다면 지식 부족이나 실수가 그 자격 부족을 인정하는 증거가 된다고 생각할 수도 있다. 따라서 도움이 필요한 사람에게 기꺼이 다가가는 순간을 꺼리고 스스로 감당할 수 없다는 믿음이 커져 업무성과가 크게 저하된다. 가면 증후군은 부정적인 '자기충족 예언(自己充足 豫言)'으로 발전할 수 있다.

직장에서 자신이 저지르는 실수를 많은 사람이 인정하지 않는다. 아마도 실수를 나쁘게 생각하도록 사회화되었기 때문일 것이다. 유치원부터 대학까지 전 교육과정에서 성공은 실수를 최소화하는 방법을 찾는 것이라고 강조한다. 우수한 시험 성적을 올리려면 오류를 줄여야만 했다. 실수가 나쁘다고 믿거나 지식 간극에 대해 남들에게 널리 알리고 싶지는 않을 것이다. 게다가 사람들은 실수로 인한 처벌을 두려워하므로 그것들을 비밀로 지키고 싶어한다. 실수한 경우, "누군가는 반드시 책임져야 한다."라는 말은 일반적인 문화에서는 규범이 되어 있으므로 부주의한 행동을 한 사람은 반드시 처벌받아야 한다는 공감대가 있다. 하지만 법에 어긋나지 않는 실수는 문제가 큰 경우에도 경험 학습으로 받아들여야 한다.

그런 경우, 실수 인정이 상사의 신뢰를 얻는 가장 좋은 방법이다. 나는 첫 회사에서 고객과의 좋지 않은 상호작용 때문에 상사를 찾아간 아들의 이야기로 이 책을 시작했다. 아들의 상사는 미래에 그런 고객에게 대응하는 현명한 제의를 즉시 해주었고 아들이 기꺼이 그녀에게 다가와 문제점을 말해준 데 감사를 표했다. 그 결과, 아들은 회사에서 더 많은 기회를 계속 얻을 수 있었다. 실수를 인정하면 관리자는 뭔가를 모르거나 문제가 발생했을 때 상사를 찾는다는 것을 알게 된다. 따라서 직원을 더 신뢰해 새로운 도전과제를 더 많이 주게 된다. 8장에서 리더십에 대해 설명하면서 이 내용을 더 자세히 언급하겠다.

여기서 핵심교훈은 자신의 실수와 지식 간극을 비밀로 하려는 '사회적 뇌'의 많은 유혹을 반드시 극복해야 한다는 점이다. 무엇을 배우려고 하는지 알려주어야 비로소 지식이 풍부한 직장 동료로부터 배울 수 있다.

학습 동기와 다방면 전문가

일단 지식 간극을 파악하면 실제로 배울 내용을 결정해야 한다. 사람들은 일반적으로 자신이 수행하는 업무와 가장 관련 깊은 정보를 얻는 데 초점을 맞춘다. 처음에는 훌륭한 전략이다. 새 직장에서는 과거에 경험하지 않은 많은 업무를 수행하거나 그 업무를 과거보다 더 신속히 효율적이고 효과적으로 처리해야 한다. 새로운 책무의 탁월한 수행에 집중하고 싶은 것은 당연하다. 하지만 새로운 직책에 익숙해지면 배우는 내용을 전략적으로 결정해야 한다. 아마도 어느 직업에서든 예상보다 더 광범위한 전문지식이 필요할 것이다.

직장에서 어려운 문제를 해결하려면 현재 맡은 업무 영역 내의 전문지식뿐만 아니라 처음에는 관련 없어 보이던 타 분야 지식까지 폭넓게 꺼내야 한다. 발명의 역사를 보면 예상하지 못한 지식의 원천을 기꺼이 끌어낸 전문가의 사례들로 넘친다.

조지 드 메스트랄 George de Mestral은 개털에 끈질기게 달라붙던 우엉을 깊이 조사하고 '벨크로 Velcro'라는 찍찍이를 발명했다. 제임스 다이슨 James Dysons 이 개발한 진공청소기에 대한 통찰은 제재소의 산업 사이클론 지식에서 나왔다. 피오나 페어허스트 Fiona Fairhurst는 '스피도 Speedo'에서 상어 가죽 구조를 활용해 혁신적인 수영복 천 재료를 개발한 팀을 이끌었다. 여기서 '희생의 대가'는 매일 완성하려는 긴 직무 목록일 것이다. 현재의 업무와 직접적인 관련이 없는 내용을 배우는 시간을 어디서 찾을 수 있겠는가? 그리고 다양하고 새로운 것을 배우지 않고 회사가 문제의 새로운 해결책을 찾는 것을 어떻게 도와줄 수 있겠는가?

한 조직 구성원들이 이 희생의 대가 문제를 흥미로운 방법으로 해결했다. 바로 다방면 전문가 Expert Generalist들이다. 내 전작 <리더십의 습관>에서도 언급했듯이 다방면 전문가들은 다양한 주제에 대한 지식이 많다. 그 결과, 그들은 혁신 프로젝트에 자주 참여한다. 실제로 P&G에서 '빅터 밀스 소사이어티 펠로우 Victor Mills Society Fellows'를 연구하면서 다방면 전문가들의 특성을 최초로 규명해냈다. P&G의 개인들을 그런 이름으로 부르는 데는 그들이 계속 이어지는 우수한 혁신가들이기 때문이다. 팔머 Palmer 이후의 사람 이름을 따 명명한다.

다방면 전문가들은 몇 가지 동기적 성격 특성이 있다. 그들은 경험에 대해 매우 개방적인데 특히 새로운 것에 대한 관심이 크다. 5가지 주요 성격특성 중 하나는 아니지만 회사에 중요한 인지적 몰입력(인지의 필요성)이 높다.

이는 사물의 원리에 대한 깊은 사색을 선호하는 사람들의 특성이다. 인지적 몰입력이 큰 사람들은 종종 그들이 맞닥뜨리는 새로운 주제를 계속 연구한다. 경험에 대한 높은 개방성과 인지적 몰입력의 조합이 합쳐지므로 다방면 전문가들은 여러 주제에 대해 분명히 깊이 배울 수 있다.

동시에 5가지 주요 성격 특성은 정서적 안정성, 외향성, 지적 개방성, 친화성, 성실성이다. 이중 하나인 성실성은 '중하' 정도로 낮은 경우가 많다. 성실성은 시작한 일을 끝내고 규칙을 따르게 만든다. 성실성이 낮은 개인은 기사를 읽고 비디오를 보고 타인들과 대화를 나누며 지식을 추구하기 위해 자신에게 주어진 업무의 일부를 옆에 제쳐 놓으려고 한다.

불행히도 사람들은 경력 초반에는 성실성으로 자주 보상받는다. 그것이 바로 내가 만난 많은 혁신가가 조직 내의 "시스템 때문이 아니라 시스템에도 불구하고"라고 말하는 것이다. 상사들은 종종 직원이 실제로 한 일에 대해서는 인식하지 않고 정해진 일을 끝마치지 못한 것을 질책한다. 반대로 시간을 잘 때운 것에 대해서는 좋게 평가한다. 그 결과, 그런 상사들은 자신도 모르게 팀의 새로운 시도에 압력을 행사해 조직 구성원들이 많은 것을 배울 수 없게 만든다.

성실성 정도와 상관없이 당신에게 중요한 직무 스킬과 관련해 항상 어느 정도는 여유가 있다는 점을 기억하길 바란다. 직무와 어떻게 연관되어 있는지 즉시 확신하지 못하더라도 흥미로운 아이디어를 시도하기 위해 정기적으로 시간을 요청해야 한다. 혁신을 심각히 생각하는 고용주라면 직원의 지식 폭과 질을 향상시키도록 자유시간을 주어야 한다.

멘토

줄리어스 시저 Julius Caesar는 '경험이 최고의 스승'이라고 말했다. 우리가 배움을 얻는 큰 관점 Scheme에서 경험은 강력하다는 그의 주장은 맞다. 하지만 벤자민 프랭클린이 "경험은 소중한 학교이지만 어리석은 자들은 아무 데서도 배우려고 하지 않는다"라고 말했을 때도 그는 경험과 배움의 차이를 알고 있었다. 최고의 스승은 바로 주변 사람이다. 지식의 간극을 채울 수 있는 방법을 그들에게 기꺼이 요청해야 한다.

세상에서 인간의 적응력과 생존력의 놀라운 원천은 원한다면 거의 모든 것을 배울 수 있다는 점이다. 하지만 성공에 필요한 내용을 누구나 아는 것은 아니다. 동료들이 도움이 되는 지점이 바로 그곳이다. 직무 성과를 내고 싶다면 멘토가 필요하다. 많은 회사가 직원의 성공을 위한 멘토의 중요성을 알고 있기 때문에 멘토 프로그램을 시행하고 있다. 입사하자마자 멘토라고 알려온 누군가의 연락을 받을지도 모른다. 언젠가 둘은 밖에서 점심을 먹고 커피를 마시며 이야기를 나눈다. 그리고 다시는 그와 대화하지 않을 수도 있다.

그런 멘토링 프로그램이 실패하는 이유는 무기력 때문이다. 회사에서 처음 일을 시작할 때는 성공에 필요한 것이 무엇인지 모를 수 있다. 지정된 멘토는 당신의 목표와 장·단점에 대한 충분한 정보가 없다. 그런 멘토들은 싱겁고 일반적인 충고만 할 뿐이다. 멘토링이 성공하려면 맞춤식이 되어야 한다. 비결은 멘토십이 더 유기적으로 접근하는 것이다. 회사에 대해 알려고 할 때는 얻고 싶은 기술과 능력을 가진 사람들을 자연스럽게 찾게 된다. 알아야 할 바로 그 사람들이다. 다가가 성공의 원천을 가르쳐줄 시간을 요청하라. 일반적으로 당신이 개발하려는 스킬을 가진 것처럼 보이려고 애쓰고 그들이 아는 것을 전해주려고 노력한다.

멘토와 만날 때는 앉아서 들으며 메모만 하면 안 된다. 개선하려는 업무의 현실을 솔직히 털어놓아야 한다. 멘토들이 당신에 대해 더 많이 알수록 더 나은 조언을 해줄 수 있다. 읽을 책, 자료 내용, 해야 할 일 등의 과제를 멘토에게 정중히 부탁한다. 학습은 능동적 과정이며 당신의 노력이 필요하다. 멘토로 선택한 사람들은 대부분 회사 요직에 있다. 리더십을 발휘하고 당신의 미래에도 영향을 미칠 수 있는 멘토에게 전문지식을 요청했다면 그들의 제의를 반드시 따라야 한다. 책을 강력 추천한다면 그 책을 반드시 읽고 피드백해야 한다. 기술개발을 요청한다면 그렇게 해야 한다. 일단 눈에 띄는 노력으로 멘토를 감동시켜야 한다. 둘의 관계가 깊어지면 더 유익한 노하우를 얻는다.

멘토링 팀 라인업

많은 회사에서 멘토링 프로그램의 두 번째 문제는 직원에게 멘토를 1명만 배정한다는 점이다. 멘토 1명이 당신이 원하는 경력 성장을 모두 말해주는 경우는 거의 없다. 경력의 전 과정을 안내해줄 멘토 팀을 준비하고 몇 가지 서로 다른 멘토십 유형을 경험해보자. 멘토 팀에서 자신에게 중요한 1명을 코치로 선정한다. 훌륭한 코치는 회사의 슈퍼스타이거나 아닐 수도 있지만 해당 업무를 깊이 알고 경험도 풍부해야 한다. 코치는 당신의 장·단점을 식별하는 데 도움을 주어야 한다. 그는 2가지 중요한 역할을 한다. 멘티가 직면한 문제를 설명 듣고 그 문제를 다른 방법으로 바라볼 수 있도록 적절한 질문을 해야 한다. 해결책을 제시해 미래에 비슷한 문제를 잘 다루도록 해주고 특정 책, 그룹, 신기술로 직장에서의 업무성과를 향상시킬 방법을 제시해야 한다.

코치와 조언자 사이에는 중요한 차이가 있다. 조언자들은 당신의 말을 먼저 들은 후 필요한 행동지침을 권한다. 문제를 쉽게 해결할 방법을 알려주므로 조언자를 찾는 경우는 항상 멋지다. 하지만 현실에서는 대부분 스스로 해결책을 찾아야 한다. 따라서 단지 무엇을 해야 하는지 알려주기보다 새로운 상황에서 해야 할 일을 알아가는 전 과정에서 멘티를 도와줄 사람이 필요해진다. 그것이 바로 코치의 역할이다.

또 다른 훌륭한 멘토는 슈퍼스타다. 회사나 소셜네트워크에서 진정으로 성공한 사람을 만날 기회는 흔치 않다. 슈퍼스타는 당신이 원하는 거의 모든 조건을 가진 사람이다. 그들을 찾아 연결하라. 함께 커피 마실 시간을 만들고 가끔 이메일도 보낸다. 정상의 위치에 어떻게 도달했는지 가치 있는 정보를 얻고 싶을 것이다. 당신과 함께 보낼 시간이 많지 않을 수도 있지만 그 시간은 가치가 크다. 진정한 슈퍼스타는 당신과의 소통을 원하지 않는다고 생각할지도 모르지만 많은 성공한 사람들도 그들의 경력 초반에 도움을 받은 그들만의 멘토가 있었다. 게다가 대부분 자신의 성공에 대해 말할 때는 우쭐해지고 스스로 기분이 좋아진다는 점도 기억하라.

멘토 팀에는 훌륭한 중간 연결자가 필요하다. 당신의 목표를 성취하려면 종종 타인들과 직무 완성에 필요한 스킬을 가진 사람들의 도움이 절실하다. 프로젝트를 시작할 때 필요한 자원을 제어할 사람을 찾아내야 한다. 종종 링크드인 LinkedIn이나 다른 소셜미디어를 통해 원하는 사람을 찾는 일은 '건초더미에서 바늘 찾는' 격이다. 소셜미디어에서 모르는 누군가와의 연결은 항상 성공할 수도 없다.

연결자 Connector는 '소셜 엔진 기어'에 기름칠하는 능숙한 전문가로 폭넓은 소셜네트워크를 유지·관리한다. 해결할 문제를 가지고 연결자와 접촉하면 가치가 있을 사람을 몇 명 알고 있을 것이다. 그들을 기꺼이 소개해주어 일에 시동을 걸게 한다. 연결자는 이번 장의 초반에 언급한 바로 '누가?'에 해당하는 사람을 찾아 도움을 줄 수 있다.

그 다음 찾아볼 사람은 사서 Librarian에 해당한다. 당신이 모든 자원에 대해 잘 모르는 대기업 소속이라면 특히 가치가 있다. 소기업에서 근무하면 전체 직원의 이름을 알고 각자의 책임도 분명하겠지만 대기업에서는 업무처리에 필요한 사무실, 그룹, 직원에 대해 모두 알기 어렵고 회사의 특정 정책이 시행되는 이유를 이해하지 못하는 경우도 있다. 사서 역할자는 이런 복잡한 상황 파악을 도와주고 회사가 제공하는 다양한 혜택을 활용하게 해준다. 종종 그들은 관리자이거나 회사의 은밀한 비밀까지 아는 장기근속자일 때도 있다.

또한 함께 일하는 훌륭한 팀원도 멘토로서 가치가 있다. 그는 당신의 업무 전 과정을 이해하는 사람으로 필요하면 몸과 마음을 환기해준다. 힘든 하루를 보냈을 때는 그는 공감해주며 당신의 말을 경청하는 동료다. 회사에서의 모든 고충을 모든 사람에게 알리고 싶지는 않겠지만 자기 말을 들어줄, 신뢰하는 측근 1~2명은 필요하다. 그들이 같은 조직에서 근무할 필요는 없지만 처음부터 그 일을 다시 설명하지 않아도 될 만큼 당신의 일에 대해 충분히 알아야 한다.

멘토링 팀이 반드시 안정적일 필요는 없다. 규칙적으로 연락해 도움을 줄 수 있는 사람들을 영향권 안에서 관리해야 한다. 그들은 영향권 밖으로 떠나거나 당신 주변으로 몰릴 수도 있다. 하지만 모든 멘토를 기꺼이 따라가 원만한 업무 관계를 만들기 위해 노력해야 한다. 멘토 풀 Pool은 평소 연결되어 있어야 한다. 일이 벌어진 후에서야 허둥지둥 멘토를 찾으면 원하는 결과를 얻지 못하는 경우가 많다.

멘토 자신이 얻는 가치

동료들에게서 배울 뿐만 아니라 자신이 아는 것을 널리 공유하려고 노력해야 한다. 다른 사람을 멘토링하면서 얻는 몇 가지 이점이 있다. 이번 장 앞부분에서 '설명 깊이의 착각'에서 벗어나는 최선의 해결책은 배운 것을 설명하는 것이라고 언급했다. 이상적으로는 사물의 원리에 대해 자신에게 설명하는 습관을 가진다면 최상이다. 멘토링은 자신이 다른 사람들에게 사물의 이치를 설명할 기회를 준다. 다른 사람들과 함께 일하면서 중요한 내용을 설명하면 일의 핵심에 대한 이해의 폭을 넓힐 수 있다는 장점이 있다.

캐린Carine은 신입사원들과 처음 커피를 마시며 다양한 질문에 답할 때가 좋았다고 말했다. 한 신입사원은 오래된 공장 바닥에 필요한 안전정책에 대해 물었다. 그녀는 그 정책을 설명하려고 애쓰다가 문득 왜 그렇게 만들어졌는지 자신이 전혀 모른다는 사실을 깨달았다. 회사의 역사를 찾아본 후 소규모 실무그룹을 불러 모아 그 문제를 재검토했다. 그녀는 새로운 눈으로 사물을 바라보면 평소 몰랐던 부분을 깨닫는 가치가 있다고 말했다.

사내 소셜네트워크는 빨리 굳어버리는 경향이 있다. 입사 후 첫 몇 달 동안 많은 사람을 만난다. 시간이 지나면서 일상에 안주하고 소수의 사람과 연결되어 해당 프로젝트에서 당신을 직접 도와주는 사람들에게만 의존한다. 그러다 보면 사내에 파벌이나 작은 부서 이익집단 Silos이 생길 수 있다. 조직과 지식의 사일로는 성장 가능성을 막는다. 타인 멘토링은 네트워크를 확장하는 데 훌륭하고 저렴한 방법이다. 멘티들뿐만 아니라 그들과 연결된 사람들까지 알게 된다.

자신의 경력이 쌓였을 때 또 다른 중요한 이점이 있다. 회사 일을 처음 시작할 때는 가망고객에 대한 기대감이 컸다. 새로운 모험에 승선하는 순간은 항상 설렘으로 가득하다. 하지만 시간이 지나면서 회사의 사명을 진정으로 믿고 회사에 기여한 시간이 가치가 있다는 생각에도 불구하고 처음에 가졌던 열정은 사라질 수도 있다.

멘티들은 전형적으로 삶의 여정 초반에 있다. 새로 입사하거나 새로운 역할을 맡은 경우도 있다. 어느 쪽이든 그들은 미래에 집중하고 자신의 업무에 에너지를 쏟는다. '목표 확산 Goal Contagion[*]' 메커니즘에 따라 에너지도 전염된다. 새로운 목표 추구에 흥분한 사람들과 시간을 보내면서 멘티인 당신 자신을 다시 활기차게 만들고 자신의 업무에서 새로운 목표를 자주 발견하는 기회는 가치가 있다.

●●●
지속학습

성공적인 경력 관리에는 지속적인 학습이 필수다. 처음에 준비한 스킬과 지식은 일을 시작하는 데는 도움이 되지만 몇 년 후 미래에 갖게 될 일에는 새로운 기술과 지식이 필요하다. 하지만 바쁜 일과를 처리하면서 그렇게 하기란 쉽지 않다. 지속학습은 지식 간극(틈)을 메우거나 새로운 역량을 의도적으로 개발하는 일이다. 이것은 사전에는 그 목표가 분명하지 않은 다방면 전문가의 학습과는 다르다. 아직 가지진 않았지만 당신의 목표 성취를 도와주는 지식과 기술에 대해 멘토링 팀과 대화를 나누어야 한다. 물론 그것이 생산적인 대화가 되려면 자신의 삶 전체의 궤도에 대해 더 많이 생각해보아야 한다. 9장에서 이 주제에 대해 더 자세히 다룰 예정이다.

---

[*] 주변 사람들의 목표와 행동을 따라하게 되는 현상. 이는 사람의 인지 체계가 그 사람으로 하여금 주변 사람들과 가까운 관계를 유지하도록 도와주는 방법이다. 목표 확산의 예는, 주변 사람들이 대부분 과식을 하는 경우 자신도 따라 과식을 하게 되는 것이 있다.

추가 지식을 얻는 자연스러운 방법은 자신에게 있다. 대부분의 비즈니스 잡지 웹사이트에는 현재 일에 대한 새로운 사고법을 주제로 탐구하는 블로그가 준비되어 있다. 수많은 유튜브 동영상은 스프레드시트 사용부터 프로그래밍까지 다양한 기술 지침서의 역할을 한다. 직무 관련 팟캐스트도 흥미로운 자료의 원천을 제공해주고 이 책처럼 다양한 서적도 업무 스킬에 대해 새롭게 생각하고 행동하도록 도와준다.

스케줄이 비는 시간에 이런 정보의 원천에 쉽게 들어가볼 수 있다. 팟캐스트와 오디오북은 매일 출·퇴근하거나 출장 갈 때 좋은 친구가 된다. 비디오와 블로그는 업무 사이 자투리 시간이 있거나 일의 속도에 변화가 필요할 때 편리하게 이용할 수 있다. 집에서 편한 장소에 책을 두고 여유 시간에 잠시 읽을 수 있다. 중요한 것은 새로운 지식을 배우려고 노력하는 습관의 개발이다. 하지만 인터넷에 더 구조화된 체계적 트레이닝 프로그램은 없다.

내 훌륭한 멘토인 더그 메딘 Doug Medin 은 수업시간에 독서로 쉽게 배울 수 없는 스킬을 얻는 데 집중하자고 제안한다. 인지과학 분야에는 통계분석, 질적연구 방법, 컴퓨터 프로그래밍이 포함되어 있다. 그런 스킬은 체계적인 커리큘럼으로 핵심개념을 알려주고 교수가 과제를 내주고 그 결과를 제대로 평가할 때 가장 효과적이다.

새로운 스킬을 배우는 과정을 찾아내는 몇 가지 방법이 있다. 앞에서도 말했듯이 많은 회사가 사내 훈련 기회를 제공한다. 그중 일부는 전 직원

# 재즈 브레인: 통찰력 키우기

머리와 마음으로 연주하기

재즈 연주자들이 '두뇌' 연주자와 '마음' 연주자의 차이에 대해 말하는 것을 들었다. 두뇌 연주자는 음악 이론을 안팎으로 잘 숙지하고 있으며 기술적으로 완벽한 솔로 연주에 주력한다. 마음 연주자는 다른 음악가들의 연주를 들으며 그 상황에 적합하다고 느끼는 연주를 한다. 이론상으로 가장 능숙하지 않을 수도 있지만 그들은 좋은 소리를 내는 방법을 찾아낸다.

나아가 진정으로 훌륭한 연주자들은 머리와 마음 모두로 연주한다. 그들은 수많은 음악 이론을 내면화하는 데 시간을 들이고 다른 음악을 듣고 자신이 연주하는 데 기꺼이 그 이론을 적용한다. 쉬워 보이지만 결코 그렇지 않다. 회사에서 가장 훌륭한 사람들도 머리와 마음 모두로 일한다. 자신의 영역에서 진정한 전문가가 되면 알고 있는 것을 들을 수 있고 상황에 적응할 수 있을 만큼 충분한 지식이 있다. 교과서적 대응이 언제 옳고 또 언제 벗어나야 하는지의 문제는 바로 배움의 문제다.

조직의 심포니를 자유자재로 연주하려면 자신의 지식기반과 외부의 변화무쌍한 맥락적 상황에 관심을 가져야 한다. 이 능력을 모두 지속적으로 발전시키는 사람은 어느 조직에서나 존중받는다. 회사에서 슈퍼스타 멘토들은 머리와 가슴 모두로 일을 세련되게 연주할 것이다. 그들을 지켜보고 따르려고 노력하길 바란다.

에게 정기적으로 제공되지만 다른 일부 프로그램은 스스로 솔선수범해야 한다. 교육 프로그램을 안내해주는 내부 웹사이트가 있는 경우, 자신의 역량을 향상시켜줄 세션이 있는지 정기적으로 확인한다. 훈련 세션으로 하루 이틀 정규 업무를 못할 수도 있지만 투자 대비 충분한 배당금을 완벽히 지급해줄 것이다.

이러한 프로그램의 최고 사례는 전미 군인 감사 USAA다. 이 회사는 현역군인, 퇴역군인과 그 가족에게 금융서비스를 제공한다. 그들은 혁신에 전념하므로 텍사스 주립대의 IC2 연구소와 협업해 혁신가 인정 프로그램을 개발했다. 이 프로그램 참가자들은 새로운 아이디어를 개발·평가하고 시장효과성을 검증하는 1학기 교육을 받는다. 교육과정을 이수한 직원들은 회사 전반에 새로운 아이디어를 육성하는 데 노력한다.

또한 회사가 외부 기관에서 진행하는 전문훈련 교육과정 지원 여부도 확인한다. 많은 대학과 일반 교육그룹은 현장 스킬을 향상시키는 세미나를 지속적으로 개최한다. 이런 세미나는 종종 하루 이틀 동안 지속되며 핵심 현장업무 관련 자격증 취득을 위해 장기간 여러 세미나를 선택할 수도 있다. 이 프로그램으로 최첨단 연구자들의 훌륭한 사고법과 새로운 연구에서 도출된 다양한 업무 도구에 대해 배운다. 자신의 돈을 내야 할 경우에도 그 과정은 충분한 가치가 있다.

대형 컨설팅업체의 교육 담당자인 멜 Mel은 회사가 외부기관 교육 프로그램에 지급하는 직원 1인당 연간 비용이 5,000달러에 달하지만 그 자금을 이용하는 사람은 거의 없다고 말했다. 이 기회를 놓치지 않으려면 해당 지역에서 세미나를 운영하는 조직을 추천받아야 한다. 회계연도 초반에 수업 일정을 확인하고 회사의 주요 프로젝트가 나오기 전에 달력에 세미나 날짜를 표시해둔다. 스케줄을 미리 짤 수 있다면 예상하지 못한 일이 발생할 때까지 기다리기보다 일정 계획을 미리 세워두면 교육 훈련을 받을 가능성이 더 커진다.

또한 석·박사 학위 취득은 경력의 다음 단계로 나아가는 데 도움이 된다. 학위는 취득하는 데 오랜 시간이 걸리고 비용도 많이 들겠지만 업무를 새로운 방식으로 수행하는 데 혁신적인 방법이 될 수 있다.

경력 초반에 해야 할 일은 당신이 언젠가 하려는 그 일을 지금 하고 있는 사람의 교육 배경을 자세히 살펴보는 것이다. 그중 많은 사람이 석·박사 학위를 갖고 있다면 학위 프로그램이 당신의 삶과 경력에 어떻게 부합할지 생각해 보아야 한다. 이미 동료들이 취득한 특정 학위를 반드시 따야 하는 것은 아니지만 장래의 학위 프로그램에 대해 어느 정도 알아두면 그것을 계획하는 데 도움이 된다.

그리고 학위 프로그램을 주제로 논의하는 마당에 이왕이면 직업을 가진 부모들에게 지속교육의 중요성을 강조하고 싶다. 나는 6년 동안 현직 직장인을 대상으로 석사학위 과정을 운영했다. 나도 부모로서 회사 일과 가정생활 병행이 얼마나 힘든지 잘 안다. 어린 자녀가 있다면 생활에 얼마나 끊임없이 얽매이는지도 안다. 하지만 자녀의 나이가 들어가며 그들이 미래에 이루어야 할 모습을 생각하면서 어느덧 자신이 하는 일에 주의를 기울이는 모습을 보게 된다.

　자녀들이 공부하는 당신의 모습을 볼 때 그들에게 말로 하는 것보다 훨씬 더 큰 효과가 있다. 학위 공부에 전념하는 시간이 자녀들과의 행복한 시간을 뺏는다고 생각할지도 모른다. 하지만 자녀의 숙제를 함께 하면서 보내는 몇 시간은 당신이 지금까지 보낸 시간 중에서 가장 보람되고 오래 기억에 남을 좋은 시간이 될 것이다. 충분한 시간이 있을 때의 일부보다 정말 바쁜 시간에 집중하는 짧은 시간의 가치가 더 크다는 것을 우리는 잘 안다.

핵심 내용

당신의 뇌

동기적 뇌

- 인지력에 대한 니즈는 사물의 원리를 탐구하려는 인간특성이다.
- 성실성은 시작한 일을 끝내고 싶어하는 인간특성이다.

사회적 뇌

- 대부분의 배움은 주변 사람들에게서 나온다.
- 타인의 행동과 열정을 주의 깊게 관찰하면 자신의 에너지를 얻을 수 있다.

인지적 뇌

- 인과적 지식으로 새로운 질문에 새로운 방식으로 답할 수 있다. 인과지식은 원인과 결과가 계속 이어지는 중첩 구조다.
- 메타 인지는 자신의 생각에 대해 생각할 수 있는 능력이다. 자신이 특정 사물에 대해 안다는 사실을 알 수 있는 것은 명시적으로 기억하거나 알고 있다는 느낌 때문이다.
- '더닝-크루거 효과'에 의하면 비숙련자들은 자신의 지식 정도에 대해 제대로 인식하는 정도가 가장 낮다.

- 사람들은 '설명 깊이의 착각' 때문에 고통받는데 이로 인해 사물에 대한 이해력이 떨어지고 세상이 실제보다 더 잘 돌아간다고 착각한다.

실무 활용 팁

- 자신의 무지를 인정하는 것을 두려워하지 않아야 한다.
- 먼저 실수를 털어놓고 함께 해법을 찾아본다.
- 현재 안다고 생각하는 것보다 더 많이 알기 위해 노력한다.
- 다방면 전문가는 혁신 환경에서 특히 가치가 있다.
- 신중하게 멘토를 선정하고 정기적으로 만나 도움을 받는다.
- 타인에 대한 멘토링은 자신의 고품질 지식 향상에도 가치가 크다.
- 머리와 마음 모두로 회사조직의 심포니를 연주하도록 한다.
- 공식적이든 비공식적이든 지속적인 교육 기회를 찾아본다.

6장
직장에서의 의사소통

지구상의 다른 종들과 인간의 차이점 중 하나는 다양한 방법으로 의사소통하는 능력이다. 대부분 동물들은 자신의 종끼리 소통하지만 때로는 잠재적 포식자나 먹잇감도 그 대상이 된다. 짝을 유혹하거나 적에게 경고하거나 위험 신호를 보내는 메커니즘이 있다. 동물은 소리, 움직임, 심지어 특유의 화학적 흔적으로 소통할 수 있다. 그러나 인간은 대부분 언어로 소통하고 언어체계는 상당히 복잡하다. 정보 환경이 변하면서 사물, 행동, 개념에 이름을 붙이기 위해 새로운 단어를 추가하기도 한다.

인간은 은유와 유추에 능해 새로운 상황에 대처해가며 단어의 의미를 확장할 수 있다. 타인과 소통하기 위한 다양한 기술 개발로 같은 시간과 장소에 있지 않을 때도 언제나 서로 연결할 수 있다. 사실 이 책도 시·공을 초월해 지식을 공유하게 해준다. 언어는 인간 본성의 중심이다. 특정한 문화 환경에서 태어난 것만으로도 모국어를 배운다. 다국어를 사용하는 환경이라면 그 언어들을 모두 배워 다른 맥락 속에서 사용할 수 있다. 인간의 모든 일에는 언어가 중요하지만 모두가 의사소통을 잘하는 것은 아니다. 사람에 따라 정보를 명확히 전달하거나 타인에게 동기부여해주는 데 언어를 사용하는 방법이 능한 경우도 있고 그렇지 않은 경우도 있다.

회사에서 성공하려면 이메일, 문자 메시지 전송, SNS, 전화 등 다양한 방식으로 정보를 공유하는 방법을 완벽히 숙지해야 한다. 이번 장에서는 의사소통의 핵심사항을 알아보고 자신의 약점을 인식하는 방법과 의사소통자로서의 능력을 향상시키는 방법을 살펴본다.

●●●
의사소통이란 무엇인가?

인간의 의사소통 능력은 같은 언어를 사용하는 소수의 원어민이 실시간으로 얼굴을 맞대고 말하는 환경에서 진화했다. 정신언어학자 허브 클라크Herb Clark도 지적했듯이 대면으로 소통하는 이상적인 환경에서 더 멀어질수록 효과적인 의사소통은 더 어려워진다.

기술의 발달로 다른 언어를 구사하며 자란 세계인들과 소통할 수 있게 되었다. 멀리 떨어져 있거나 대화 상대방을 볼 수 없어도 시간에 구애받지 않고 문자 메시지 전송으로 소통할 수 있다. 그런데 이상적인 환경과 멀어지는 편차만큼 잘못된 의사소통이 발생하기도 한다. 이상적인 의사소통 형식에서는 상황에 따라 즉각적으로 화자와 청자가 서로 조율하기 쉽다.

대화가 이루어지는 방식은 먼저 화자가 내용을 만들어 문장으로 번역한다고 생각할 수 있다. 청자는 그 문장을 다시 화자가 의도한 것으로 추정되는 내용으로 분해하고 화자에게 답할 메시지로 표현한다고 생각하기 쉽다. 추상적 차원에서 보면 합리적인 것처럼 들린다. 그러나 소설 속 대화를 읽을 때 대화는 분명히 그런 식으로 진행되지만 실제 대화는 훨씬 복잡하다. 실제 대화에서 청자가 적극적인 역할을 한다는 점이다. 이것을 확인해 보려면 다음 대화에서 다른 사람이 말할 때 당신이 무엇을 하는지 주목해 보자.

청자는 화자를 보면서 그가 말하는 내용에 주의를 기울이고 있다는 신호를 전한다. 고개를 끄덕이면 화자의 메시지 내용을 이해하고 동의한다는 암시를 한다. 갑자기 할 말이 생기면 청자는 대화하고 싶다는 신호를 보내기 위해 자세를 바꿀 수도 있다. 화자는 청자의 태도에 항상 민감하다. 당신이 말하고 있는데 상대방이 갑자기 당황하거나 화난 표정을 짓는다면 말을 멈추고 무엇이 잘못되었는지 알아내려고 한다. 대화가 빗나가지 않도록 오해한 내용을 빨리 고치려고 애쓴다.

또한 대화 방식에서는 상대방과 공유하려는 많은 지식도 고려하게 된다. 일반적으로 연설은 기존 관례에 따른다. 즉, 일단 청자의 이해가 예상되는 내용을 언급한 후 그 지식에 추가해 새로운 정보를 제공하려고 한다. 당신이 "이제부터 라울 Raul은 마케팅팀의 매니저다"라고 말한다면 대화 상대방은 라울이 누구인지 알지만 승진한 사실은 모른다고 가정한 것이다. 대화

상대방의 지식을 잘못 추정하면 그들이 모르는 내용을 말해 혼란스러워지거나 이미 아는 정보를 제공해 청자를 지루하게 만들 수도 있다.

고려해야 할 언어의 또 다른 측면은 우리가 말하려는 모든 내용을 직접 말하지 않는다는 점이다. 화자는 자신이 원하는 내용을 청자가 이해하리라 기대하며 관습적인 대화를 많이 나누려고 한다.

- "이 서류의 사본을 내게 만들어달라"
- "이 문서를 복사해 주시겠습니까?"

누군가에게 요청하는 가장 직접적인 방법은 첫 번째 문장이지만 무례하게 들릴 수 있다. 그 대신 두 번째 문장처럼 완곡히 말해야 한다. 그래도 여전히 화자의 의도는 '지시'에 속한다. 그러나 청자의 거절을 기대하지 않는 것이지만 화자의 간접적인 요구의 표현으로도 청자가 잘 따르리라는 점을 인정하고 있다.

위의 사례는 실제 대화에서 실패를 맛보는 원인 중 극히 일부에 지나지 않는다. 이번 장에서는 일반적인 몇 가지 의사소통 문제를 알아보고 문제점을 피할 수 있는 방법을 논의해본다.

다양한 모드의 의사소통

의사소통의 핵심은 회사에서 조금씩 자주 대면으로 서로 참여하는 형태가 가장 중요하다는 점이다. 다양한 이유로 면대면 의사소통은 이메일, 문자 메시지, 전화, 가끔 화상회의가 포함된 쪽지 등으로 빠르게 바뀌고 있다. 소규모 대화나 그룹 회의는 여전히 존재하지만 가장 많이 사용하는 정보 전달 방법은 아니다. 잠재적인 문제점을 최소로 줄이고 능숙한 의사소통자가 되려면 현재 사용 중인 소통방식의 한계를 알아야 한다. 이 한계점을 극복하려는 생각을 하고 실천한다면 최소한 일부 상황에서는 불리한 모드에서 벗어나 다른 모드로 소통전략을 이끌 수 있다. 먼저 문자 메시지 기반 소통을 논의한 후 스카이프 Skype와 같은 전화·화상회의에 대해 논의한다. 다음 섹션에서는 회의에 중점을 둘 예정이다.

문자 메시지 소통

많은 회사는 문자 메시지 기반 소통에 몇 가지 옵션을 사용할 수 있다. 우리는 매일 많은 양의 이메일을 주고 받는다. 직접 전달되거나 그룹 토론 또는 많은 사람에게 유포되는 메모와 뉴스레터다. 가끔 스팸 메일인 경우도 있다. 휴대폰에는 문자 메시지 시스템이 내장되어 있다. 소셜네트워크의 일부 또는 논문과 토론 주제가 게시되는 메시지 보드 사이트나 앱을 사용할 수도 있다.

　과도한 문제 메시지 사용은 3가지 문제를 일으킨다.

첫째, 이메일보다 명확한 소통이 어려워져 의사소통 착오로 이어진다.

둘째, 특정 사안을 주고받으며 명확히 처리해야 할 경우, 면대면 소통보다 시간이 더 오래 걸린다.

셋째, 올바른 어투나 분위기 전달이 어려워 원만한 대인관계 유지가 어렵다. 이메일과 쪽지도 산만함의 원인이 될 수 있다. 7장에서 그 문제를 논의하겠다.

문자 메시지의 또 다른 문제는 타인과 공유하는 지식을 잘못 추정할 수 있다는 점이다. 낯선 단어나 은어를 사용할 경우, 혼란의 원인인 상대방이 모르는 방법으로 내용을 말할 수도 있다.

라제쉬 Rajesh는 이메일의 문제점에 대해 말했다. 동료가 '보고서'를 읽고 오류가 있으면 고쳐달라고 부탁한 메일이다. 불행히도 당시 라제쉬가 그의 동료가 언급한 것으로 생각한 보고서는 다른 메일이었다. 그 결과, 오전 내내 동료가 원하지 않은 일을 하게 되었다. 라제쉬가 미리 확인할 수도 있었다고 생각할 수 있지만 그는 동료가 어느 보고서를 의미하는지 알 것이라고 확신했다. 설사 의구심이 조금 있었더라도 그것을 확인하려면 이메일 처리 과정을 오래 지연시킬 수 있었다. 라제쉬가 인도에 있을 때 동료는 뉴욕에 있었기 때문이다. 그는 시간을 들여 상황을 확인하기보다 빨리 처리하려고만 했던 것이다.

우리는 종종 면대면 의사소통에서 의미를 절충한다. 주목할 만한 이 단문 대화를 확인해보자.

A: 시드니에서 소식 들었니?
B: 시드니 마케팅에서?
A: 아니, 호주에 있는 우리 사무실에서.
B: 아직. 오늘 밤 그들로부터 이메일이 오길 기다리고 있어.

단지 짧은 시간에 애매한 단어인 시드니가 명확해졌고 질문의 답이 나왔다. 이 대화가 메시지 사이에 몇 시간의 간격이 있을 수 있는 이메일이 아니라면 약 10초면 충분하다. 그때 메시지 사이에 시간이 흐르고 대화에서 무슨 일이 일어났는지 기억해내려고 대화의 가닥을 다시 읽어야 한다면 메시지를 이해하는 데 더 오래 걸릴 수 있다.

많은 경우, 요즘 사무실에서 메신저로 동료들과 의사소통하는 습관이 들었다. 동료들의 업무를 방해할 필요가 없으니 편할 때 이메일이나 문자 메시지를 확인할 수 있어 이런 소통법은 더 쉬워 보인다. 하지만 실제로는 많은 시간을 낭비할 수 있다. 겉으로 보기에는 간단한 요청이지만 해결될 때까지 서로 많이 주고받아야 할 때 특히 그렇다.

높은 효율성을 위해 간단한 문제는 직접 또는 전화로 처리하는 편이 좋다. 동료에게 가까이 다가가 곧바로 대화하는 모습은 줄었지만 간단한 사안은 사람들과 직접 대화로 처리한다면 많은 시간을 절약할 수 있을 것이다. 그리고 동료에게 시간을 내달라고 부탁할 때는 말 그대로 배울 기회이므로 기꺼이 대화나 전화로 소통하려고 할 것이다. 더 많은 대화로 소통하고 문자 메시지를 줄이면 상대방에게 정서적 영향을 미치는 올바른 어투를 사용하는 데도 도움이 된다.

최근 스테이시 Stacy는 원격으로 새로운 일을 시작했다고 말했다. 상사는 사무실 직원들이 그녀가 프로젝트를 앞당기도록 요청한 일로 불만을 표했다고 말했다. 스테이시는 전에 동료들과 마찰을 빚은 적이 없었다. 그녀는 문제의 주 원인이 사무실에서 근무하는 나머지 직원과의 소통이 대부분 이메일로 이루어졌다는 사실을 깨달았다. 이것은 놀랄 일도 아니다. 누군가에게 직접 복사를 부탁하면 부탁하는 방식, 말투, 표정으로 고마움을 전할 수 있다. 문자 메시지는 표현 방법을 선택할 수는 있지만 이모티콘을 첨가하더라도 어조와 표정은 빠져 있다. 그 결과, 간단히 "내게 복사해달라"라는 말은 이메일에서 명령조로 들릴 수 있다. 이런 이메일로 소통하다 보면 우리는 본의 아니게 까다롭거나 어렵다는 평판을 받을지도 모른다.

일반적으로 의사소통의 대부분은 문자 메시지로 하더라도 동료들의 얼굴을 직접 보며 보내는 시간은 가치가 있다. 면대면 소통을 하면 동료는 당신에 대해 더 잘 알게 되고 당신의 발언에 대한 평가도 더 우호적일 수 있다. '사회적 뇌'는 모르는 사람보다 아는 사람에게 더 잘 반응하므로 동료와의 인간적 관계를 발전시키면 문자 메시지 소통능력도 원활해진다. 다른 사람들이 당신에 대해 알게 되면 그들은 문자 메시지 이면의 당신 목소리를 잘 들을 수 있다. 조직에서 의사소통은 중요한 사안이므로 더 좋은 방법을 적극 추구해야 한다.

원격소통하기

기술은 실시간 원격통신까지 지원한다. 전화는 분명히 멀리 떨어진 사람들과 대화를 나누게 해준다. 스마트폰, 스카이프 Skype, 구글 행아웃 Google Hangouts, 줌 Zoom과 같은 화상회의 소프트웨어는 비디오와 오디오를 동시 지원한다. 이런 형태의 통신은 문자 메시지보다 훨씬 많은 정보를 제공한다. 상대방의 어투를 들을 수도 있다. 관심이나 흥분을 나타내는 정보도 얻는다. 다음 두 대화의 차이점을 생각해보자.

> A: 채용위원회에 가입해 주시겠습니까?
> B: 물론입니다.
> A: 채용위원회에 가입해 주시겠습니까?
> B: [긴 침묵] 물론이죠.

목소리 톤이 같더라도 일시 정지는 상대방에게 불확실성을 전달한다. 화상회의 도구로 대화하는 사람들을 가끔 볼 수 있다. 얼굴 표정은 흥미, 아이러니, 빈정거림, 지루함을 전달할 수 있다. 비디오도 공유 환경을 허용한다. 사람들이 컴퓨터 모니터나 슬라이드 데크를 공유할 때 모든 대화 참가자가 볼 수 있는 내용에 토론을 고정시키고 있다. 그런 환경에서 커서를 사용하면 '이 항목' 또는 '여기 항목'을 가리킬 수 있다.

이런 형태의 통신이 가장 어려운 부분은 전화 회의와 같은 소규모 그룹 세팅이다. 공유된 환경에서 대화는 사전에 조율된 움직임이다. 한 명이 말할 때 나머지 사람들은 모두 그를 쳐다본다. 그룹의 다른 누군가가 참여하고 싶을 때 이것을 나타내기 위해 자신에게 주의를 자주 환기시켜야 한다. 그럼 연사는 그들을 직접 본 후 연단을 내준다. 하지만 사람들이 물리적으로 공유된 같은 환경에 있을 때는 누군가가 참여하지 않은 때를 쉽게 알아볼 수 있고 그들에게 말할 기회를 줄 수 있다.

이 과정은 전화 회의와 화상회의 때문에 더 어려워진다. 사람들은 말하고 싶어한다는 것을 점잖게 표현할 수 없고 발언자는 발언권을 청중석에 넘겨주기 어렵다. 그 결과, 누군가가 말을 마치거나 여러 사람이 동시에 뛰어들 때 어색한 '순간 정지'가 종종 발생한다. 그룹 대화에 참여하지 않은 사람들은 쉽게 뒤로 사라질 수 있다. 특히 시각적 효과가 없는 전화 회의에서 그렇다.

전화 회의나 화상회의를 진행할 때는 대화 진행에 도움이 되도록 주의해야 한다. 대화가 너무 진전되기 전에 여러 사람이 말하기 시작하는 때를 기록하고 모두에게 참여할 기회를 준다. 참석자 명단을 작성하고 말을 많이 하지 않은 사람들의 의견을 이끌어낸다. 전화 회의나 화상회의 진행 상황은 공동 공간에서 단체로 대화하는 것과 다르다. 누가 말했는지 더 의도적으로 추적하고 역동적인 회의가 되도록 관심을 더 가져야 한다. 같은 공간에서 다른 사람들과 일할 때 자연스럽게 생기는 상황에는 더 많은 노력이 필요하다.

회의

회사생활에서 회의만큼 흔하고 긍정과 부정적인 면을 함께 가진 것도 없다. 다양한 이유로 그룹으로 모여 새로운 아이디어를 개발하고 계획을 공유하고 문제를 해결하고 프로젝트를 조정하고 합의를 이끌어낸다. 회의는 일을 끝낼 수 있는 생산적인 방법이 될 수 있지만 그렇지 않은 경우도 많다.

첫째, 일부 몇 명만 발언한 내용이 결론이 되는 것이 문제다.

둘째, 중요한 안건이 언급되지 않고 회의가 진행될 수 있다.

셋째, 그룹으로 함께 성취할 수 있는 명확한 목표를 중심으로 회의가 조직되지 않는 경우가 많다.

회의 독점자

'파레토 Pareto 법칙'은 '모든 결과의 80%는 전형적으로 잠재적 원인의 20%에서 나온다'라는 개념이다. 이 법칙은 특히 회의에서 두드러진다. 전체 발언의 80%는 항상 참석자의 20%에서 나온다. 몇 가지 이유가 있다. 모든 회의 참석자가 회의 주제에 100% 참여하려면 필요한 전문지식인 '인지적 두뇌'가 필요한데 그렇지 못한 것 같다. 따라서 일부는 직접 참여하기보다 회의 과정에서 듣기만 한다.

'동기적 뇌'에 속하는 2가지 성격 특성은 사람들이 회의에 참여하도록 유도한다. 첫째, 5가지 주요 성격 특성 중 '외향성 Extraversion'은 사회적 상황에서 사람들의 관심을 받고 싶어하는 정도를 반영한다. 모임에 참석한 외향적인 사람들은 사교적으로 서로 주고받는 관계를 즐기며 내성적인 사람보다 말하기를 좋아한다.

둘째, '자기애주의 Narcissism'는 자신이 주변 다른 사람들보다 우수하므로 그들이 자기 말에 귀를 기울여야 한다는 신조를 가지고 있다. 자기애주의자는 회의 초반에 자주 발언하지만 자신에게 동의하지 않는 사람들의 말은 무시하고 듣지 않는 경향이 있다.

당신의 '사회적 뇌'는 적절한 회의 행동양식에 대해 배울 것을 요구한다. 다른 사람들이 회의에서 취하는 행동에 관심을 가지면 회의 참여감각이 생긴다. 발언할 때 다른 사람들의 반응을 관찰해보면 도움이 된다. 그들이 관심을 보인다면 너무 지체되지 않고 가치 있는 내용으로 말하고 있다고 생각해도 된다. 반대로 그들이 당신에게서 눈을 돌리거나 서로 잡담한다면 당신은 말을 너무 많이 하고 있을 것이다. 할 말이 있을 때는 큰소리로 말하는 것이 중요하지만 다른 사람들보다 너무 자주 나서지 않는 것이 좋다. 이 주제는 다음 섹션에서 다시 다루겠다.

당신이 회의를 지배하고 있다고 생각한다면 다른 참가자들의 허락을 받고 참석하는 회의를 녹음해 나중에 발언한 부분을 들어보길 바란다. 회의 주제와 관련 있는 발언이었는가? 대화를 진전시켰는가? 간결하게 발언했는가? 인상적인 한마디로 말하기는 어렵지만 그런 화술은 배워둘 만한 소중한 스킬이다. 사람들이 그 한마디를 기억하고 나머지 대화 내내 그것을 사용할 수 있기 때문이다. 따라서 평소 많은 말보다 인상적인 몇 마디로 회의실을 압도하려고 준비하고 노력하는 것이 바람직하다.

회의 주제를 단순화시킬 필요는 없지만 인상적인 한마디는 요점을 간략히 설명해준다. 회의 안건을 미리 살펴보고 몇 가지 주요 주제에 대해 생각해본다. 자신의 생각을 미리 적어놓고 토론할 때 사용할 수 있는 분명한 문구를 찾을 수 있는지 알아본다. 대화 주제의 핵심을 더 잘 표현할수록 기여도는 더 높아진다.

회의 도중 사람들이 떠드는 것은 할 말이 있지만 어떻게 표현해야 할지 아직 정확히 모르기 때문이다. 그런 경우, 자신이 의도한 요점을 표현할 방법을 찾을 때까지 계속 발언하게 된다. 회의 도중 자신이 생각하는 것을 실시간으로 표현할 단어를 선택하면서 자주 즉흥적으로 대응해야 한다. 생각을 표현하는 간단한 방법을 연습할수록 그 순간에 해야 할 말을 더 잘하게 된다.

회의 도중 발언할 때는 시간이 얼마나 걸렸는지 신경써야 한다. 1분 이상 발언은 너무 길다. 몇 분 동안 발언한다면 여러 가지 논점을 말하고 있을 가능성이 크다. 사람들이 당신의 발언에 반응하길 바란다면 한 번에 1~2가지 문제에만 집중하라. 그렇지 않으면 그들은 당신이 말하는 것을 대부분 기억하지 못한다. 게다가 회의 도중 많이 떠드는 사람으로 찍히면 사람들은 당신의 말에 귀 기울이지 않고 심지어 당신의 영향력을 무시하게 된다.

마지막으로 회의에서 가장 큰 실수는 '똑같은 내용을 따라 반복 Me Too~ing' 하는 것이다. 한 명이 핵심을 지적하면 몇몇 사람이 본질적으로 똑같은 내용으로 발언한다. 회의 도중 손을 들기 전에 새로운 내용인지 다시 생각해본다. 누군가가 일반적이지 않은 의견을 제시하고 당신도 그것에 동의한다면 지원 발언을 할 수 있지만 그런 경우, 신속히 마무리한다. 이전 발언자가 지나온 그 길을 다시 걸으려는 유혹에서 과감히 탈피해야 한다. 이미 회의에서 누가 먼저 말했는지도 모르면서 다른 누군가에 의해 같은 논점이 반복되는 상황은 특히 피해야 한다. 유심히 관찰해보면 대체로 회의실에서 힘 있는 사람들은 힘없는 사람들이 만든 요점을 반복해 말하고 결국 다른 사람의 아이디어에 대한 공을 가로챈다는 점에 유의해야 한다.

회의에서 효과적인 의사소통을 하려면 누군가의 독점 연설을 피해야 한다. 회의를 주관할 때는 회의실에 그런 지배자가 1명 이상 있더라도 회의를 계속 진행한다. 회의 관련 토론 마지막에 효과적인 회의 진행을 위한 전략을 언급하겠다. 그리고 회의를 장악하려는 사람을 효과적으로 다루는 방법에 대해 알아볼 예정이다.

말하지 않은 것들

몇 년 전 모 대기업을 컨설팅해줄 당시 나는 회사 리더가 그들이 개발 중인 새로운 계획에 대한 논의를 끌어가는 2시간가량의 회의에 참석한 적이 있다. 많은 사람이 번갈아 제의했고 몇몇 생산적인 수정안이 제의에 추가되었다. 회의가 끝나고 나는 중견간부 2명의 뒤를 따라 걸어갔다. 그중 한 명이 다른 사람에게 몸을 숙여 계획이 잘못된 여러 이유를 말했다. 그가 지적한 내용 중 일부는 충분히 고려해볼 만했다. 불행히도 제의한 고려사항에 영향을 미칠 수도 있었는데 회의 시간에는 아무도 그 내용을 말하지 않았다.

재즈 브레인: 통찰력 키우기

침묵도 악보다

재즈 뮤지션들은 솔로 연주를 즐긴다. 초반에는 바쁜 손놀림과 과장된 동작으로 연주하는 순간들을 채우고 싶었지만 위대한 트럼펫 연주자 마일스 데이비스는 "당신이 연주하는 것은 음표가 아니라 연주하지 않는 음표다"라고 말했다. 마찬가지로 여러분은 대중 앞에서 연설하거나 회의에서 발언할 때 청중석의 참석자를 주도하기 위해 반복하는 '언어적 틱 Verbal Tics'에 빠지는 경향이 있다. 즉, '일시 정지' 순간을 채우는 '음음'이나 문장을 끝내기 위한 '있잖아요' 등이다. 그런 소리나 말은 입에서 저절로 튀어나올 수 있지만 듣는 사람에게는 금방 거슬린다.

자신이 언어적 틱을 사용한다는 것을 알아차리거나 누군가가 지적한다면 그 순간을 침묵으로 대체하는 연습이 필요하다. 쉬운 방법은 대화와 회의에서 말할 때 속도를 늦추는 것이다. 빨리 말할 때는 속도 조절이 어렵지만 천천히 말하면 침묵을 채우기 위해 내는 소음이 자신에게도 들리기 시작한다. 우리는 더 천천히 말할 때 다른 사람들이 이해하기 더 쉽게 정확히 발음하는 경향이 있다.

회사가 새로운 계획을 수립할 때 그 계획 수준은 함께 준비하는 개인들의 집단지식 수준에 머문다. 회의는 지식을 활용하는 방법이지만 회의실에서 자신의 목소리를 내고 전문지식을 공유하는 데는 한계가 있다. 일부 회사에서는 반대 의견이 허용되지 않는다. 안 그렇다고 강하게 부인하더라도 엄연한 현실이다.

레나 Lena는 공립학교 학생들을 지원하는 비영리단체에서 일했다. 그 단체는 든든한 재정적 후원자들을 중심으로 소임을 굳건히 수행했다. 다른 회사들처럼 잘 굴러가는 프로그램과 고쳐야 할 프로그램이 있었다. 단체 지도부는 잘한 일을 신속히 외부에 선전했고 직원들에게 프로그램 개선을 제안할 것을 독려하고 있다고 강조했다. 불행히도 레나의 제안은 아무 조치도 취해지지 않았다. 그녀는 조언하는 것을 멈추고 자신의 구상을 잘 받아주는 회사에서 일하기 위해 결국 떠났다.

회사를 개선하려는 제안에 진정으로 관심이 있는지 여부는 경영진의 행동으로 판단해야 한다. 회사에서 권한이 있는 위치에 있다면 사람들의 권고에 귀를 기울이고 조치를 직접 알려주어야 한다. 하지만 새로운 제안에 대해 진정으로 건설적인 비판을 원한다면 회의가 시작되기 전에 참석자들에게 고려사항에 대해 생각할 시간을 주어야 한다. 제안서를 미리 배포하고 의견을 보낼 것을 독려할 수 있다. 일부가 반대해 나쁜 평판을 우려한다면 의견 목록을 익명으로 만들 수도 있다.

제안서에 대한 자신의 건설적인 조언을 제공하는 데도 전략이 필요하다. 입사한 지 얼마 안 되었다면 그룹 회의에서 의견을 밝히는 것이 불편할 수 있다. 그런 경우, 신뢰하는 동료나 상사에게 연락해 자신의 의견을 먼저 논의한다. 사내문화가 허용하는 범위 내에서 자신의 의견을 전하는 가장 적절한 방법을 조언받는다면 1대1 회의뿐만 아니라 그룹 회의에서도 더 편하게 발언할 수 있을 것이다.

진부한 회의 개선하기

회의의 성공 여부는 전적으로 그 구조에 달려 있다. 경력 초반에는 회의를 직접 진행할 기회가 적을 수도 있다. 그때는 '사회적 뇌'를 업무에 투입하고 존경하는 사람들의 회의 진행 방식을 관찰할 절호의 기회다. 이 섹션에서는 진행하는 회의의 가치를 극대화하는 몇 가지 제안을 언급하겠다.

회의 준비 시 당신이 할 수 있는 가장 중요한 일은 교육자들이 말하는 '백워드 설계 Backward Design'를 잘하는 것이다. 과정, 강의, 회의 무엇이든 타인들을 위한 '체험 과정'을 만들 때마다 먼저 최종목표를 염두에 두어야 한다. 무엇을 이루고 싶은가? 체험이 끝날 때 참가자들이 시작되기 전과 비교해 어떻게 달라지길 원하는가? 그런 후 목표 달성에만 집중해 매진하라.

이 일은 회의 참석자를 결정하는 데부터 시작된다. 반드시 논의해야 할 문제가 무엇이든 해결해본 경험이 풍부한 사람을 모집해야 하고 회의 결과를 승인할 수 있는 이해관계자도 필요하다. 또한 논의할 내용과 관련된 개선 활동을 지속시킬 사람도 선별해내야 한다. 회의에 참석할 필요가 없는 사람이 누구인지도 생각해본다. 회의의 역동성이 커질수록 많은 내용이 변한다. 3명이 함께 하면 모두 적극적으로 참여할 것이다. 참석자 수가 점점 늘어가면서 존재감이 사라지는 사람들도 있다. 10명이 회의실에 모이면 그중 몇 명은 회의 때 아무 말도 안 할 가능성이 크다. 20명 이상으로 늘어난다면 회의는 역동적인 토론이 되기보다 발표가 계속 이어질 가능성이 크다.

다음으로 의제를 명확히 설정한다. 목표 달성에 도움이 될 토론과 활동에 집중해야 한다. 일정표를 짜 논의를 본 궤도에 올리고 안건으로 올라온 모든 항목을 끝마친다. 일반적으로 처음 몇 가지 의제에서 많은 시간을 할애하고 나머지 안건은 서둘러 끝내는 경우가 많다.

나는 대학들로 구성된 대규모 위원회의 일원으로 참여한 적이 있다. 많은 대학 고위관계자들이 정기적으로 모이는 회의였다. 회의 경험이 풍부하다면 대학이 직면한 의제에 포함된 주요 문제를 의논하는 데 완벽한 조건이었다. 하지만 회의는 수많은 서면보고서 요약본으로 시작하도록 구성된 경우가 많았다. 회의가 다음으로 연기되기 몇 분 전까지도 중요한 의제 논의를 시작조차 못 하는 경우가 허다했다.

먼저 토론 주제부터 다루고 회의 후반에 보고서 요약을 확인했다면 그 회의는 훨씬 효과적이었을 것이다. 말로 요약하는 시간이 충분하지 않다면 참석자들은 나중에 그 보고서를 읽어볼 수 있었기 때문이다. 실제로 그 위원회는 최근 보고서를 먼저 나누어주고 직접적인 설명은 생략했다. 회의실에서 핵심의제인 인재 활용에 대해 논의하면 시간이 부족할 수 있었기 때문이다.

참석자들이 읽어 보아야 할 문서를 회의 시작 전에 배포한다. 배포된 자료를 확인해볼 것을 참석자들에게 여러 번 상기시켜주면 생산적인 토론이 진행될 것이다. 제대로 준비하지 못한 1~2명을 위해 회의자료를 다시 요약해주는 것만큼 회의를 지연시키는 경우도 없다.

회의를 진행할 때는 혼자 독점하지 않도록 주의한다. 개회사는 간략히 할 수 있지만 중요한 안건들을 신속히 다루고 모든 참가자를 논의에 참여시킨다. 회의를 독점하는 사람이 있다면 모두 참여할 수 있는 대안을 생각해본다. 회의실을 둘러보면서 모두에게 발언 기회를 주거나 할 말을 미리 준비해둘 것을 3~4명에게 요청해야 한다.

마지막으로 회의가 끝날 때는 모든 참석자에게 논의한 내용의 요약본을 보내주고 주요 실행 항목에는 별도로 표시한다. 이 요약본은 다른 사람들이 회의 내용을 다르게 기억할 경우, 특히 도움이 된다. 다른 사람들의 발언을 요약본에서 요청하면 당신이 빠뜨린 내용을 알 수도 있다. 회의 참석자들이 '동기적 뇌'에 관심을 갖도록 도와주어야 한다. 누군가가 특정 내용에 후속 조치를 해야 한다면 회의가 끝난 직후 구체적인 안내사항과 마감일이 적힌 상기문 Reminder을 보낸다. 회의를 훌륭하고 생산적으로 진행한다는 평가를 받으면 주목받을 것이다. 결국 흥미로운 프로젝트를 수행할 기회를 많이 얻게 되면 경력 개발에도 긍정적이다.

회의를 힘들게 만드는 대화들

당신이 완벽할 정도로 명확한 의사소통자더라도 원하지 않는 대화들이 있다. 5장에서 자신이 모른다는 것을 인정해야만 새로운 것을 배울 수 있다고 강조했다. 하지만 자신의 지식과 스킬의 한계를 남에게 알리는 것은 누구든 쉽지 않다. 특히 '가면 증후군'을 앓고 있다면 더 어렵다.

일반적으로 '힘든 대화'는 3가지 상황에서 나타난다. 첫째, 남들에게 절대로 알리고 싶지 않은 것을 공개해야 할 때다. 둘째, 나쁜 소식을 전해야 할 때다. 셋째, 타인과의 이해충돌을 해결해야 할 때다. 이런 상황에서 상대방과 원만한 대화를 나누려면 연습이 필요하다.

3가지 중 첫 번째는 가장 간단하다. 여기 간단한 규칙이 있다. 남들이 모르는 자신의 업무 관련 정보가 공개되면 자신에게 나쁜 영향을 미친다고 믿는 경우다. 이때는 내용을 최대한 빨리 사람들에게 밝혀야 한다. 회사에서 실수를 저질렀다면 즉시 인정하고 문제를 해결하려고 노력해야 한다. 성공적인 업무는 신뢰에 기반한다. 실수를 인정해버리면 자칫 그 신뢰가 손상된다고 생각할 수 있지만 5장에서 언급했듯이 관리자들은 실수를 숨기기보다 즉시 인정하는 직원을 더 신뢰한다. 잘못을 시인하고 빨리 고치려고 노력할수록 그 실수로 인한 피해를 줄일 수 있다. 실수를 숨길 때 악영향이 커지는 것은 아무도 그 문제를 몰라 해결할 수 없기 때문이다. 그렇다고 실수를 인정하는 것이 편하기만 하다는 뜻은 아니다. 당연히 아니다. 누구나 무척 당황스러울지 모른다. 그 순간 말하는 상대방으로부터 부정적인 반응을 이끌어낼 수도 있다. 심지어 회사에서 곤경에 처할 수도 있다. 8장의 내용처럼 건강한 조직은 실수를 처벌하지 않지만 말이다. 그러나 장기적으로 보면 실수를 빨리 인정하는 것이 그렇게 안 할 때보다 자신을 더 많이 성장시킨다. 실수를 통해 더 많은 것을 배우고 더 책임 있는 일을 더 빨리 해나갈 수도 있다.

두 번째 유형의 힘든 대화는 나쁜 소식을 전하는 것이다. 즉, 듣고 싶지 않은 이야기를 전해야 하는 경우다. 결과적으로 아무리 최선을 다해도 상대방이 별로 좋아하지 않을 수 있다. 5가지 주요 성격 특성 중 '친화성'은 사람들의 호감을 얻으려는 동기에서 비롯된다. 쾌활할수록 나쁜 소식을 전하기 더 어렵다. 별로 쾌활하지 않은 사람도 나쁜 소식을 전하는 것을 꺼리거나 대화 자체를 두려워할 수도 있다. 결국 전해야 할 때가 오면 어려움을 겪을 수 있다. 이런 경우, 가능하면 건설적인 방법을 선택해야 한다.

샐 Sal은 부하직원의 보고를 직접 받는 관리자다. 1년 동안 근무해온 한 직원의 직무 실행 결과가 기대에 못 미쳤다. 샐은 그녀가 '근신' 대상자임을 알려야만 했다. 먼저 나쁜 소식을 전해야 한다고 그녀에게 말한 후 평소 다른 직원의 불만이었던, 그녀의 과거 업무를 차근차근 설명해주었다. 그것이 '근신' 징계의 이유이며 어떤 의미인지 상세히 설명했다. 거기에 멈추지 않고 그녀가 이런 나쁜 소식을 발전의 기회로 삼도록 격려했다. 샐은 스스로 성공하길 원하지 않는 사람을 회사는 절대로 고용하지 않는다는 점을 강조했다. 그녀의 업무 수행능력 향상에 도움이 될 사내 자원을 알려주고 질문에 기꺼이 답해줄 수 있다고 말했다. 샐은 나쁜 소식과 그 부정적 평가의 원인을 분명히 말했지만 그녀를 비판하면서 과거에 연연하기보다 미래를 강조함으로써 최대한 생산적인 대화로 이끌었다.

명확하고 공감이 되고 생산적인 대화의 중요성은 이글 항공사 Eagle's Flight 존 라이트 John Wright의 말에 그대로 반영되어 있다.

그는 "리더로서 배워야 했던 가장 어려운 교훈은 실적을 끌어올려야만 하는 직원들에게 명확하고 정직한 조언을 해주는 것이다"라고 말했다. 무엇이 잘못되었는지, 어떻게 개선해야 할지 솔직해지니 훗날 성과를 낸 직원들에게 축하해줄 기회가 많아졌다. 힘든 대화의 고통은 결국 그들의 성공을 함께 나누는 기쁨으로 충분한 보상을 받는다.

요청을 거절해야 할 때 나쁜 소식과 비슷한 상황이 일어난다. 텍사스 주립대 수석 부학장 마크 머식 Marc Musick은 새로 떠오르는 리더들에게 연설하고 있었다. 부서의 요청을 아무 탈 없이 거절하는 방법을 설명했다. 그런 거절 상황을 문제해결 과정으로 본다고 말했다. 자신이 정확히 모르는 각 부서의 요청 내용을 설명해달라고 먼저 요청한다. 이후 그들의 목표 달성에 도움이 되는 대안을 제시하고 그 선택들을 함께 추구해 가자고 제안하는 것이다.

때때로 회사 정책을 위반한 직원들에게 나쁜 소식을 전달할 때가 있다.

뭔가 일이 잘못될 때마다 루시엔Lucienne에게 화를 내고 소리지르며 부서에 긴장감을 주는 직원이 있었다. 그와 생산적인 토론을 하기 위해 그녀가 취한 첫 번째 단계는 그 직원의 검증 가능한 행동에 집중하는 것이었다. 그의 감정폭발을 대하는 직원들의 반응도 설명해주었다.

제3자의 행동에 대해 논의할 때 그들의 동기 이야기는 항상 매력적이다. 동기가 사람을 방어적으로 만드는 것은 그들의 행동 뒤에 숨겨진 원인을 설명하는 데 동의하지 않을 수 있기 때문이다. 그 대신 발생한 사건과 다른 사람들의 반응에 초점을 맞춘다면 '방어적 태도 Defensiveness'를 피하는 데 도움이 된다. 그런 행동의 이유를 말해줄 것을 사람들에게 요청하거나 이후 미래에 그와 비슷한 상황을 다르게 처리하는 방법을 의논할 수도 있다.

루시엔은 한 직원과 면담하며 그가 좌절을 느끼는 상황을 설명하도록 했다. 동료들과 잘 소통하지 못한다는 사실을 알게 되었고 그를 위해 잠시 산책하는 계획을 짜보았다. 산책하면서 자신이 그런 상황에서 소통하고 싶었던 것이 무엇이었는지 생각해보고 동료들과 함께 하는 공간으로 돌아가면 다시 어떻게 일할 것인지도 상상해보도록 했다.

가장 어려운 대화는 당사자 사이에 이해가 충돌할 때다. 양측 모두 원하는 것을 얻을 수 없으므로 분쟁 해결을 위한 협상이나 다른 문제 해결법이 필요해진다. 이해충돌에는 4장에서 살펴본, 입사 제의를 협상할 때의 스킬이 필요하다. 갈등이 심하면 상대방이 원하는 것과 그 이유를 최대한 이해하는 데서 출발해야 한다. 따라서 어느 쪽의 요구조건이 더 충족될 수 있는지를 놓고 다투기보다 대화를 문제 해결의 전초전으로 생각한다. 양측 모두 원하는 것을 다른 방법으로 얻을 수 있는 숨은 자원이 있는가? 어떤 식으로든 절충(트레이드 오프)의 여지는 있는가? 즉, 한쪽은 지금 당장 원하는 것을 얻고 다른 쪽은 다음 충돌이 일어날 때 원하는 것을 얻는 방법이다.

이 방법은 특히 동료와의 갈등을 해결할 때 효과적이다. 자신과 동료가 서로 다른 것을 원할 때가 분명히 있다. 회사의 이익을 위해 좋은 분위기에서 함께 일할 방법을 찾는 것은 필수다. 장기적으로 가장 현명한 사람들은 가용 자원이 한정된 상황에서 새로운 해결책을 만들어내는 데 가장 능하다.

동료와의 갈등 해결이 어려워 보인다면 중립적인 제3자의 중재가 필요하다. 협상 스킬에서의 문제 해결 마인드를 취하더라도 상대방이 나를 믿기 어려운 시간이나 상황에 처할 수 있다. 그런 경우, 제3자가 개입해 문제 해결을 도와줄 수 있다. 일부 회사들은 갈등을 중재해주는 '옴부즈만Ombudsperson' 제도도 두고 있다.

● ● ●

직장에서 서툰 의사소통의 의미

직원 참여 설문조사는 회사조직의 건강성을 평가하는 일반적인 방법이 되었다. 이 조사는 급여 수준, 직무만족도, 경영진과의 관계, 조직 의사소통의 효율성 등 업무 환경의 여러 측면을 확인한다. 회사가 종종 어려움을 겪는 큰 신호 중 첫 번째는 직원들이 사내 의사소통에 낮은 점수를 준다는 점이다. 기업들은 직원들과의 소통방식을 개선하기 위해 자연스럽게 노력한다. 일반적인 해결책으로 새로운 계획을 직원들에게 알리기 위해 뉴스레터를 발행하거나 이메일을 대량 발송한다. 이런 개선책은 선의로 진행되지만 실제로 소통 빈도나 명확성에 대해 낮은 점수를 준 이유는 아니다. 따라서 근본적인 문제 해결책이 못 되는 경우가 많다.

일반적으로 사람들이 불만족스러운 의사소통을 불평할 때 그들이 정말 의미하는 것은 경우에 따라 특정 시간에 직원이 필요하거나 원하는 정보가 없었다는 점이다. 이것은 회사에서 자주 명확한 의사소통이 없어 일어날 수 있지만 다른 문제들이 반영된 경우도 많다. 회사의 의사결정 과정은 직원들이 원하는 만큼 많은 사람이 참여하지 않을 수 있다. 사내 직원들은 특정 직원들의 역할에 대한 의견이 다를 수 있으므로 다른 사람이 필요로 하는 정보를 제대로 알지 못하게 된다.

몇 년 전 나는 경영진의 의사소통이 미흡하다고 직원들이 불평하는 학술기관과 일한 적이 있다. 폭넓은 논의를 시작하자 한 직원이 그녀의 직무기술서는 모호해 어떤 업무를 맡아야 할지, 어떤 업무를 위임해야 할지 확신이 안 선다고 토로했다. 그녀는 자신이 해야 할 업무를 상사가 더 명확히 정해줄 것을 기대했다. 반면, 상사는 그녀가 자신의 책무를 잘 이해하고 있다고 믿었다. 따라서 근본적인 문제는 회사조직의 구조와 직원의 역할에 대한 명확성보다 의사소통 문제임을 알 수 있었다.

현실적으로 사람들은 그들이 알아야 할 내용을 잘 전달받지 못한다는 '의사소통 신호'에 불만을 가진다는 것이다. 필요한 정보를 얻지 못하는 원인을 밝히는 과제에는 추가적인 연구가 필요하다. 누군가 필요한 정보 획득에 실패한 특정 사례에서 시작해 문제 해결을 위해 실제로 해야 할 업무를 평가하는 데 정보가 정상적으로 전달되는 방법을 찾는 것이 중요하다.

핵심 내용

당신의 뇌

동기적 뇌

- 외향성은 사회적 상황에서 관심 집중에 대한 선호도를 반영한다.

- 나르시시즘(자기애)는 자신이 더 우월하다는 신념을 반영한다.

- 친화성은 타인의 호감을 받으려는 정도를 반영한다.

사회적 뇌

- 의사소통은 개인 간에 조정되는 활동이다. 즉, 화자와 청자는 대화에 적극적으로 참여해야 한다.

- 공존하기 위해 의사소통에 간접적으로라도 자주 참여한다.

- 공유 공간에서 집단으로 대화할 때는 비언어적인 단서를 많이 사용해 다음 화자를 결정한다. 가상회의에서는 어렵다.

인지적 뇌

- 의사소통은 소수가 실시간으로 상대방을 서로 볼 수 있을 때 가장 좋다. 이상적인 소통환경과의 편차는 오해의 소지를 증가시킨다.

- 성숙한 지식은 화자들 사이에서 공유되는 지식이다.

실무 활용 팁

- 문자 메시지 소통은 상대방의 이해 정도를 추정하는 스킬이 필요하다.

- 문자 메시지 소통에서는 지식의 간극 때문에 시간이 낭비된다.

- 문자 메시지로 전달하는 과잉 요청은 무례해 보일 수도 있다.

- 전화 통화에서는 상대방의 목소리 음색만 감지된다. 화상회의에서는 얼굴 표정이 추가된다. 이런 소통 모드는 그룹 토론이나 회의를 진행하는 데 한계가 있다.

- 회의를 혼자 독점하지 않도록 주의한다.

- 회의 진행 도중 다른 사람들이 당신의 말에 보이는 반응을 관찰한다.

- 회의를 진행할 때는 '백워드 설계'를 적용한다.

- 자신의 실수를 다른 사람에게 말하는 습관을 가진다.

- 회사에서 나누기 힘든 대화를 피하지 않는다. 그런 대화의 실행전략을 개발한다.

- 타인의 부탁을 거절할 때는 건설적인 방법을 찾아본다.

- 회사에서 나누는 의사소통에 대한 불평은 실제로 정보접근 문제에서 비롯된다.

7장
업무 성과 창출

누구나 회사에 기여할 잠재력을 가지고 입사하거나 승진한다. 하지만 직장 생활에서의 성공은 실제로 잠재력을 발휘해 주어진 업무를 잘 완수할 때 가능하다. 일반적인으로 직무 과제나 목표가 먼저 정해지고 관리자가 성과목표의 달성 여부를 평가한다. 좋은 평가를 받는 경우는 기대치 이상을 성취했을 때다. 고용주들은 직원을 유심히 관찰하고 주변의 모든 직원도 더 효과적으로 일하도록 관리한다.

　기대 이상의 성과를 내려면 넓은 관점에서 성공의 의미를 바라보고 목표를 향해 앞으로 꾸준히 나아가야 한다. 이번 장에서는 직장에서 성공의 전제조건이 되는 중요한 사항들을 살펴볼 것이다. 다음으로 일을 생산적으로 잘하려고 할 때 직면할 수 있는 장애물과 그 극복방안에 대해서도 심도 있는 논의를 이어갈 예정이다.

● ● ●

계통적 실패에 주의하라

P&G의 크레이그 위넷 Craig Wynett은 내가 만난 사람 중 가장 생산적으로 일하는 사람이다. 그는 수년 동안 교육담당 최고책임자로 일해왔다. 항상 열정적으로 독서하고 행동과학을 거대 다국적 기업에 도입하는 방법을 심사숙고한다. 전문가 수백 명이 소속된 롤로덱스 Rolodex를 운영하면서 열중하는 문제에서 새로운 통찰을 얻으려고 한다. 그와 대화를 시작하며 "어떻게 지내십니까?"라고 물어보면 항상 "무척 한가해요"라고 대답한다.

그런 반응이 기억에 남는 것은 '한가한'이라는 단어가 그에게 해당하는 마지막 서술어라는 것쯤은 잘 알기 때문이지만 그 대답은 "바쁘다!"라는 전형적인 반응의 훌륭한 댓구(對句)이기도 하다. 내가 아는 거의 모든 사람은 최대한 많이 일했다고 생각한다. 하루는 수많은 이메일로 시작해 회의, 전화, 보고서 그리고 더 많은 회의가 쉴 새 없이 이어진다. 여러분이 '바쁜' 사람들과 같다면 일과 후 오늘 한 일이 무엇인지 다 알기도 힘들 것이다. 심지어 아직 할 일이 남았을 수도 있다. 이메일과 문자 메시지는 밤새 온라인에서 따라다니기 때문이다.

'바쁨'이라는 현대인의 유행병이 내포한 핵심문제는 일의 중요한 결말을 확인하지도 않고 단순히 일만 계속 많이 한다는 점이다. 피터 드러커 Peter Drucker는 우리가 명심해야 할 성과와 기여(공헌)의 차이를 확실히 구별했다.

성과는 업무 도중에 해야 할 과업 목록으로 확인할 수 있다. 이메일에 답하거나 회의에 참석하거나 보고서 분석을 끝내는 것이 성과다. 기여는 중요한 상위 목표로서 지난 일을 되돌아볼 때 그 성취를 자랑스럽게 여기는 대상이다. 즉, 중요한 사업계약 체결, 책 저술, 상품 출시 등등이다.

회사생활의 하루는 성취로 가득 차 있으며 당신의 시간을 채우는 다양한 임무로 이루어지지만 하루를 의미 있는 기여로 끝내려면 주의해야 한다. 대부분의 회사는 1년 단위로 직원 업적을 평가한다. 일부 평가는 매우 훌륭하다. 직원들이 다음 해에 무슨 기여를 하고 싶은지 생각해보도록 한다. 여기서 강조하고 싶은 점은 그런 요구를 받든 안 받든 매년 자신의 일을 꼼꼼히 살펴보아야 한다는 것이다. 다음 해에 꼭 이루고 싶은 것은 무엇인가? 성취하면 자랑스러울 일은 무엇인가?

동시에 희망한 기여를 위한 지난해의 진척 과정을 돌아보아야 한다. 뭔가 중요한 일을 성취했다고 느낀다면 축하해야 하지만 과거의 '계통적 실패Systematic Failures'가 있었는지도 확인해야 한다. 이 경우는 희망한 기여의 일부를 단 한 번도 실현하지 못했을 수 있다. 새로운 스킬을 익히거나 프로젝트를 완성하거나 회사의 방침을 바꾸고 싶었을지도 모른다. 원했지만 기여하지 못한 사항에 표시한다. 바로 내년에도 똑같은 일과 같은 방법을 고수한다면 계속 실패할 수밖에 없다는 의미다.

이런 계통적 실패에 대처하는 2가지 합리적인 방법이 있다. 첫째, 희망했던 기여가 자신에게 더 이상 진정한 우선순위가 아니라는 점을 깨닫는 것이다. 그럴 경우, 내년도 목표 목록에서 그 사항을 과감히 지울 수 있다. 둘째, 그 기여가 정말 중요하다고 다시 결정하는 것이다. 따라서 일상을 차지하는 일들을 세심히 살펴보아야 한다. 기여에 필요한 더 많은 일과 활동을 자신의 업무 스케줄에 추가한다. 그 일을 우선 처리할 시간을 확보하지 않는다면 실패가 반복되는 것은 당연하다. 반복되는 바쁜 일과에 매몰되어 더 큰 목표를 향하는 방향성을 상실하면 가치와 의미가 큰 기여(공헌)를 이끌어 낼수 있는 기회는 점점 멀어진다.

● ● ● 직장에서 이웃 돌아보기

사회학자 앨런 피스크 Alan Fiske는 주요 인간관계 유형을 멋지게 분석했다. 예상대로 관계의 종류에 대해 길고 구체적인 이름을 붙였다. 그중 가장 중요한 3가지는 가족, 이웃, 이방인이라고 할 수 있다. '사회적 뇌'는 이들과 매우 잘 어울린다.

가족은 인생에서 가장 가까운 사람들이다. 자주 보고 대화를 나누고 함께 식사하고 의식이나 축하행사에도 참석한다. 이 관계는 친밀하므로 가족과의 거래 관계에서는 일반적으로 점수를 매기지 않는다. 부모는 자녀에게 준 유·무형의 기여에 대한 청구서가 없더라도 잘 보살펴준다. 가족은 힘든 시기에 실패한 구성원들을 안전하게 부양할 방법을 찾는다.

관계 스펙트럼의 다른 한쪽 끝에는 낯선 사람, 즉 잘 모르거나 전혀 모르는 사람들이 있다. 그들과 일반적인 대화는 나눌 수 있지만 신뢰관계는 아니다. 이런 이방인과 거래할 때는 '행위별 수가'를 청구한다. 식료품점에서 구입하는 물건에는 돈을 지불한다. 고속도로 운행 도중 타이어 펑크라도 났을 때 누군가가 차를 세우고 도와준다면 돈으로 감사 표시를 하게 된다. 그들이 거부하는 제스처를 하더라도 이는 적절한 행동이다. 낯선 사람들에게 진 빚을 즉시 갚으려는 것은 그들을 다시 볼 수 있을지 모르거나 약속 사항을 잘 이행하리라는 보장이 없기 때문이다.

매우 잘 아는 이웃 간에는 자주 말을 걸고 사적인 일도 대화에 포함시키거나 집안의 축하행사를 함께 가질 수도 있다. 이 관계는 깊은 신뢰가 쌓였으므로 이웃과의 거래는 장기적으로 처리할 수 있다. 대여료 없이도 공구를 빌릴 수 있다. 펑크 난 타이어 교체를 이웃이 도와주었다면 감사의 표시로 현금을 주려고 하지는 않겠지만 조만간 답례할 수도 있다. 이웃은 서로 거래상 균형에 신경쓴다. 이웃에게 지속적으로 기여하지 못한다면 이웃들로부터 결국 외면받을 것이다.

이상적으로 보면 회사 동료직원들은 이웃의 역할을 한다. 필요할 때 동료의 도움을 기대하고 당신도 동료들을 도와줄 수 있는 일을 해야 한다. 그런 관계는 생산성의 또 다른 차원으로 이어진다. 회사에서는 자신의 임무 완수 뿐만 아니라 동료들의 회사 기여도 도와주어야 한다. 회사의 우선순위를 파악하고 달성하려는 목표에 대해 동료들과 의논한다. 회사조직과 부서의 목표를 자기 것으로 인식한다면 '동기적 뇌'는 목표 달성에 도움이 될 일을 해야 할 시점을 알아내는 데 도움이 된다. 뭔가를 하라고 요구받지 않았을 때도 스스로 그렇게 한다.

나는 대학 시절 제재소에서 일했다. 주중에 일하면서 대부분의 시간에는 주문자에게 배달할 물건을 트럭에 싣는 작업을 했다. 일부 주문은 종종 이른 아침에 있었고 각자 트럭 상차 준비를 지시받았다. 창고에서 한 명이 모든 목록을 살펴보고 몇 개의 주문에 필요한 물건을 찾으면 모든 중복 작업을 없애고 집결지역으로 가져갈 수 있었다. 그의 배송전략은 곧 작업자들의 표준이 되었다.

우리는 대부분 동료가 뭔가를 요청하면 도와주겠지만 동료 관계를 주도적으로 관리하려면 자신의 목표뿐만 아니라 동료의 목표도 고려해야 한다. 그렇게 하면 당신의 '동기적 뇌'는 자연스럽게 '기회 계획 Opportunistic Planning' 에 관여한다. 자신이 추구하는 목표와 관련된 대상이나 사람을 만났을 때 '동기적 뇌'는 자신의 '인지적 뇌'를 필요한 대상이나 사람으로 향하게 할 것이다. 당신이 동료를 도와줄 때 그 동료의 목표를 모른다면 그 순간을 좋은 기회로 인식할 수 없을 것이다.

직장생활에서 좋은 이웃이 된다면 당신의 긍정적 기여와 잠재적 리더십을 인정받는 계기가 된다. 물론 동료들을 도와주는 것이 자기 일보다 우선한다는 뜻은 아니다. 여전히 회사를 위한 자신만의 기여를 해야 한다. 간단히 말해 동료의 발전 기회를 도와주는 것은 이웃으로서 당연히 해야 할 일이다.

생산성의 장애물

단지 어떤 기여를 하고 싶은지 알더라도 그렇게 할 수 있다는 보장은 없다. 많은 요인 때문에 목적 달성은 방해받을 수 있다. 생산성의 많은 장벽은 직장에서의 자신의 행동에 있다. 일부는 동료들의 행동과 관련 있고 제도적 요인들 때문에 기여할 수 없는 경우도 있지만 자신부터 돌아보아야 한다.

개인적 요인들

먼저 스스로를 알아야 할 중요한 이유는 자신과 업무량을 가장 효과적으로 관리하는 데 필요한 일을 하기 위해서다. 먼저 몸과 뇌부터 살펴보자.

몸과 뇌

많은 사람이 뇌를 컴퓨터와 같다고 생각한다. 최근 얼마나 많은 컴퓨터가 사용되는지는 신경쓰지 않는다. 버튼만 누르면 일할 준비가 된다. 우리는 뇌가 몸에서 독립된 것처럼 쉽게 다루는 경향이 있다. 물론 피곤해질 수도 있지만 약간의 카페인으로 다시 기분이 좋아지고 하루를 견딜 것이다. 하지만 몸 상태는 마음의 상태에 지대한 영향을 미친다.

생산성 향상에 가장 중요한 요소는 규칙적인 수면이다. 필요한 수면시간은 개인에 따라 큰 차이가 있고 인생의 시점에 따라 바뀐다. 충분한 수면을 취하는지 알아보기 위해 간단한 테스트를 할 수 있다. 몇 시간 동안 카페인을 섭취하지 않고 오후에 복잡한 자료를 읽어 보라. 집중하기 어렵고 졸고 있다면 수면이 부족하다는 증거다.

숙면은 뇌의 모든 면에 영향을 미친다. 숙면으로 '동기적 뇌'는 성취하려는 목표에 더 집중하고 감정 상태는 호전된다. 수면은 부분적으로 '편도체 Amygdala'라는 뇌 구조를 재설정하는데 이 부분은 공포와 근심에 대한 반응을 관장한다. 그것은 특정 상황에 대한 감정적 반응을 그 상황에 대한 기억과 분리하는 데 도움을 준다. 따라서 부정적인 기억도 규칙적으로 잠을 잔다면 우울해질 가능성이 낮아진다.

젊을수록 수면장애의 악영향을 곧바로 받을 수 있다. 20대 때는 밤잠을 못 자면 다음 날 집중이 안 되고 새로운 자료를 흡수하기 어려울 수도 있다. 나이가 들수록 수면 부족의 부정적 영향은 단기보다 장기적으로 나타난다. 중년의 부족한 수면이 다음 날을 반드시 나쁘게 하지는 않지만 중년의 지속적인 수면 부족은 노년의 인지적 문제에 악영향을 미치게 된다.

사람들은 대부분 잠을 더 많이 자기보다 수면 부족을 화학적으로 메우려고 매일 카페인을 섭취할 가능성이 있다. 카페인은 잠을 충분히 못 잔 날에도 정신을 바짝 차리게 해준다. 그러나 연구에 의하면 수면은 배우고 있는 내용을 기억하도록 도와줌으로써 '인지적 뇌'의 기능을 향상시키는 반면, 카페인은 그렇지 못하다. 하지만 희망이 없는 것은 아니다. 바로 낮잠이다. 짧은 낮잠은 카페인보다 학습에 훨씬 효과적이며 다른 뇌의 기능도 회복시켜 준다.

유산소 운동도 생산성을 향상시켜 준다. 어린이, 청소년, 노인에 대한 다양한 연구에 의하면 하루 30분 이상 땀이 날 정도로 규칙적인 운동을 하면 주의력, 기억력, 전반적인 뇌 건강과 같은 인지적 뇌 기능 향상에 도움이 된다고 한다. 운동은 특히 뇌가 말년에 건강하게 유지되는 데 중요하며 평생 생산성 유지에 절대적이므로 실천해야 한다.

이상적 개입

전형적으로 매일 최대한 많이 일하길 바라지만 성취해야 할 일 목록은 결코 끝나지 않을 것임을 느낄 수 있다. 맨 먼저 할 일은 꼭 성취해야만 하는 사항을 파악하는 것이다. 중요한 업무가 자칫 그 일의 틈새에서 벗어나지 않도록 일정표나 할 일 목록을 보관해야 한다는 의미다. 다음으로 실제로 일할 시간을 따로 배정해야 한다.

해야 할 일을 추적하기 위해 '인지적 뇌'에 의존하면 안 된다. 인간은 특정한 이유로 오래 전부터 글쓰기를 시작했다. 인간의 기억은 눈앞의 상황과 직접 관련된 정보를 끌어내는 데 매우 유리하다. 동료를 보면 과거에 그와 나눈 대화나 약속한 일이 기억날 수 있지만 기억력은 임의 목록을 추적하는 데는 좋지 않다. 자주 수정해야 한다. 게다가 스케줄상의 항목을 따로 챙길 시간이 많지 않으므로 한곳에 모두 적어두는 것이 바람직하다.

해야 할 일 목록을 만드는 몇 가지 전략을 소개하겠다. 첫째, 각 일의 예상 소요시간을 추정한다. 다음으로 15분의 시간적 여유가 있다면 이메일 대기 목록의 블랙홀에 빨려 들어가는 대신 간단한 일들을 끝마친다. 둘째, 매일 목록을 훑어보고 우선순위를 다시 정한다. 어떤 일은 처음 목록을 쓸 때 마감일이 아직 한참 남아 뒤로 밀릴 수 있다. 하지만 마감일은 슬금슬금 다가

오고 있다.

할 일 목록뿐만 아니라 달력도 있어야 한다. 직장 경력 초반에는 스케줄에 많은 회의가 없으므로 달력이 필요하지 않다고 생각할지도 모른다. 하지만 달력에 적힌 일 건수는 서서히 늘어나 할 일 목록에 오르기도 전에 얼마나 많은 시간이 필요한지 깨닫지 못할 수도 있다.

달력에 기록하는 것은 장기적 목표와 관련된 항목의 작업 시간을 고정시킬 수 있기 때문이다. 또한 마감일이 긴 아이템을 일정에 넣을 수도 있으며 주어진 작업을 제시간에 완료하기 위해 편안하게 작업할 수 있는 날짜를 선택할 수도 있다.

일을 끝마치는 데 적당한 시간은? 그 질문에 답하기 위해 1908년 로버트 예크스와 존 도슨 Robert Yerkes & John Dodson이 도입한 개념인 '예크스-도슨 Yerkes-Dodson 곡선'을 사용해보자. '동기적 뇌'를 연구하는 심리학자들은 목표가 활성화되지 않았거나 심리학 관점에서 각성 Arousal 받지 않으면 목표를 향해 나아가지 못할 것이라는 내용을 오래 전부터 알고 있었다.

목표에 대한 각성 수준이 낮으면 그것을 성취하기 위한 노력을 별로 안 한다. 각성 수준이 높아지면서 성과도 어느 정도 상승한다. 예크스와 도슨은 각성이 너무 증가하면 결국 성과 저하로 이어진다고 주장했다. 이 패닉에 이르게 하는 과도한 각성을 생각해보자. 에너지가 너무 커 뇌 기능을 효과적으로 사용하지 못하고 있다. 그래서 뛰어난 성과에 대한 최적의 각성 수준이 있는 것이다.

사람마다 각성의 휴지기(미활성)는 다르다. 아는 사람들을 둘러보길 바

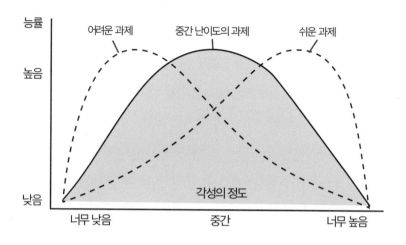

능률

어려운 과제　　　　중간 난이도의 과제　　　　쉬운 과제

높음

각성의 정도

낮음

너무 낮음　　　　　　중간　　　　　　너무 높음

[예크스-도슨 곡선]

란다. 어떤 사람들은 일을 끝내기 위해 끊임없이 동기를 부여한다. 그들은
예정보다 훨씬 빨리 일을 끝내는 것을 좋아한다. 다른 사람들은 휴식수준이
낮아 평소 동기부여가 약하다. 그들은 프로젝트에서 뭔가를 성취하기 전에 시
동을 걸어야 하며 마감 시한이 다가와야만 제대로 동기부여가 된다.

케이시 Casey는 몇 가지 프로젝트뿐만 아니라 해야 할 일이 산더미 같을 때
생산성이 더 높다는 것을 대학에서 배웠다고 내게 말했다. 이는 낮은 수준
의 각성의 징조다. 케이시와 같은 사람들은 내면의 모든 엔진 실린더에서 점
화되는 느낌을 갖기 위해 어느 정도 혼란스럽고 급박한 상황이 필요하다.
그렇게 많이 노력하면 '예크스-도슨 곡선'의 가장자리에서 높은 수준의 각

성을 받는 사람이 생길 것이다.

다시 말하지만 여러분은 주변 사람들뿐만 아니라 자신을 잘 알아야 한다. 일할 준비를 할 때까지 얼마나 많은 에너지가 필요한가? 자신에게는 어느 정도의 각성이 과도한가? 그 목표는 작업량을 관리해 동기부여될 만큼 충분한 에너지가 있지만 더 이상 진전을 이룰 수 없을 만큼 과도하지 않은 '스위트 스폿 Sweet Spot(이상적인 지점)'에 머물게 해야 한다.

때때로 각성의 휴식수준이 서로 다른 동료들과 함께 일해야 할 때도 있다. 당신의 각성 수준이 높고 동료는 낮다면 문제가 생길 수 있다. 편안한 시간이 지나고 마감일이 다가올 때까지 동료가 끝내지 못하면서 뭔가 필요할 수도 있다. 그런 가능성을 인식할 때 동료와 협력해 최적의 작업에 필요한 것을 얻는다. 각성 수준이 낮은 사람이라면 각성 수준이 높은 동료들이 효율적으로 일할 수 있도록 자신에게 가상의 마감 시간을 정할 수도 있다.

각성에 영향을 미치는 또 다른 요인은 통신기술장치가 보내는 경고음의 양이다. 이메일, 문자 메시지, 쪽지, 휴대폰이 온종일 방해할 수 있다.

회사에서 멘토 역할을 하는 페이지 Paige는 가능하면 알람 소리를 많이 끌 것을 권한다. 이 모든 알람 소리는 각성 수준을 높이고 업무에서 주의를 산만하게 해 생산성을 떨어뜨린다.

알람 소리는 다중작업 Multi Task을 위한 초대장이기도 하다. 일반적으로 다중작업이 동시에 두 가지 일을 하기 때문에 그럴듯해 보이지만 '인지적 뇌'에 대한 수십 년 동안의 심리학 연구에 의하면 두 작업이 서로 개입될 때 둘 다 작업 성과가 떨어진다고 한다. '인지적 뇌'의 수행기능이 업무 사이에서 오가야 할 때 성능은 저하된다.

이런 작업 간의 동시 전환은 2가지 문제를 일으킨다. 첫째, 진행 중인 첫 번째 작업과 관련된 정보를 약화시키고 두 번째 작업 관련 정보를 활성화해야 한다. 그러려면 시간이 걸린다. 둘째, 기존 업무로 돌아가면 작동 기억에서 기존 업무처리 자리를 잃어 업무효율이 둔화된다. 따라서 먼저 한 가지 일에 집중한 후 다른 일에 집중해야 가장 생산적으로 일할 수 있다. 업무 환경에서 알람 소리를 없애는 것은 다중작업을 방지하는 좋은 방법이다. 자신의 업무 관리를 위해서는 어떤 일을 맡고 어떤 일을 거절할지도 잘 결정해야 한다.

앤디 Andy는 많은 신입사원이 자신의 좋은 경력 경로를 가정하고 한꺼번에 너무 많은 일을 시도한다고 말했다. 그 결과, 과중한 업무로 인해 생산성만 저하될 뿐이다. 1주일에 일할 수 있는 시간은 한정되어 있으므로 기여할 수 있는 과제에 최대한 노력을 많이 기울여야 한다. 새로운 작업을 수행하라는 지시가 있으면 업무관리 목록의 다른 항목을 검토해 중요한 작업이 밀려나지 않도록 신경써야 한다.

이 책에서 반복되는 주제는 자기 옹호는 중요하지만 '아니오'라고 말하기가 어려울 수 있다는 사실이다. '친화성'이 성격 특징의 핵심 중 하나라고 이미 언급했다. 상냥한 사람이라면 다른 사람들의 요구를 거절하고 싶지 않을 것이다. 그와 관련된 문제는 매우 성실한 사람들에게 영향을 미친다. 5장에서 논의했듯이 성실한 사람들은 업무를 수행하는 것을 좋아하므로 회사에서 일하도록 도와주는 데 동기부여를 해준다.

이 2가지 특성은 사람들이 감당할 수 있는 것보다 더 많은 일을 떠맡게 되고 성공하지 못할 때는 기분이 상할 수 있다. 다행히 거절하기 힘든 사람들에게는 2가지 전략이 가능하다. 먼저 거절에 대한 허락을 상대방으로부터 받는다. 지금 너무 바쁘다고 말하거나 다른 사람이 그 일을 감당할 수 있는지 물어볼 수도 있다. 그렇게 하면 요청을 다른 사람에게 안전하게 전할 수 있는지 알 수 있다. 그리고 정말 그 요청을 받아들여야 한다면 해야 할 업무 목록 중 일부를 다른 사람에게 위임할 것을 요구할 수도 있다.

우선순위가 앞서거나 시간이 많이 걸리는 할 일 목록을 보고 새로운 요청에 집중할 수 있도록 누가 그 업무를 할 수 있는지 추천해줄 것을 요청한다. 수행하기로 약속한 업무를 완수하지 못해 사람들을 실망시키는 것보다 처리하기 쉬운 업무 목록을 유지하는 편이 낫다.

회사 일에서 벗어난 시간의 가치

"일만 하고 놀지 않으면 바보가 된다"라는 격언은 17세기로 거슬러 올라간다. 이 말을 누가 만들었든 그 의미에는 끌리는 뭔가가 있다. 일로부터 정기적으로 벗어나 쉬는 것이 이치에 맞다. 이번 장의 앞부분에서 말했듯이 수면과 운동은 뇌 건강에 중요하며 일하는 동안 둘 다 얻을 수는 없다. 당신은

재즈 브레인: 통찰력 키우기

완벽한 것은 선(善)의 적

재즈를 많이 듣는다면 틀림없이 훌륭한 솔로 곡을 접했을 것이다. 이 놀라운 공연에서의 솔로 곡 연주는 부담이 크므로 누군가 꺼리더라도 용서받을 수 있다. 결국 작은 실수는 예정되어 있는지도 모른다. 적어도 자신보다 먼저 온 위인들이 정한 기준에 못 미칠 수도 있다.

수의사 크리스텐 Kristen은 자신의 분야에서 생산성을 방해하는 살인자는 완벽주의라고 말했다. 완벽주의는 사람들이 결단을 내리지 못하게 하고 자신처럼 일을 잘 수행하지 못하는 사람들에게 일을 위임하지 못하게 한다. 성공하려면 아직 완성되지 않은, 미지의 세계에 기꺼이 도전해야 한다.

일반적으로 가장 좋은 프로젝트는 흠이 있더라도 끝을 낸 프로젝트다. 어떤 대형 프로젝트든 개선될 여지는 항상 있다. 그런 개선은 나중에 해도 된다. 자신의 분야에서 최고의 성과를 내는 사람들조차 어딘가 부족한 부분에서부터 시작했음을 기억해야 한다. 그들의 초반 실수를 제대로 확인하지 못할 수도 있지만 그렇다고 전혀 실수하지 않았고 계속 실수하지 않을 것이라는 뜻은 아니다.

동료들에게 일을 기꺼이 위임해야 한다. 승진 시점에는 다른 사람이 할 수 없는 일을 시도할 수 있는 충분한 전문성을 얻는다. 자신이 아니면 잘할 수 없는 일들에 노력을 경주해야 한다. 더 잘할 수 있다고 생각되더라도 다른 사람들이 그 일을 충분히 잘 해낼 수 있다면 과제는 그들에게 기꺼이 맡기는 것이 바람직하다. 그래야 당신은 새로운 일을 시도할 수 있다.

'워라벨(일과 삶의 균형)'에 대한 논의에 이미 직면했을 가능성이 있다.

인생에서 이루고 싶은 큰 그림의 모든 목표가 일에만 있는 것은 아니다. 개인적이고 낭만적이고 가족적인 관계는 회사에서 떨어져 있는 시간을 필요로 한다. 취미는 삶에 풍요로움을 더해준다. 우리가 사는 지구에는 여행다닐 만한 아름다운 곳들이 많지 않은가.

물론 일과 삶의 균형이 하루, 1주일, 1개월 동안 완벽한 균형을 이루어야 한다는 의미는 아니다. 때때로 다른 사람들을 희생시키면서 삶의 특정한 면을 강조하기도 한다. 대학원생이자 젊은 교수였던 나는 교육과정을 마치고 사회 경력을 시작했다. 초반에는 종신 교수직을 얻기 위해 밤 낮으로 연구 성과 쪽으로 균형의 추를 기울였다. 자녀가 생긴 후 그 균형추는 가족 쪽으로 더 기울게 되었다. 중요한 것은 일에 쏟는 시간의 총량을 매년 한 번씩 측정해 자신의 선택에 만족하는지 알아보는 것이다. 사람들이 새해 결심을 하는 연말은 우선순위에 대해 광범위하게 생각해볼 좋은 기회다.

일에 집중하고 있을 시기에도 일에서 벗어나야 할 충분한 이유가 있다. 우선 인생에서 경험한 다른 일들이 예상하지 못한 방식으로 회사생활에 영향을 미칠 수 있다. 내가 매주 음악을 듣고 색소폰 연습을 하고 밴드와 연주하는 시간이 없었다면 이 책에 '재즈 브레인 Jazz Brain' 코너를 넣지 못했을 것이다.

회사에서 떨어져 있는 시간은 '인지적 뇌'를 향상시켜 주고 더 나은 문제 해결자로 만들어준다. 무엇보다 우리의 기억은 특정한 해결방법에 고착되는 경향이 있다. 일에 파묻힌 동안 기억에서 검색하는 정보는 문제 해결을 도와줄 대안을 제한할 수 있다. 특정 문제로부터 벗어날 때 기억은 필요한 영역으로 되돌아가 작동한다. 이때 다른 정보를 얻게 한다.

규칙적인 수면의 이점에 대해서는 이미 언급했다. 부연하면 사람들은 작업 중인 업무의 세부사항을 잃어버리는 경향이 있으므로 문제에 대한 설명은 더 추상적이 된다. 어려운 문제를 내려놓고 '수면'을 취하면 추상적인 설명이 전날 검색한 것과 다른 기억으로부터 또 다른 정보를 끌어내게 해준다. 이런 모든 이유 때문에 회사생활에서 자주 벗어나 자기만의 시간을 갖는 것의 중요성은 아무리 강조해도 지나치지 않다.

사회적 요인

우리는 자신의 생산성을 완전히 통제하지 못하고 있다. 동료들과 상사들은 하는 일에 지대한 영향을 미칠 수 있다. 주변 사람들과 효율적으로 일할 때 직면하는 도전과제도 극복해야 한다. 오늘날 회사조직 환경은 개방형 사무실이나 원격근무의 필요성과 같은 장벽을 제시할 수 있다. 이 섹션에서는 그런 이슈들에 대해 말해보고자 한다.

나쁜 이웃들

직장에서 동료(이웃)를 지원하고 도와줄 방법을 찾아야 한다고 이번 장의 앞부분에서 제안했다. 불행히도 일하는 모든 사람이 같은 방식으로 상호작용하지는 않는다. 어떤 회사들은 팀워크보다 개인 업적을 보상해주고 어떤 사람들은 자신만 챙긴다. 그런 환경에서 충분히 성장할 수 있는지 자신에게 물어보아야 한다.

성격에 대한 많은 연구는 정신병, 마키아벨리즘, 자기애주의(나르시시즘)와 같은 인간의 어두운 면에 초점을 맞추었다. 사이코패스들은 감정적으로 냉담하고 교활하고 충동적이고 과감하고 기만적인 경향이 있다. 마키아벨리즘은 자신의 목적 달성을 위해 다른 사람을 조종하려고 든다. 자기애주의자들은 다른 사람들보다 뛰어나다고 생각하므로 사람들이 자신들의 말을 귀담아 들어야 한다고 믿는다. 이런 부류의 많은 사람은 자긍심을 키우기 위해 포상을 이용한다. 따라서 권위에 도전하면 화를 낸다.

이와 유사한 경향을 보이는 동료들은 부정적인 근무 환경을 만든다. 당신의 경력에 미치는 영향과 상관없이 그들 자신의 이익을 위해 조종하려고 할지도 모른다. 팀의 성공에 대한 공적은 자신이 인정받고 실패의 책임은 남에게 떠넘기려고 할 수도 있다. 만약 동료들로부터 그런 특징들이 발견된다면 가장 부정적인 결과로부터 떨어져 있기 위해 할 수 있는 것을 과감히 해야 한다. 문제를 상사와 상의하라. 유사시 당신 탓을 할 경우에 대비해 그들과 서로 한 일을 문서화 해두어야 한다.

다루기 가장 힘든 경우는 상사가 어두운 3요소 Dark Triad의 특징을 보여줄 때다. 자기애주의적인 상사는 당신의 경력을 향상시키기보다 부서의 공적을 가로챌 것이다. 그런 사람을 위해 일한다면 장기간 혜택을 거의 못 받는다. 타 부서에서 뜻이 같은 사람들을 찾아보고 타 부서로 이동하는 방법도 고려해본다. 단기적으로는 당신이 낸 아이디어가 상사의 것인양 보이게 해서 원하는 프로젝트를 추진할 수는 있다. 하지만 그런 모험이 성공한다해도 자신에 대한 신뢰는 더 이상 기대하지 않는 것이 좋다.

효과적인 팀워크

모든 구성원이 잘 뭉치더라도, 팀으로 일하는 것은 쉽지 않다. 지금까지 교육의 대부분은 개인의 우수성에 초점을 맞추었다. 아마도 다른 사람들의 재능과 어떻게 조화를 이루고 효과적인 팀을 구성하는지에 대한 명확한 훈련을 받지 못했을 수도 있다. 연구에 의하면 최고의 개인 연주자 한 명이 조직을 최고로 만들 수 없다고 한다.

존 힐드레스와 캐머런 앤더슨 John Hildreth & Cameron Anderson의 연구에 의하면 리더역할을 하는 사람들로 구성된 조직보다 다양한 구성원들이 모인 조직이 더 높은 문제해결 능력을 보여준다고 한다. 물론 모든 책이 팀워크에 대해 말하고 있지만 나는 생산성과 관련된 몇 가지 핵심사항을 다루고 싶다.

농구팀이 코트에서 다양한 기술을 보유한 선수들을 필요로 하듯이 수행팀은 서로 다른 스킬 보유자들을 섞어야 한다. 시작단계에서 구성원들을 위한 바람직한 체크리스트를 제시해야 하는 것이 좋다.

- 팀의 성취 목표에 전반적인 비전이 있는 사람
- 매우 성실하고, 팀원에게 구체적인 역할을 주고, 일을 적시에 완료하도록 하는 사람
- 해결하려는 문제 관련 전문지식을 가진 사람
- 작업 진행 도중 효과적으로 의사소통할 수 있는 사람
- 혁신 프로젝트의 경우, 5장에서 논의했던 다방면 전문가
- 무조건 동의하지 않고 비판적 사고로 반대할 수 있는 팀원 중 최소 2명

물론 어떤 사람들은 몇 가지 기준을 동시에 충족시키므로 수행 그룹이 클 필요는 없다. 수행 그룹과 함께 4장에서 소개한 '동기적 뇌'의 사고와 행동을 관리해야 한다. 조직의 역학관계는 과제를 끝마치려는 동기에 영향을 미칠 수 있다. 종종 업무 수행 그룹은 특정 문제에 대해 첫 번째 해결책을 채택한 후 과제를 진행하고 싶어한다.

충분한 시간을 가지고 사안을 검토할 수 있도록 최종 결정을 내리는 특정한 시간 또는 날짜를 정할 필요가 있다. 그렇게 함으로써 일을 빨리 끝내고 싶어하는 경향을 줄일 수 있다. 수행팀의 모든 구성원에게 충분한 시간을 주어 모든 사람의 주요 관점을 파악한다. 그리고 뒷담화하지 말고 직접 대화에 참여해 소통한다.

특정 작업 과정을 진행할 준비가 되었을 때 현실적인 문제해결 방안을 내놓고 실행 모드로 전환하기 위해 '사고 모드 Thinking Mode'를 유지한다. 효과적인 팀의 마지막 핵심요소는 팀 성과에 대한 사후분석을 기꺼이 수행하

는 것이다. 그런 사후조치를 '업무수행 보고 Debriefing' 또는 군사용어로 '사후조치 보고서'라고 부른다. 스콧 탄넨바움과 크리스토퍼 세라솔리 Scott Tannenbaum & Christopher Cerasoli는 '업무수행 보고'의 가치에 대해 멋진 검토를 했다. 즉, 다음과 같은 여러 특성이 팀 성과를 향상시킨다는 것이다.

- 팀 참가자들은 무엇이 잘되었고 무엇이 잘못되었는지 적극적으로 배우려고 한다.
- 업무수행보고는 성과평가 보다는 배울 수 있는 기회가 되어야 한다.
- 일반적인 일이 아니라 특정 업무에 초점을 맞춘다.
- 팀 리더나 독립적인 관찰자뿐만 아니라 다양한 팀원들의 의견을 공유한다.

이와 같은 '업무수행 보고'는 팀원들이 더 효율적으로 협업하는 방법을 배우고 추후 작업을 위해 팀이 해결해야 할 부족한 부분이 있는지 여부를 판단하는 데 도움이 된다.

업무 환경 관리하기

업무 환경은 생산성의 또 다른 중요한 요인이다. 50년 전 업무 환경은 매우 동질적이었다. 사람들은 혼자 또는 소수 동료와 함께 사무실을 차지했다. 아침에 출근해 하루 일이 끝날 때쯤 가끔 초과근무를 마치고 퇴근했다. 출장을 떠나거나 의뢰인이나 고객을 방문하기도 한다.

오늘날은 작업 환경이 다양하며 시간이 지나면서 여러 가지 근무 환경을 경험할 수 있다. 아직도 전통적인 사무실에서 일하는 사람들이 있지만 전체 높이나 절반 높이의, 좁은 방이 있는 개방형 오피스 형태가 인기 있다. '핫 데스킹 Hot Desking' 사무실에서는 개인 책상이 없고 원하는 자리를 수시로 선택해 일을 하기도 한다. 매일 또는 일주일에 며칠씩 원격으로 일할 수도 있다.

이런 환경은 사람들이 일에 관여하는 방식에 더 많은 유연성을 주기 위해 만들어졌다. 멀리서도 직장과 연결될 수 있는 첨단정보기술을 이용하고 사무실에서 직원들과 떼어놓지 않음으로써 협업 촉진을 목표로 한다. 하지만 이런 환경은 또 다른 도전에 직면한다.

환경이 매일 바뀌면 일관된 작업 습관을 갖기 어렵다. 개방형 사무실 Open Office 환경은 산만하다. 우리의 시각 시스템은 동작에 맞추어져 있으므로 칸막이 환경에서 일어나는 많은 대화처럼 선 채로 주위를 둘러보는 누군가는 매우 산만할 수 있다.

로렌 엠버슨 Lauren Emberson과 동료들의 연구에 의하면 반쪽 대화, 즉 누군가의 전화 통화 내용을 듣는 것은 특히 산만하다고 한다. 청각 시스템은 대화가 어떻게 진행될지 예상할 수 없기 때문이다. 또한 조용한 데서 일할 때보다 주변에서 대화가 진행되는 것을 들으면 새로운 정보에 대한 이해도가 훨씬 떨어진다.

일의 생산성을 높이려면 일관된 습관이 필요하다. 잠시 시간을 내어 집에서 일하든, 원격으로 일하든, 회사에서 일하든 모든 것을 예상된 위치에 둔다. 그렇게 하면 기본적인 물품이나 필요한 다른 물건들을 반복적으로 찾지 않아도 된다. 작업 마인드를 고취하기 위해 가능하면 같은 장소에서 일하도록 노력해야 한다.

　재택근무를 한다면 일에서 벗어날 수 있는 공간을 만든다. 지속적인 인터넷 연결과 스마트폰은 일과 분리되는 것을 어렵게 하고 작업장이 집이라면 아직 못 끝낸 일을 끊임없이 상기시켜 준다. 일과 분리된 공간이 최소한 한 군데는 집에 있어야 하고 업무 스트레스를 받을 때는 그 공간을 성역으로 이용해야 한다. 우리 집에는 색소폰을 연주할 수 있는 음악실이 따로 있다. 그곳에서는 색소폰 연주 외에는 아무 일도 안 한다. 그래서 그곳은 나의 보호구역(성역)이다.

　개방형 사무실, 카페, 공공장소 등에서 동료들과 함께 일하고 있다면 주위의 산만함을 최소화할 방법을 찾아야 한다. 어떤 연구에 의하면 음악이나 백색 소음은 사람에 따라 도움이 되거나 집중을 방해하는 것으로 나타났다. 내성적인 사람들이 배경 잡음에 의해 외향적인 사람들보다 더 산만하다는 것을 보여주는 연구도 있다. 따라서 공유된 환경에 있고 산만한 분위기를 느낀다면 다양한 배경 소음을 실험해본다. 그것은 효과가 없을 수도 있다. 집중해야 할 중요한 작업인 경우, 작업을 수행할 조용한 장소를 찾아본다. 많은 개방형 사무실 환경에는 혼잡에서 벗어나 휴식할 수 있는 개인용 방이 있다.

　마지막으로 동료들과의 신속한 대화를 위해 자주 만날 수 있는 시간을 관리해야 한다. 짧은 대화조차 중단된다면 업무 복귀에 몇 분이나 걸려 생산성에 지장을 줄 수 있다. 업무 도중 개입하는 것이 상관없거나 아무 방해도 안 받고 일하고 싶을 때는 이런 내용을 동료들에게 알려주는 시스템을 개발하기 위해 노력한다.

많은 사무실에서는 업무 방해에 대한 개방성을 표시하기 위해 빨강, 노랑, 녹색 표지판을 사용하기 시작했다. 빨간색 표지판은 "절대로 방해하지 말라"라는 뜻이고 노란색 표지판은 "방해받지 않았으면 좋겠다"라는 뜻이며 녹색 표지판은 "대화를 할 수 있다"라는 뜻이다.

일을 끝마치는 데 어려움을 겪는다면 업무 환경을 활용해 무엇이 가장 생산적인지 알아보아야 한다. 일단 일을 가장 잘할 수 있는 방법을 알게 되면 상사와 대화를 나누면서 동료들이 목표를 달성하도록 업무 환경을 재배치할 수 있는지 알아본다.

제도적 요소

약간의 스트레스는 업무 집중에 도움을 준다. 뭔가 잘못되었을 때 문제를 해결하기 위해 짧은 시간 안에 많은 것을 해낼 수 있겠지만 만성 스트레스는 생산성을 떨어뜨리는 살인자다. 스트레스는 부정적 결과를 피하려는 상황에 대한 '동기적 뇌'의 반응이다. 불행히도 때때로 회사 자체가 스트레스의 근원이 될 수도 있다.

일에 대한 자신의 가치를 이해하는 것이 중요하다는 점을 이미 2장에서 언급했다. 일하는 회사조직에 대해 알아가면서 회사조직의 가치가 어떤 식으로든 당신과 다르다는 점을 알게 될 것이다. 그런 경우, 일 자체를 어렵게 만들 수 있다.

9장에서는 미래의 직업을 고려하며 그런 가치 충돌에 대해 생각할 방법을 논의하겠다. 생산성에 영향을 미치는 다른 제도적 요인들은 직원들이 하는 일에 리더들이 영향을 미치는 방법에 있다. 8장에서는 회사가 원하는 것, 직원들이 가시적으로 하는 것, 회사가 보상하는 것의 균형을 살펴본다. 하지만 이번 섹션에서는 생산성에 영향을 미칠 수 있는, 회사에서의 편견에 대해 말하고자 한다.

2017년 가을 뉴욕타임스는 영화제작자 하비 바인슈타인 Harvey Weinstein에 대한 성희롱 의혹을 상세히 보도해 희롱에 대한 사회적 공론을 끌어냈다. 회사 내에서 성, 인종, 민족, 종교, 성적 성향에 근거한 희롱은 새삼스러운 것이 아니지만 그런 스캔들 폭로는 회사들이 더 이상 비밀로 숨기기보다 기꺼이 맞서도록 만들었다. 선천적 특징 때문에 차별이나 학대를 받았다고 느낀다면 이는 반드시 해결해야 할 회사의 문제다. 회사에서 학대를 당하면 만성적인 엄청난 스트레스를 받는다. 이런 사건이 있었다면 최대한 빨리 상사와 상의해야 한다. 대기업에는 직원들의 불만사항을 접수·처리하는 특별 담당자들이 있다. 입사한지 얼마되지 않았다 해도 차별이나 학대를 받았다면, 이를 수수방관해서는 안된다.

회사가 받아들일 수 있는 기준을 정하는 것은 모든 회사 사람들의 책임이다. 회사에서 불쾌했던 사건이 다른 사람에게 일어난 사실을 목격했다면 상사에게 즉시 한마디 해야 한다. 당신이 상사의 위치에 있다면 가해자와 마주 앉아 그 문제를 빨리 논의해야 한다. 회사는 다양성으로부터 혜택을 얻지만, 회사가 다양성을 수용해야만 가능한 것이다.

자신에 대해 깨달을 수 있다. 누군가가 당신의 언행에 대해 항의한다면 책임을 져야 한다. 동료들을 불편하게 할 의도는 물론 없었겠지만 언행이 다른 사람에게 해가 될 수 있다. 상대방이 불편해한다면 사과하고 모두를 위해 더 조화로운 일터를 만들어갈 방법을 익혀야 한다. 회사에서의 학대 문제는 논란의 소지가 있다. 사회적 규범을 바꾸는 것은 회사에서 받아들일 수 있는 행동을 바꾸어야 하기 때문이다.

1960년대 영화나 TV쇼에는 흡연 장면이 많았다. 오늘날은 대부분 금연 건물이지만 금연운동이 일어난 초기에는 변화에 대한 저항이 완강했다. 그와 비슷하게 다양성의 수용을 단순한 '정치적 교정 Political Correctness'이라고 줄기차게 비난하는 사람들도 있다. 이목을 끄는 사내 학대 사례를 보면 회사 자체를 감시하는 것이 얼마나 어려운지 알 수 있다.

여기서 근본적인 문제는 '동기적 뇌'에 있다. 이 뇌는 장기적으로 옳은 것보다 단기적으로 가장 좋게 느끼는 일을 하도록 회로가 연결되어 있다. 어느 직원이 다른 직원을 차별·학대했다는 비난이나 증거에 대해서도 당사자들은 서로 대립한다. 불만사항을 조사하고 사건 유발자를 상대로 행동하는 리더십이 필요하다. 그때 회사에 대한 부정적 여론이 생길 수도 있다.

단기적으로는 아무것도 안 하는 것이 더 쉬워 보인다. 그 일은 대중의 관심으로부터 멀리 떨어진 사건이었을 수도 있다. 시간이 지나면 불평은 사라질 수 있다. 길을 걸으며 빈 캔을 발로 차면 단기적으로는 스트레스를 날릴 수 있지만 장기적으로 몇 가지 문제를 야기한다. 첫째, 그런 행동이 다른 사람들을 위험에 빠뜨려도 아무 영향이 없다는 메시지를 가해자들에게 보낸다. 둘째, 불만을 무시한 회사 전력이 드러나면 장기적으로 부정적 평판이 증가하는 경우가 많다. 셋째, 사람들을 끊임없이 경계하는 사내 분위기를 만든다.

적절할 때 리더들이 사내 학대 사건을 기꺼이 조사하도록 만들려면 학대 대처법을 바꾸어야 한다. 대부분의 준법교육 시스템은 문제를 추상적으로 처리한다. 용납될 수 없는 행동에 대한 정의와 사례가 직원들에게 제시된다. 위반사항을 감시·신고하는 데는 모두 동의하지만 이 교육은 단기적으로 불만사항을 무시하려는 욕구와 장기적으로 그 문제를 해결해야 할 필요성 사이의 긴장감을 잘 드러내지 못한다. 또한 직원들이 경험하고 목격한 사건을 보고할 경우에 적절한 대처법을 발휘할 수도 없다. 회사는 단기적으로 편하다고 생각되는 일을 하기보다 장기적으로 전체에 효익이 되는 행동을 직원들에게 교육시켜야 한다.

다양성과 포용

어떤 회사든 가치 다양성에 대한 좋은 사례를 만들 수 있다. 다양한 관점을 포용하는 회사는 창의적이고 새로운 문제해결 방법을 찾아내고 트렌드를 잘 활용할 수 있다. 직원들은 진정한 자아를 분명히 가지고 일할 수 있어야 한다. 그렇다고 각자의 업무에서 편안함을 항상 느낄 필요는 없지만 '당사자가 누구인가?'라는 인종이나 성별 자체에서 불편함이 생기면 안 된다. 하지만 다양성만으로는 부족하다. 다양성의 사촌 격인 '포용'도 필수다. 포용은 단순히 다양한 사람들을 고용하는 것 이상의 의미가 있다. 모든 직원은 그들의 관점 차와 인생 경험에서의 '다름'을 인정해주는 회사에서 기여할 기회를 가져야 한다.

여러 면에서 포용보다 다양성 개발이 더 쉽다. 회사는 다양한 인력을 고용하기 위해 노력해야 하며 다양한 인력의 고용상태를 확인하기 위해 직원들의 인구학적 특성을 쉽게 조사할 수 있다. 하지만 모든 직원이 회사에서 제대로 역할 수행을 하는지 여부와 사회적으로 받아들일 수 있는 사람과 사람 사이의 차별 정도를 판단하기는 어렵다. 리더들은 다양성과 포용의 사례를 만들어야 한다.

핵심 내용

당신의 뇌

동기적 뇌

- 성과는 해야 할 일 목록에서 체크하는 작업이지만 기여(공헌)는 자부심으로 되돌아보는 중요한 목표다.

- 계통적(시스템적) 실패는 특정 목표 달성을 위해 행동을 바꾸어야 한다는 신호다.

- '예크스-도슨 곡선'은 작업 수행을 위한 최적의 각성이 있음을 시사한다.

- 부정적인 성격 특징의 '어두운 3요소'는 정신이상, 마키아벨리즘, 자기애주의(나르시시즘)다.

- 동기부여 시스템은 장기적인 이익보다 단기적으로 이익이 되는 행동을 선호한다.

사회적 뇌

- 삶에서 대부분의 관계는 가족, 이웃, 이방인과 맺어진다.

인지적 뇌

- 적극적인 목표는 자신이 작업 환경에 영향을 미쳐 '기회 계획'을 가능하게 한다.

- 규칙적인 수면은 학습을 증진시키고 불안감을 감소시킨다.
- 인간의 뇌는 다중작업 즉, 일을 동시에 바꿔가며 하는 것을 선호하지 않는다.

실무 활용 팁

- 매년 계통적(시스템적) 실패에 주목한다.
- 회사에서 좋은 이웃이 되려면 동료의 목표를 챙겨야 한다.
- 규칙적인 수면을 취하고 운동하고 잘 먹는다.
- 할 일 목록과 안건을 적절히 보관한다.
- 당황하지 않고 일할 수 있도록 최적의 각성 수준을 찾아낸다.
- 가능하면 작업은 한 번에 한 가지에만 집중한다.
- '과잉 충성'을 피하기 위해 요청 거절법을 익힌다.
- 일에서 떠나 휴식을 취한다.
- 회사에서는 일하고 밖에서는 일하지 않는다.
- '어두운 3요소'의 특성을 가진 동료를 피하는 방법을 찾아낸다.
- 좋은 팀을 구성하는 방법을 익힌다.
- '업무수행 보고'를 사용해 팀 기능을 향상시킨다.
- 사내 학대는 용납될 수 없다. 그것을 피하는 방법이 매력적일지 모르지만 장기적으로 회사에 악영향을 미친다.
- 다양한 개인이 수행 중인 작업에 참여할 때만 회사의 다양성은 가치가 있다.

8장
리더와 리더십

인간은 협력을 잘하는 종일 수 있다. 그러나 모든 사람이 공동 목표를 향해 함께 일하려면 회사의 목표지향점과 목표 달성 방법부터 알아야 한다. 그것은 바로 리더십의 역할과 실천에 있다. 나는 텍사스 주립대의 리더십 교육계획을 연구할 기회가 있었다. 모든 학생이 리더가 되도록 훈련시키는 것이 목표는 아니었지만 최대한 많은 학생이 회사에서 리더 역할을 잘 해내길 바랐다. 학생들이 리더십을 잘 이해하고 훌륭한 리더와 함께 효과적으로 일하길 바랐다.

  연구진은 '리더십'과 리더십의 사촌격인 '관리'를 구분하기 위해 노력했다. 사람들은 두 단어를 다양하게 사용하므로 엄격히 정의하기는 어렵지만 리더들은 분명히 '전략적 업무'와 '운영적 업무' 모두에 참여해야 한다. 전략적 업무에서는 회사의 비전과 방향을 정하고 그 비전을 구현할 방법을 찾는다. 직원들에게 목표 달성에 적극 참여하려는 동기도 불러일으켜야 한다.

운영적 업무에서는 자원을 배분하고 목표를 향한 일의 진척상황을 평가한다. 목표에 도달하지 못했을 때는 계획을 바꾸어야 한다. 그런 관점에서 직무상 전략적 업무 비중이 운영적 업무 비중보다 높으면 리더의 역할을 하는 것이다. 반대의 경우라면 관리자의 역할을 한다고 보아야 한다. 구체적으로는 두 역할 모두 적어도 부분적으로는 전략적 업무와 운영적 업무가 필요하다.

자스민 베르가우 Jasmine Vergauwe와 동료들의 연구에 의하면 자신감 넘치고 다른 사람들과 잘 소통하며 창의적인 문제 해결에 개방적인, 카리스마형 지도자들이 리더십의 전략적 요소에서는 뛰어났다. 하지만 이들은 조직 운영에서 전략의 중요성을 과대평가하는 경우가 많았다. 가장 성공한 지도자들은 구성원들에게 공동의 목표와 비전에 참여하도록 동기를 부여하고 회사가 비전을 실현할 구체적 계획과 절차를 수립했다. 전략적으로나 운영적으로나 고도의 스킬을 갖춘 인재가 필요한 것은 아니지만 전 직원이 그런 구성 요소의 중요성을 깨달아야 한다.

종종 우리는 리더십과 리더십의 역할을 혼동한다. 즉, 리더가 되려면 조직에서 권위 있는 위치에 있어야 한다고 여긴다. 누군가의 감독자라면 그들의 업무수행과 급여를 평가할 권한이 있다. 그러나 조직을 통솔하려면 특정 요구나 명령권 이상의 태도가 필요하다. 우리는 누군가가 "내가 그렇게 말했기 때문에"라고 말하는 것을 어릴 때부터 들어왔다. 이것은 권위를 앞세운 막무가내식 명령과 같다.

리더들은 조직에서 공유된 목표를 세울 방법을 찾는다. 직급이 낮은 직원도 팀을 이끌 수 있다는 의미다. 권한의 범위나 종류와 상관없이 모범적인 행동, 격려, 전문지식, 조언 등으로 다른 사람의 행동에 영향을 미칠 수 있으므로 직위와 상관없이 진정한 리더가 누구인지 아는 직원들이 사내에 있다.

텍사스 주립대에서 리더십 교육을 연구하기 시작했을 당시 다음 내용부터 정리했다. 다른 사람을 인정하고 재능 개발시키는 특정 기능에 초점을 맞추었다.

- 직무를 위임할 수 있어야 한다.
- 비판적 사고력과 의사결정 능력이 있어야 한다.
- 자신의 행동에 책임감이 있어야 한다.
- 효과적으로 의사소통하고 공식적으로 말한다.
- 팀원들의 협업을 적극적으로 장려한다.
- 윤리적 리더십을 강력히 실천한다.

이번 장에서는 이런 요소들을 중심으로 설명하겠다.

위임

리더십의 핵심은 업무 위임이다. 누군가에게 업무를 위임할 때는 해야 할 일을 잘 알고 잘 해낼 것이며 필요하다면 도움을 요청할 것이라고 믿어야 한다. 리더들은 이 정도의 믿음을 갖기 위해 여러 가지 일을 할 수 있다. 바로 다른 사람들의 재능을 개발해주는 것이다. 실수를 적절히 처리하고 회사의 보상이 원하던 성과와 일치하도록 해야 한다.

팀원 훈련

리더십의 중요한 요소는 주변 사람들이 각자의 역할을 잘 수행하고 성장하도록 도와주는 것이다. 당신이 특정 역할을 맡았을 때 모든 일을 잘 안다고 할 수는 없다. 마찬가지로 직원에게 일을 처음 시켰을 때 처음부터 잘 해내리라고 기대해서도 안 된다. 직원들이 업무 스킬을 잘 익히도록 도와주는 것이 매우 중요하다.

누군가에게 낯선 업무를 처음 시킨 후 조언하는 일은 생각보다 어려울 수 있다. 자신이 직접 일을 처리할 때보다 더 오래 걸릴 수 있기 때문이다. 하지만 합리적으로 일을 처리할 수 있다고 확신할 때까지 기다려야 한다.

직원 훈련에 들어간 시간은 아깝지 않다. 생산성을 흔히 자신이 성취한 범위로 여기지만 승진해 리더의 역할을 맡으면 직원들의 생산성에 따라 리더 자신도 평가받는다는 점을 기억하자.

학습 경험으로써의 실수

직원들이 발전적으로 함께 하고 싶은 조직문화를 만드는 방법은 실수를 대하는 방식에서 알 수 있다. 이미 5장에서 학습에 대해 언급하며 실수의 중요성에 대해 논의했다. 이번 장에서는 리더십 관점에서 실수를 어떻게 다루어야 하는지 알아본다. 비용이 많이 드는 실수를 저지르면 처벌도 더 강해야 한다고 생각할지도 모르므로 직원들은 실수하지 않으려고 몸을 사리게 된다. 이는 바람직한 방법이 전혀 아니다.

항공기를 생각해보자. 조종사의 사소한 실수 하나가 끔찍한 대재앙을 부를 수 있지만 일반적으로 항공사고는 실수 한 번으로 생기지는 않는다. 오히려 누적된 오류에서 비롯되므로 미국 연방 항공우주국 NASA은 '항공안전조치 프로그램 ASAP'을 시행했다. 이 프로그램은 24시간 이내의 실수를 신고한 직원은 업무상 음주와 같은 불법행위를 저지르지 않은 한, 실수에 따른 처벌을 면한다는 규정이다.

이 프로그램은 항공사가 아닌 나사 NASA가 관리하므로 오류 보고가 당사자에게 직무평가상 불이익을 주지 않는다는 점을 확신시켰다. 직원들이 실수를 막으려는 동기가 부족해 실수를 의도적으로 저지르는 것이 아님을 인정했다. 인간은 누구나 자칫 실수할 수 있기 때문에 이 프로그램을 만들었다.

항공기 운항의 안전은 오류 가능성을 없애는 데 있지 않다. 이미 저지른 실수가 파괴적인 결과를 가져오지 않도록 설계하는 데 있다. 모든 오류 목록을 작성하고 실수 유형을 찾아내기 위해 오류를 연구해야 실수를 막을 수 있다. 그 실수를 받아들이고 실수로부터 교훈을 얻기 때문에 대부분의 항공기를 안전하게 운항했다.

실수를 처벌한다면 직원들의 주요 목표는 실수 은폐가 되고 처벌을 피하는 올바른 일 처리에 노력하지 않고 적당히 일하게 된다. 숨겨진 문제는 고칠 수 없으며 장기간 숨겨져 있다면 대참사로 이어질 수도 있다. 업무상 실수 처벌보다 업무 태만 처벌이 목표가 되어야 한다. 정상적으로 일하는 직원이 실수한다면 중대한 결과를 가져온 경우에도 학습 기회로 삼아야 한다. 준비와 노력도 안 하고 과거의 실수로부터 배우려고도 안 하는 직원 처벌은 당연하다.

보상 구조

뭔가를 해달라는 요구는 그들의 행동에 대한 일부 정보일 뿐이다. '동기적 뇌'의 작동을 반영하는 핵심원리는 말, 행동, 보상이다. 그런데 직원들은 이 요소들을 거꾸로 듣는다. 말이나 요청은 일상행동에 미치는 영향이 가장 약하다. 직원들은 조직 구성원들의 행동을 거울삼아 자신의 모델로 삼는다. 가장 중요한 점은 직원들이 보상받는 행동을 관찰한다는 것이다. 보상은 승진, 다양한 기회, 자원접근권, 주목받기 등 다양하다. 리더로서 특정 행동을 일관되게 요구할 때 그것을 실행하지 않으면 불만을 가질 수 있다. 그런 경우, 리더의 말과 직원들에 대한 보상이 일치하지 않을 가능성이 크다. 그런 불일치에 주의해야 한다.

기술혁신을 예로 들 수 있다. 기업들은 직원들에게 혁신의 중요성을 자주 강조한다. 실제로 내가 언급했던 많은 회사에서는 정문 근처에 회사의 미션이 자랑스럽게 걸려 있지만 혁신의 중요성을 언급하지 않는 경우가 더 많다. 어쨌든 진정한 혁신기업이 거의 없는 실정이다.

직원들이 업무의 극히 일부만 제품과 공정상의 새로운 방법을 찾는 데 초점을 맞춘다는 문제가 있다. 대부분의 활동은 현상유지와 점진적 개선에만 치중하고 있다. 다른 직원들이 혁신적 작업에 참여하지 않는다면 일하는 도중에 혁신적 프로젝트 참여에 시간을 쓰고 싶은 직원은 아무도 없을 것이다.

많은 기업, 특히 대기업에는 혁신 편향적인 보상 구조가 있다. 경영자들은 분기별·연도별 수익성에 근거해 보너스를 받을 수 있는 반면, 혁신은 단기적으로 비용이 많이 들고 일정 기간 수익을 창출하지 못한다. 따라서 많은 사람이 혁신에 실패할 수밖에 없으므로 단기적으로 보상받기는 어렵다.

이런 보너스 시스템에서는 전문 경영자들이 혁신 프로젝트를 지원할 동기가 거의 사라진다. 더욱이 대부분의 승진자는 꾸준히 성과를 내온 사람들임에 주목해야 한다. 그러나 혁신 프로젝트는 꾸준히 성장하지 않는다. 장기간 수익이 없다가 갑자기 성공하면 큰 성과를 내는 구조다. 회사가 더 큰 혁신을 원한다면 혁신 프로젝트를 촉진할 보상 구조를 재설계해야 한다.

혁신적인 행동을 유발하는 모든 요인에 관심을 가져야 한다. 요구하지도 않은 일을 하도록 직원들에게 영향을 미치는 요인들이 있는지 유심히 관찰한다. '사회적 뇌'의 측면에서 보면 다른 사람들의 행동을 평가할 때 개인적 특성에만 초점을 맞추고 목표와 그것을 이끌어낼 상황 요인을 강조하지 않는다는 점이 중요한 연구 결과다. 우리 자신의 행동을 설명할 때 상황이나 목표에 큰 관심은 보이더라도 종종 개인적 특성을 강조하게 된다.

실제로 동료들이 해야 할 일을 안 할 때는 문제가 무엇인지 궁금할 것이다. 예상대로 그 일을 수행하지 못한 개인적 특성을 추측할 수 있다. 무능하거나 동기부여가 되지 않았다고 말이다. 그들의 행동을 개인적 측면에서 설명하기 전에 행동에 영향을 미치는 근무 상황부터 점검해 본다. 좋지 않은 상황에서는 어떤 유형의 직원도 제대로 행동할 수 없다.

비판적 사고, 문제 해결과 의사결정

리더십의 전략적, 운영적 측면 모두에서 풍부한 지식을 가지고 명확한 결정을 내려야 한다. 직원들이 형편없는 선택을 하도록 만드는 의사결정 편향 연구가 많다. 이번 섹션에서는 리더십 맥락에서 중요 의사결정 요소에 초점을 맞추겠다.

'네', '아니오'라고 말하는 법

직원들이 요청한 내용을 생각해보자. 보통 어떻게 대응하는가? 직원들은 대부분 '지배적 반응 Dominant Response'을 보이고 그중 일부는 요구에 동의하는 경향이 있다.

그렉 Greg은 모든 아이디어를 훌륭하다고 생각하는, 나이 많은 사장에 대해 말했다. 사장은 직원들의 목표 달성을 크게 기대해 대부분의 사안에 '네'라고 답했다. 그 결과, 재원이 너무 분산되고 줄어 지원할 예정이던 프로젝트 중 실제로 성공한 것은 거의 없었다.

반대로 대부분의 요구를 거절하는 사람들도 있다. 나는 타 대학 동료와 대화를 나눈 적이 있다. 그는 대학 재정지원을 통제한 모 학장을 '닥터 No'라고 농담삼아 불렀다. 학장이 프로젝트를 추진하는 데 동의한 적이 없었기 때문이다. 결국 학생들은 새로운 아이디어를 가지고 학장에게 가는 것을 포기했다.

리더로서 '네', '아니오'를 편하게 말해야 한다. 6장의 어려운 대화 섹션에서 상냥한 사람이 나쁜 소식을 전할 때 힘들어하는 상황을 논의했다. 동의를 잘하는 편이라면 요구에 거절하는 법을 연습해야 한다. 이때 '아니오'라고 말하는 중요한 2가지 방법이 있다.

첫째, 프로젝트를 지원하고 싶지만 바로 지원할 수 없거나 제시된 대로 할 수 없다면 지원 가능한 대안을 제시한다. 요청을 받아들일 수 없을 때도 논의를 계속 유도해야 한다.

둘째, 재고할 가치조차 없다고 생각되는 프로젝트를 가지고 누군가가 다가올 때다. 상냥한 사람들은 "도와주고 싶지만…"이라는 말로 용기를 북돋아 주면서 요청을 못 들어주는 상황을 탓한다. 이 방법은 누가 요청하든 거절할 이유를 찾을 때까지 프로젝트를 계속 진행할 것이라는 점이 문제다.

프로젝트가 진행되지 않아야 한다고 생각한다면 그 결정에 책임지는 자세가 중요하다. 프로젝트 추진 계획이 철회되었다고 분명히 말해야 한다. 향후 어떤 요청을 지원할 수 있는지 이해하도록 건설적인 조언은 해주되 헛된 희망을 주는 말은 피하는 것이 좋다.

'아니오'라고 말할 때는 분명한 이유를 제시해야 한다. 더 심각하게 고려해야 할 요청을 거절할 수도 있기 때문이다. 2장에서도 언급했듯이 다른 사람들의 경험을 적극적으로 받아들이는 사람은 새로운 물건이나 아이디어를 실현할 목표에 자신의 경험을 반영한다. 개방적인 리더들은 하고 싶은 일이 아니더라도 최종 결정되면 새로운 생각으로 그 일을 받아들이지만 폐쇄적인 리더들은 새로운 생각 자체를 거부한다. 그들은 '네'라고 말하는 것이 어려워 소중한 기회를 날려버릴 수도 있다.

팻 Pat은 개발업체에서 일했지만 일상적인 컴퓨터 환경에서 많이 사용하는 기술은 없었다. 그는 인터넷 사용 초기에 회사가 개발했던 '메시징 시스템 Messaging System'에 대해 말했다. 그때 직원들 중에 관심 있는 그룹은 그 주제를 논의할 수 있었다. 일부는 어쩔 수 없이 오락과 취미에 초점을 맞추었지만 대부분의 관심 그룹은 업무 문제에 초점을 맞추었다. 직원들은 그들을 좋아했다. 당시 방식은 요즘에 세계인이 사용하는 소통 도구로써 사용하는 기술이었지만 회사는 직원들이 일과 무관한 데 시간을 허비할 것을 우려해 이 기술 시스템을 폐쇄해버렸다. 중요한 사업기회도 그때 단절되었다.

실제로 비용-편익 분석을 하지 않았고 업무 흐름에 맞게 시스템을 조정할 방법을 찾으려고 하지도 않았다. 전 세계인이 소셜네트워크를 사용하기 10여 년 전에 생산성을 높여주었던 중요한 기술은 결국 기회를 날렸다.

누군가가 제시한 새로운 아이디어에 부정적이라면 그 이유를 생각해본다. 특별한 이유가 없다면 대부분 새롭다는 이유만으로 거절할지도 모른다. 이유가 있더라도 좋지 않다고 생각할 것이다. 많은 회사가 현재 진행 중인 사업에 지장을 줄지도 모른다는 염려로 혁신 프로젝트를 추진하는 데 소홀했다. 신기술이 사업에 지장을 주더라도 그 기술을 출시할 주인공이 바로 자사여야 한다는 점을 고려하지 못할 수도 있다.

대표적인 필름 제작업체였던 코닥 Kodak이 전형적인 예다. 코닥은 애당초 '디지털 이미징' 기술을 개발했지만 영화 제작산업의 매출감소를 우려해 출시 철회를 결정했다. 디지털 이미징이 사진산업에 지장을 준다는 그들의 예상은 맞았지만 전략적 판단 실수로 필름산업이 쇠퇴하면서 위기를 맞았다.

산업계에서 일어나는 엄청난 혁신기술 변화를 모든 기업이 두려워하는 것은 아니다. 1990년대 후반 넷플릭스 Netflix는 우편으로 대여해주는 영화 DVD 임대업으로 유명해졌다. 이 사업 모델은 대성공을 거두었고 오프라인으로만 비디오 대여서비스를 한 거대기업 블록버스터 Blockbuster는 몰락했다. 이후 넷플릭스는 각 가정에 초고속 인터넷이 보급되자 DVD 대여에서 인터넷에 기반한 스트리밍 Streaming 영화 서비스로 사업 모델을 바꾸었다. 핵심사업을 해칠 우려로 스트리밍 전환을 안 하기로 쉽게 결정할 수도 있었지만 우편 서비스의 한계를 알아차리고 기존 사업 모델이 장기적으로 성공하지 못할 것으로 판단했다.

핵심사업을 쉽게 바꾸지 못하는 데는 경제학자들이 말하는 '매몰 비용 Sunk Costs'과 관련 있다. 매몰 비용은 특정 프로젝트에 전부 투입된 시간, 자금, 노력 등의 자원이다. 경제학자들은 결정을 내릴 때 이미 투입한 자원이 사라져 회수할 수 없으므로 매몰 비용을 고려하면 안 된다고 주장한다. 장기간 프로젝트를 진행했다고 지금 기존 프로젝트에서 빠져나올 수 없는 것은 아니다. 지금까지 들어간 비용이 아니라 프로젝트의 향후 성공 가능성을 판단해 계속 여부를 결정해야 한다.

할 아크스 Hal Arkes와 동료들의 연구는 일반적으로 사람들이 매몰 비용을 과대평가한다는 점을 보여준다. 이미 많은 노력을 투입한 프로젝트에서 빠져나오기는 쉽지 않다. 이 문제는 특히 대중화된 용어 '그릿 GRIT'에 비추어 중요하다.

안젤라 덕워스 Angela Duckworth는 그릿을 '열정적인 끈기'로 정의한다. 일부 학자는 그릿(투지)이 학교와 기업의 성공을 결정하는 중요 요소라고 주장해왔다. 후속 연구는 지속성이 핵심적인 성격 특성인 '성실성 Conscientiousness'을 반영한다고 주장했다. 성실성에 대해서는 5장에서 이미 논의했다. 성실한 사람이 어려운 일에서 성공하는 경우가 많은 것은 사실이다.

하지만 리처드 니스벳 Richard Nisbett과 동료들은 가장 성공한 사람들은 프로젝트의 존폐 여부를 판단하는 데 뛰어나다는 사실을 연구로 알아냈다. 그들은 이미 기울인 노력보다 현재 진행 중인 프로젝트의 미래 잠재력에 초점을 맞추었다. 훌륭한 리더들은 팀이 성공할 것 같지 않은 프로젝트에서 과감히 손을 떼게 한다. 훌륭한 리더십을 보여주는 적절한 예다. 많은 회사가 프로젝트를 시작하기 위해 별도의 팀을 만들지만 이미 수명이 다한 팀을 없애는 데 큰 어려움을 겪는다. 일부가 그 프로젝트에 헌신했고 프로젝트에 대한 강한 충성도가 남아 있기 때문이다.

프로젝트를 시작할 때는 종료 시점을 정해야 한다. 그 시점이 되면 프로젝트의 계속 추진을 원하는 리더들은 지속적인 투자가 다른 곳에 자원을 투입하는 것보다 가치가 더 큰 이유를 설명해야만 한다.

중요한 결정은 작은 결정과 다르다

우리의 일상은 결정의 연속이다. 오늘은 무슨 옷을 입고 출근할지, 오후에는 무슨 일을 할지 선택한다. 대부분의 결정은 '인지적 뇌'가 적응하는 선택과 딱 들어맞는다. 사람들은 옵션을 선택해본 경험이 있고 결과를 예상해 결정을 내리는 데 매우 능숙하다. 옷을 고를 때는 옷에 대해 잘 안다. 다른 사람들의 평가를 상상할 수 있고 온종일 입고 있는 옷에 대한 사람들의 반응을 얻을 수 있어 향후 의사결정에 영향을 미칠 수 있다. 하지만 리더 역할을 맡는다면 의사결정 상의 선택들은 이상적인 상황과 다를 수 있다. 신입사원을 채용하거나 생산라인을 신설하거나 새로운 방식의 거래 재편과 같은 대규모 프로젝트를 평가해야 한다.

이런 상황은 자신이 경험해본 범위에서 종종 벗어난다. 경험 부족, 복잡한 환경, 불확실성 때문에 결과를 예측하기 어려울 수 있다. 더욱이 이런 대규모 프로젝트는 장기간 진행될 수 있어 진척상황을 추적하거나 신규 프로젝트의 성패를 좌우할 경제상황 요소를 파악하는 것도 어렵다.

인생에서도 다른 결정을 내리듯 프로젝트를 그렇게 선택하고 싶을지도 모른다. 많은 소소한 선택들을 성공적으로 해냈다면 더 중요한 것들도 잘 해내리라 믿을 것이므로 그런 환경에서 내리는 의사결정에 도움이 될 도구를 찾아야 한다. 재무계획과 재무예측 모델 사용법도 배워야 한다. 의사결정과 관련된 다양한 데이터를 해석할 수 있도록 전문가의 의견을 통합하는 방법도 알아야 한다.

불확실성에도 더 익숙해져야 한다. 영화 <스타워즈 Star Wars>에서 드로이드 C3PO 로봇은 특정 행동의 성공 확률을 알려주는 농담을 반복한다. 한 솔로 Han Solo는 이것을 무시한다. 스팍 Spock과 커크 Kirk도 <스타트렉 Star Trek>에서 비슷한 역학관계가 있었다. 실제로 많은 상황에서 확률은 결과를 예측하는 데 가장 유용한 수단이다. 하지만 거드 기거렌저 Gerd Gigerenzer와 동료들의 많은 연구는 사람들이 확률 추론에 별로 능하지 않다는 것을 보여준다. 미래를 예측해야 하는 환경에서 일하고 있다면 불확실한 선택을 더 쉽게 해야 한다.

이런 대규모 의사결정에 대비하는 3가지 작업을 소개한다.

첫째, 존경하는 리더가 내린 결정을 살펴본다. 일반인들의 선택 유형에서 벗어나는 정도를 면밀히 조사해 자신에게 필요한 의사결정 도구를 추가해 목록으로 만든다.

둘째, 리더 역할을 맡기 전 현재 진행 중인 중요한 대규모 의사결정을 지켜볼 수 있게 해달라고 요구해 더 나은 의사결정자가 되는 데 필요한 기술을 배운다. 의사결정 능력을 향상시켜 줄 수업이나 세미나에도 참석한다.

셋째, 대규모 의사결정에 직접 관여할 때 기대 결과를 구체적으로 예측해 기록해야 한다. 그래야만 나중에 자신의 선택이 옳았는지 아닌지 알 수 있다. 의사결정대로 잘 진행될 것인지 아닌지에 대한 설명 내용이 많을수록 대규모 프로젝트를 더 쉽게 제대로 수행할 수 있고 미래에 더 나은 결정을 내리게 된다.

리더의 소통법

6장은 의사소통에만 초점을 맞추었지만 여기서는 의사소통과 관련된 2가지 주제를 다룬다. 불확실성에 대한 효과적인 의사소통과 대중 연설이다. 특히 다른 사람에게 동기부여하기 위해 연설을 활용한다면 유익할 것이다.

불확실성에 대한 의사소통

어느 회사든 가장 어려운 문제 중 하나는 미래의 불확실성이다. 2008년 미국 주택시장 붕괴와 신용 위기 이후 세계 경제는 침체기를 맞았다. 이 사건은 내가 일하는 텍사스 주립대를 포함해 많은 회사에도 영향을 미쳤다. 당시 우리 대학은 감원을 준비 중이었다. 교직원들은 다른 직업을 찾아봐야 할지, 끝까지 기다려야 할지 고민했다. 상부 행정부서가 정보를 거의 제공하지 않아 관리자들은 직원들에게 무슨 말을 해야 할지 몰랐다. 소통 부족은 텍사스주 의회의 예산 논의 결과에 대한 불확실성에서 비롯되었으며 그로 인해 예산삭감이 요청되면 어떤 삭감이 필요할지 예측하기 어려워졌다.

　이런 불확실성에 직면하면 아무 말도 하기 싫어진다. 대화에 덧붙일 만한, 가치 있는 내용이 없어 사람들과 대화하기 전 정보가 더 있을 때까지 기다리는 편이 현명한 전략으로 보일지도 모른다. 하지만 사람들은 스트레스가 큰 상황에 대해 생각을 많이 한다. 정보가 없다면 모든 종류의 미래 예측 시나리오를 만들고 그 시나리오를 다른 사람들에게 전파할 것이다. 이야기가 퍼지면서 자신의 현실에 대해 흥분하기 시작한다. 일단 이야기가 뿌리내리면 특정 사실에 근거하지 않더라도 사람들의 기억 속에서 그 이야기를 몰아내기 어렵다.

홀린 존슨과 콜린 세이퍼트 Hollyn Johnson & Colleen Seifert가 수행한 '지속적 영향효과 Continued Influence Effect' 연구는 사람들이 거짓 정보임을 알면서도 과거에 들은 정보의 사용중단이 매우 어려움을 보여준다. 그래서 의사소통의 공백은 사람들이 나누는 대화 내용으로 채워지고 그 대화는 진위와 상관없이 지속된다.

미래에 발생할 일을 예측하는 데 도움이 될 만한 정보가 없더라도 불확실한 사건에 대해 직원들과 의사소통을 해야 한다. 직장 동료들이 당신을 솔직하다고 믿는다해도 그들은 여전히 미래에 대해 추측하겠지만, 실제로 진행되는 상황에 대해 비현실적인 소문의 네트워크를 만들 가능성은 작아보인다.

여러 사람 앞에서 말하기

리더 역할을 맡으면 크고 작은 그룹 앞에서 말해야 한다. 대중 연설은 사람들로부터 받는 스트레스 중 하나다. 연설은 많은 사람이 너무 힘들어하므로 일상적인 심리테스트에서 스트레스를 일으키는 의도적 도구로도 사용된다. 참가자들에게 "여러분의 성과를 평가할 전문가들 앞에서 발표할 연설 준비에 10분의 시간이 있다"라고 말하면 이런 설명만으로 참가자들의 스트레스가 높아지고 스트레스 호르몬이 분비된다.

연설 스트레스를 줄이는 가장 효과적인 방법은 연설을 시도해보는 것이

재즈 브레인: 통찰력 키우기

연주보다 더 많이 들어라

재즈 뮤지션들이 다른 사람들과 연주를 시작할 때 맨 먼저 배우는 내용은 내가 '재즈 제1법칙'이라고 부르는 것이다. 새로운 콤비와 마주할 때마다 연주하기보다 더 많이 들어야 한다. 세련된 연주는 단순한 수행 그 이상이다. 다른 뮤지션들과 하는 효과적인 연주는 함께 하는 순간일 뿐 그들 가까이 있는 상태가 아니다. 먼저 듣지 않으면 그들의 스타일이나 혁신의 영향을 온전히 받을 수 없다. 마찬가지로 동료, 의뢰인, 고객의 말을 듣지 않으면 훌륭한 리더가 될 수 없다. 고객은 호불호에 대해 많은 내용을 말해줄 수 있다.

남의 말을 들으라고 해서 반드시 남의 지시대로 따르라는 뜻은 아니다. 하지만 다른 사람의 생각과 니즈를 모른다면 리더로서 소통을 원활히 할 수 없다. 당신의 아이디어와 제안에 대해 그들이 이미 알고 있는 내용과 믿고 있는 것을 연결할 방법을 찾아야 한다. 새로운 리더로서 뭔가 빨리 해야 한다는 압박감을 느낄지도 모르지만 장기적으로 성공은 주위에서 벌어지는 사건을 진심으로 들어보려는 의지에서 비롯된다.

다. 이것은 마이클 텔치 Michael Telch와 동료들이 개발한 '노출 요법 Exposure Therapy'의 하나로 공포증과 관련 있는 스트레스, 불안, 두려움을 줄이는 데 사용된다. 노출 요법의 원리는 두려워하는 대상에 맞서는 방법이다. 나쁜 결과로부터 자신을 '보호'하기 위한 계획된 행동, 즉 약을 먹거나 행운의 신발을 신는 등의 어떤 행위도 하지 않는다. 시간이 흐르면서 '동기적 뇌'는 그 고통스러운 경험이 나쁜 결과로 이어지지 않는다는 점을 알게 되어 불안감이 점점 줄어드는 원리다.

대중 연설을 할 때 나쁜 결과를 막으려면 연습을 해야 한다. 우스꽝스러울지 모르지만 대중 연설은 엄연히 공연이고 모든 연주자는 리허설 Rehearsal을 거친다. 연설문을 쓴 후 윤곽이 잡히면 조용한 장소를 찾아가 몇 번이나 벽 쪽을 향해 말해본다. 실제 상황과 동일한 목소리 볼륨과 강도를 사용한다. 명료하게 말하고 단어는 정확히 발음한다. 연설 도중 적절할 때 잠시 멈추어 원하는 효과를 내본다. 조언이 필요하다면 믿을 만한 동료나 연설 코치로부터 개선방안을 듣는다.

'스탠드업 Stand-Up' 코미디계에서 교훈을 얻을지도 모른다. 코미디언들은 대화 기술을 죽음에 대한 은유로 많이 설명한다. 그들에게 성공적인 공연은 청중을 웃겨 죽이는 것이다. 반대로 실패한 공연은 무대에서 자신의 경험이 죽는 경우다. 웃고 싶은 사람들 앞에서 수준 떨어지는 평범한 농담이나 내뱉는다면 청중의 기분이 죽는다. 위대한 코미디언들은 무대 위에서 계속 기회를 잡으려고 죽기를 각오한다. 수없이 연습하며 죽어보는 시도가 별로 나쁘지 않다는 것을 깨닫고 고통스러운 경험으로 미래의 성과가 좋아져 좌절하지 않는다. 실패할 각오로 도전할 때 비로소 장애물을 뛰어넘을 수 있다.

리더들에게 연설의 중요한 기능은 프로젝트 참여를 설득하는 데 있다. 잭 브렘과 엘리자베스 셀프 Jack Brehm & Elizabeth Self의 동기 강도 연구에 의하면 사람들이 현재와 열망하는 미래 사이의 간극을 제대로 알고 있을 때 목표 달성에 가장 큰 동기를 부여하고 그 차이를 메울 계획을 준비한다고 한다.

훌륭한 동기부여 연설은 핵심 내용을 강조한다. 현재의 위치와 미래의 비전을 청중이 생생히 인식하도록 도와주어야 한다. 원하는 미래를 행동으로 어떻게 이룰 수 있는지 설명해야 한다. 직면할 수 있는 장애물을 인정하고 뛰어넘을 수 있다는 생각을 심어주는 것도 가치가 있다.

미래 비전을 직장 동료들과 공유하기 위해 활력 넘치는 연설자가 반드시 되어야 할 필요는 없다. 다만 회사조직이 어떻게 함께 일해 성공할 수 있는지 자신 있게 말해야 한다. 동기부여 연설의 멋진 사례를 보고 싶다면 조지 C. 스콧 George C. Scott이 출연한 영화 <패튼 Patton>의 첫 장면을 보라. 오스카 상을 수상한 이 영화에서 그는 장군 역을 맡았다. 유튜브 YouTube에서 찾아볼 수 있다.

패튼 장군은 프랑스 탈환 공격 직전 제3군단과 극적으로 소통했다. 현재 상황을 극적으로 부각하고 미군의 전통적인 강점을 상기시키는 훌륭한 연설을 했다. 패튼 장군의 연설에서 깊은 인상을 받는 점은 "적의 공격에 전우들이 전사하는 광경을 볼 때 여러분이 두려워할 가능성이 크다"라고 부하 장병들에게 말한 대목이다. 그런 두려움에도 불구하고 계속 싸워야 한다고 독려했을 때 병사들은 공동 목표를 향해 용감히 돌격했다. 장군은 잠재적 장애물을 직시하고 비전과 계획을 세워 젊은 병사들을 전장에 투입했다.

● ● ●
개인의 책임감

리더는 회사조직에 지대한 영향을 미친다. 그들은 비전을 세우고 그 비전을 향해 일하도록 직원들을 고무시킬 수 있다. 그 결과, 회사조직의 성공에 대한 기여 이상으로 리더는 과도한 신뢰를 얻기도 한다. 그런 역할에 적응하기 힘들 수도 있다. 경력 초반에는 자신의 기여가 눈에 띄고 새로운 기회를 잡기 위해 일을 많이 해야 한다. 그러나 일단 리더십을 발휘하기 시작하면 스포트라이트는 이미 리더를 비춘다. 회사에서 계속 발전하길 원하더라도 스스로 주의를 끌 필요는 없다. 대신 직원들의 능력 개발에 더 집중해야 한다.

부서에서 일이 잘못 돌아갈 때는 책임질 각오가 되어 있어야 한다. 회사 최고위층으로부터 받을지도 모를 부정적인 영향으로부터 부하 직원들을 보호해야 한다. 부서 내 문제를 해결하거나 부주의한 직원을 처벌할 수도 있지만 그런 일을 굳이 부서 밖으로 알릴 필요는 없다. 부서 성과는 리더의 책임이므로 원하는 성과를 내야 한다. 오늘 실수하는 직원이 내일 스타가 될지도 모르니 직원들을 잘 보호하는 일도 중요하다. 다른 리더와 함께 하는 직원들의 평판을 망치지 않도록 주의한다.

그 반대 경우에도 신뢰를 얻을 수 있다. 일이 잘 풀리면 팀의 리더로 공적을 더 인정받을 수 있다. 이때 스스로 생색을 내거나 자화자찬하면 안 되고 위험요소로 둘러싸인 사업환경에서 기업이 성공하는 데 중요한 역할을 한 직원의 기여를 강조해야 한다.

팀 성과를 알려야 할 2가지 이유를 생각해보자.

첫째, 회사조직의 먹이사슬에서 위로 올라갈수록 리더는 다른 사람의 재능을 개발하는 능력으로 평가받는다. 리더를 위해 일하는 직원들에게 실제로 긍정적인 영향을 준다면 다른 사람들도 알게 되고 회사조직을 이끌고 나갈 기회도 더 많을 것이다.

둘째, 회사에서 떠오르면서 리더의 관심 프로젝트 추진을 도와줄 지원자들이 필요해진다. 사내에서 직원의 충성심을 기르는 가장 좋은 방법은 팀원들의 경력 개발을 도와주는 것이다. 자신의 성공을 리더에게 돌릴 수 있는 사람들은 미래에 리더가 기울일 노력을 지지해줄 가능성이 크다.

미래의 리더를 육성하는 맥락에서 회사 경영자는 다양성을 촉진할 방법을 찾아야 한다. 7장에서도 논의했듯이 다양성을 갖춘 팀들은 창의적인 문제 해결책을 종종 찾아낸다. 하지만 많은 회사에서 위로 올라갈수록 다양성을 발휘할 수 있는 리더십은 줄어든다. 미국인과 서유럽인을 연구한 결과, 리더십 행동이 여성보다 남성, 유색인종보다 백인에서 더 긍정적인 평가를 받은 것이 문제로 나타났다. 따라서 리더십 훈련과 기회를 추가로 얻기 위해 선발된 사람은 주로 백인 남성들이었다. 아시아에서도 남성과 여성의 리더십 기회에 차이가 있을 수 있다.

모든 리더는 리더십의 잠재력을 판단하기보다 전 직원에게 리더십 개발 훈련 기회를 주고 그들의 실제 성과에 근거해 승진 기회도 주어야 한다. 회사에서 자신의 경력 후반에 최고의 자격을 갖춘 사람들은 사실 일찍부터 그 자격을 개발할 소중한 기회가 있었다.

조용한 리더십

리더들이 회사의 전략적 일정표를 준비하므로 직원들은 미래에 대한 포괄적인 공식발표에 관심을 보인다. 그 결과, 리더는 자주 그런 개괄적 발표에 근거해 판단하지만 회사의 성공은 실제로 운영적 요소에 의해 판가름난다. 비전은 회사가 나아갈 방향을 결정하는 데 중요하지만 그것만으로 회사의 목표를 달성할 수는 없다.

사내에는 남다른 실행력을 가지고 있지만 겉으로 드러나지 않고 막후에서 일하는 사람들이 있다. 그들의 '조용한 리더십 Quiet Leadership'은 대개 저평가받기도 한다. 조용한 리더십은 성과를 향상시킬 방법을 동료들에게 가르쳐주고 모든 구성원이 회사의 높은 가치 기준을 갖도록 해준다. 또한 일을 끝내는 데 필요한 세부사항에 주의하도록 지원한다.

지난 몇 년 동안 나는 프로젝트 토론을 하고 회사에 조언해주는 여러 회의에 참석했다. 회사가 어떤 아이디어에 미온적일 때도 소수가 발언하고 그 팀은 프로젝트를 진행했다. 사적인 토론에서 직원들은 불만을 토로했지만 공개적인 대화를 나눌 때는 아무도 문제를 제기하지 않았다. 얼마 전까지도 나는 우리 대학의 많은 고위 관계자가 참석하는 회의에 함께 했다. 누군가 대학의 미래 위험성을 파악하는 계획에 대한 의견을 제시했다. 그 계획은 훌륭했지만 새로운 위험을 식별할 여러 핵심적인 기회에 대한 논의는 빠진 것 같았다.

제안을 처음 들어본 한 행정관이 여러 구체적인 계획 개선안을 즉시 내놓아 회의 참석자들은 계획을 쉽게 진행할 수 있었다. 발언한 사람은 대부분의 대학과 동떨어진 작은 포럼에서 일하고 있었지만 조용한 리더십이 발휘되는 순간 조직 내에서 높은 업무 표준을 가지고 있다는 훌륭한 증거를 보여주었다.

조용한 리더십을 발휘하는 데 큰 권한을 가진 직책은 필요없다. 프로젝트가 개선될 수 있다고 믿는다면 그렇게 말하라. 경력 초반에는 공식 회의에서 자신의 비판 발언이 상대방에게 불편할 수 있다. 그런 경우에는 나중에 이메일이나 사적인 대화로 언제든지 개인적인 관계를 맺을 수 있다. 조용한 리더십의 핵심요소는 건설적이라는 점이다. 제안 내용의 문제점을 찾는 것만으로는 부족하다. 다른 사람들과 함께 대안을 찾아야 한다. 조용한 리더들은 전 직원의 역량 강화를 위해 자신의 지식을 전수해줄 방법을 찾는다.

프로젝트를 개선하고 동료직원들의 스킬을 개발하기 위해 일상에서 건설적으로 일하는 사람들이 주목받고 있다. 결국 그들은 전 직원이 중요한 프로젝트를 위해 같은 팀에서 일하고 싶어하는 사람들이다. 그리고 누군가 프로젝트를 성공시킨 여러 팀에 있었다는 사실을 알았을 때 직원들은 그 팀들의 공통점을 알게 된다.

협업 장려하기

7장에서도 논의했듯이 회사는 동료들이 서로 이웃처럼 대할 때 가장 잘 돌아간다. 즉, 신뢰를 키워 장기적으로 서로 신세를 갚는 형태다. 동료라면 즉각적인 상호작용보다는 장기적으로 서로를 위해 호의를 베푼다는 의미다. 리더들은 사내 이웃 관계가 잘 작동하지 않는 징후를 적기에 포착해 개선책을 찾아내야 한다. 이웃은 2가지 징후로 무너질지도 모른다.

첫째, 가장 흔한 경우로 회사의 신뢰가 떨어지고 동료가 남처럼 여겨진다.

둘째, 특정 개인이 회사 일에 생산적인지 여부에 대한 견제와 균형 없이 단지 가족처럼 되어가는 상황이다. 사이가 너무 멀거나 너무 가까운 경우 둘다 경계해야 한다.

직원들이 회사의 미션에 더 폭넓게 기여할 방법을 찾기보다 지시받은 임무 수행에만 집중하기 시작하면 회사가 낯선 사람들의 집합체가 되어간다는 느낌이 든다. 직원들이 주도적으로 참여하기보다 프로젝트 관련 작업 지시를 기다리기만 할 때 그들은 대가를 받기 위한 연속적인 노동으로 업무를 간주한다는 점을 보여준다. 그런 회사 직원들은 더 나은 근무환경을 찾으므로 이직률이 높다.

동료를 이방인들의 모임으로 대하더라도 회사에서 이웃을 만들기 위한 협상이 끝났다고 믿지 않는다면 기회는 있다. 구성원들과 마주 앉아 동료, 경영진 또는 당신이 발휘하는 리더십의 도움을 받아 동료들의 좌절에 대해 논의하는 것이 중요하다. 자신이 한 일에 대한 정당한 보상을 못 받거나 자신들의 기여가 인정받지 못한다고 느낄 수도 있다. 그들이 받은 보상과 경영진의 보상 격차는 불공정하다는 느낌을 줄 수 있다. 불공정에 대한 반응으로 직원은 이웃의 울타리에서 이탈한다.

직원들이 자신을 이방인처럼 느끼는 이유를 알아냈다면 설명을 해주어야 한다. 특정 리더십 행동이 그들을 밀어내고 있다면 멘토를 찾아가 다시 신뢰를 받을 방법을 조언받아야 한다. 회사의 다른 요인이 그들을 이웃 관계에서 떠나게 한다면 부하 직원들에게 공개적인 지지를 보내야 한다. 또한 리더가 직원들의 경력 발전에 관심이 있음을 주지시켜야 한다. 지식과 스킬을 개발해주려는 노력은 직원들 자신이 공동체의 소중한 일원으로 느끼게 해준다.

모든 직원이 가족처럼 느끼길 바라는 회사들도 있다. 그런 경우, 직원들의 형편없는 일 처리나 실패한 과제에 대한 책임감을 덜어주면 문제가 된다. 가족의 형태는 아프거나 힘든 시기를 겪는 직원을 돌보아야 할 때 잘 작동하지만 회사 자체에서는 전 구성원이 목표에 기여해야 한다는 태도를 유지해야 한다. 아울러 자신들이 이룬 성과보다 많이 가져가는 사람은 성공하지 못한다는 인식이 필요하다. 리더로서 정기적인 성과평가에 대해 진지해야 하고 직원들은 우수한 성과에 대한 인정을 반드시 받는다는 점을 분명히 밝혀야 한다. 나아가 모든 구성원이 크게 기여할 것으로 기대한다는 점도 강조한다. 이것은 대부분 회사에서의 도의심 道義心을 바탕으로 한다.

내 동료 폴 우드러프 Paul Woodruff는 그의 명저 <아약스 딜레마 The Ajax

Dilemma>에서 일부 직원은 열심히 일하지만 나머지 직원은 빈둥대므로 열심히 일한 직원들이 불공정한 급여와 평가 때문에 기분이 상한다고 지적했다. 자신의 기여가 존중받지 못한다고 느낄 때 직원들은 더 이상 회사에 헌신해야 할지 의문을 가지면서 좌절과 분노로 이어지고 결국 회사에 대한 충성도가 약해진다.

이중 관계의 원리

관리자로 승진 후 입사 동기들과의 우정 유지에 어려움을 겪은 여성을 1장에서 언급했다. 그런 변화는 '이중 관계의 원칙 Dual Relationship Principle'이라는 측면에서 관계 유지가 어려워진다. 임상심리학자들은 고객과 치료적 관계를 맺고 있다면 윤리적 측면에서 다른 관계는 전혀 맺지 못한다. 환자와는 친구도 연인도 될 수 없다. 환자의 가족이나 사업 파트너를 치료할 수도 없다. 이 원칙은 누군가와 맺은 각 관계는 다른 목표가 있다는 인식에서 비롯되었다. 치료 관계는 환자가 정보를 공개할 수 있는 신뢰가 필요하지만 의사는 환자가 다른 데서 듣기 힘든 조언도 해줄 수 있어야 한다. 치료 관계 외에는 아무것도 우선하지 않도록 의사들은 환자와 다른 형태의 관계를 피해야 한다. 하지만 회사에서 '이중 관계의 원칙'이 반드시 철칙은 아니다. 관리자는 직보하는 직원과 사회적 관계를 맺을 수 있다.

수많은 사내 연애문제도 해결만 잘 된다면 문제가 없지만 처음 관리자가 되면 직무를 시작할 때 관리자로서 자신의 목표와 동일집단에 소속된 동료들의 목표가 충돌할 수도 있다는 점을 알아야 한다. 새로운 역할은 긴장감이나 처리해야 할 복잡한 문제를 발생시킬 수 있다. 사회적 조건에서는 기본적인 대화 규칙을 정해야 한다. 그럼 회사 밖에서 즐거운 시간을 보낼 때 사무실 내에서의 불평이 대인 간 논쟁거리가 되지 않는다.

회사업무 관계가 개인적 관계에 미칠 영향이 염려된다면 직장 동료들과 진솔한 대화를 나누어본다. 처음에는 어색할 수 있다. 일반적으로 직원들은 자신의 일반적인 사회생활 이야기는 회사에서 하지 않기 때문이다. 하지만 회사 일과 사회생활이 충돌할 때 흔히 그렇듯 모두 잠재적으로 충돌할 수 있는 목표에서 생기는 제약으로부터 자유로운지 확인해 보아야 한다.

●●● 윤리적 행동

리더십의 마지막 주제는 윤리다. 리더십의 수단들은 가치중립적이다. 유구한 역사 속에서 우리는 더 나은 세상을 만든 리더들을 칭송했고 인류에게 고통과 피해를 준 자들에게는 비난을 퍼부었다.

단기적으로 효익이 있는 조건과 장기적으로 유익한 조건의 절충은 리더들에게 모종의 윤리적 함의를 준다. 일반적으로 주식시장에 공개된 기업 운영방법인 '주주 가치' 개념은 회사와 직원에게 주는 장기적 효익에 반해 분기별 주가에 영향을 미치는 단기적 관점에서 의사결정을 내리게 한다. 이 절충에서 오는 딜레마의 정답은 없다. 다만 리더는 자신의 방법을 결정하는 가치관부터 설정해야 한다.

이 논점은 우드러프가 <아이작 딜레마>에서 놀라운 구별을 한 '이상과 이중성'으로 이어진다. 이상은 기대에 부응하려는 기준이다. 직원들은 자신의 성과에 대한 인정과 그에 합당한 보상을 해줄 공정한 리더십을 원한다. 가치의 이중성은 종종 이상 실현을 시도할 때 무비판적으로 적용되는 절차로 볼 수 있다. 정의의 전형적인 이중성은 '공정성 Fairness'이다. 모든 사람을 같은 방식으로 대할 때는 각 상황을 심각하게 생각할 필요가 없는 반면, 특정 규칙을 일관적으로 적용할 수 있으므로 나쁜 결과도 정당화되기 쉽다. 공정한 방식은 쉽게 분명히 표현되는 원칙에 근거한, 미리 설정된 규칙을 따르기 때문이다.

대부분의 회사에서 관리자가 직장에서 발생하는 잠재적인 윤리적 딜레마의 해결책을 제시할 수 있다는 기대는 현실성이 없어 보인다. 우선 개인적 차원의 의사결정은 시간이 오래 걸릴 수 있다. 그런 해결책은 생산성 저하를 초래할지도 모를, 회사 전체의 모순으로 이어질 수도 있다. 그래서 회사는 부서 단위 전체에 해당하는 일관성 있는 결과를 분명히 하기 위해 이상적인 규범에 필요한 절차를 만든다. 불행히도 그 절차들은 종종 차선책의 결과로 이어지곤 한다.

자신의 가치관과 상충되거나 회사의 이상을 침해할 정책을 집행하는 리더십을 발휘해야 할 위치에 있다면 반대 목소리를 높여야 한다. 처음에는 선의로 시행된 정책이더라도 문제를 일으키는 경우가 많다. 단기적으로 나쁜 정책을 시행해야 할지도 모르지만 장기적으로 지속될 수 없다는 점을 명심해야 한다.

정책이 불러올 부정적인 결과를 고위 경영진에게 솔직히 지적해주어야 한다. 그들은 어떤 절차가 이루어지고 어떤 영향을 미치는지 경험해본 적이 없을 수도 있다. 당신이 목소리를 높인다면 회사의 이상을 유지해주는 정책 개정을 촉진할 수도 있다. 나쁜 결과가 예상되는 성책을 고치려고 노력하고 있음을 동료직원들과 관리자에게 알려주면 직무 수행에 필요한 사규를 준수해가면서 그들과의 신뢰를 유지할 수도 있다. 물론 바꾸려는 노력에도 불구하고 악습적인 정책이 그대로 남아 있다면 그 회사에 남아 계속 일하고 싶은지 의문을 가져야 한다. 9장에서 이 문제를 다룰 것이다.

핵심 내용

당신의 뇌

동기적 뇌

- 사람들은 회사의 보상 기준에 예민하다.

- 종종 직원들은 '목표 확산'을 통해 주변 사람들의 목표를 채택한다.

- 연결 가능한 격차를 인식할 때 동기가 강화된다. 즉, 현재와 미래 이상의 차이를 최소화하거나 없앨 계획이 있는 경우이다.

사회적 뇌

- 카리스마형 리더는 리더십의 운영 요소보다 전략적 요소를 중시한다.

- 개인들과의 다중관계는 이해 상충을 불러일으킨다.

인지적 뇌

- 학습성과는 오류를 겪어가면서 얻어진다.

- 사람들은 의사결정을 내릴 때 '매몰 비용'에 집착한다.

- 일반적으로 확률을 이용해 추론하는 데 어려움을 겪는다.

- '지속적 영향 효과'는 거짓으로 밝혀진 정보가 판단에 영향을 계속 미치는 것이다.

실무 활용 팁

- 전략적, 운영적으로 생각하는 방법을 배워라.

- 리더가 올바른 직무수행법을 직원들에게 가르쳐주지 않으면 직무를 위임할 수 없다.

- 말, 실행, 보상, 3가지의 실체가 중요하다. 직원들은 그것을 거꾸로 받아들인다. 요청 사항을 직원들이 실행하지 않는다면 리더의 말, 직원들의 실행, 보상 사이에 큰 불일치가 있는 것이다.

- 직원의 업무상 실수가 아닌 업무 태만을 처벌하라.

- '네', '아니오'를 제대로 말하는 방법을 배워라. '아니오'라고 말할 때는 그 이유를 제시해야 한다.

- 통계와 확률에 기초한 의사결정 방법을 배운다.

- 미래의 불확실성을 말하더라도 직원들과 자주 소통하라.

- 리더십을 발휘할 때는 다른 사람들의 말에 귀 기울인다.

- 대중 연설 스킬 향상에 노력하라. 충분히 연습하라. 기분 나쁜 대화에 연연하지 말라.

- 동기부여 대화에서 '연결 가능한 격차'를 강조하는 방법을 배운다.

- 이중 관계의 원칙을 숙지해야 한다.

- 리더십에 활용할 수 있는 개인적 기풍(에토스)을 개발한다.

- 잘못된 절차에서는 회사의 비전이 빠져 있을 수도 있다.

BRING

YOUR

BRAIN

T   O

WORK

● ● ●

3부
후회없는 경력 관리
Managing Your Career

9장
전직, 승진, 이직

경력은 직업 그 이상이다. 경력은 평생 일에 기여한 내용 전체를 의미한다. 시간이 지나면 기여하는 대상은 자주 바뀔 수 있다. 어린이나 청소년에게 그들이 마음속에 상상하는 직업 경로를 미래에 분명히 선택할 것이라고 기대하지는 않는다. 40세의 자아가 25세의 자아에 얽매여도 안 된다.

1년에 한 번씩은 회사생활에서 자신이 어디까지 와 있는지, 경력의 궤도가 자신이 원하는 기여와 어떻게 일치하는지 살펴보아야 한다. 전반적으로 직업과 삶의 목표가 일치하는지도 생각해본다. 이것은 경력에서 전진하고 성장하는 목표에 대한 3가지 핵심질문에 답하는 데 도움이 된다.

- 현재의 경력 경로가 자신에게 적합한가?
- 전직해야 하는가?

- 회사에 불만이 있는가? 아니면 이직을 위해 노력해야 하는가?
- 새로운 책임을 맡아야 할 때인가?
- 승진해야 할 때인가?

이 질문들에 대한 답이 9장의 핵심내용이다. 물론 특정 직업에서의 재직이 항상 자신의 선택에 속하지는 않는다. 인력이 감축되거나 회사가 매각되거나 파산하면 직무가 사라질 수도 있다. 고용주는 직원이 직무에 적합하지 않으면 해고할 수 있다. 이번 장에서 살펴볼 질문들은 어쨌든 직장인과 밀접한 관련이 있다. 10장에서는 실직 후의 새로운 구직활동에 대해 논의하겠다.

●●●

전직해야 하는가?

경력 결정은 다음 3가지 조건에 근거한, 미래에 대한 모험이다.

첫째, 선택하려는 직업이 자신의 목표성취에 필요한 경제적 문제를 해결하면서 '워라밸'의 가능성을 예상할 수 있는가?
둘째, 이 경력이 자신이 원하는 세상을 만드는 데 긍정적인 영향을 미치고 있다고 확신하는가?
셋째, 자신이 선택한 일상업무와 근무 환경에서 성취감을 얻을 수 있는가?

자신의 경력 경로 유지 여부를 결정할 때는 위 3가지 영역을 반드시 평가해야 한다.

당신의 라이프 스타일

미래에 원하는 것을 예상하기는 어렵다. 1970년대 아이스 아젠과 마틴 피쉬베인 Ice Ajzen & Martin Fishbein은 '태도와 행동의 일관성' 연구 결과를 발표했다. 즉, 사람들이 작은 것(아이스크림 맛 등)이나 큰 것(경력 경로 등)과 상관없이 미래에 자신이 원하는 내용을 잘못 예상하는 경우가 많다는 점을 보여준다. 우선 예상 당시와 미래 시점의 동기 상태가 같은 경우가 거의 없기 때문이다.

일부 연구에 의하면 사람들은 경력 목표를 달성하거나 실패했을 때 자신의 기분이 좋을지 나쁠지 판단하는 데도 서툴다는 것이다. 댄 길버트와 팀 윌슨 Dan Gilbert & Tim Wilson은 한 연구에서 대학교수들에게 정년보장을 받거나 못 받는다는 결정이 내려진 후 6개월 동안 어떻게 느낄지 물어보았다. 정년보장을 받는 교수들은 기본적으로 그 직책을 평생 유지할 수 있으므로 이는 중대한 결정이다. 교수들은 일반적인 예상처럼 정년보장을 거부당한 후의 6개월보다 정년보장을 받은 후의 6개월이 훨씬 더 행복할 것이라고 예상했지만 연구자들이 정년보장 결정 후의 6개월을 추적해본 결과, 교수들은 어느 쪽이든 비슷한 정도의 행복감을 느꼈다. 그래서 삶의 다양한 면들이 직업에 대한 감정에 미치는 영향을 예측할 수 없더라도 우리 잘못이 아니며 삶에서 원하는 대상이 정확하더라도 미래를 모두 예측할 수는 없다.

데니스Denise는 중요한 강의와 연구를 맡은 대학교수였다. 그녀와 남편은 아이를 입양했다. 건강상 예상보다 훨씬 많은 관심이 필요했다. 데니스는 아이들과 더 많은 시간을 보내기 위해 당분간 덜 얽매이는 교수직을 얻기 위해 협상했다. 그런 결정은 미래에 특정 결과를 불러온다. 업무량이 줄어든 기간에도 그녀는 논문을 계속 발표했지만 해당 학과는 종전의 종신 보장 지위로 되돌려주지 않았다. 결국 데니스 부부는 다른 대학으로 옮겼다. 다시 말하지만 통제할 수 없는 상황이 '경력 경로'에 영향을 미칠 수도 있다는 점을 기억해야 한다.

첫 번째, 연차 평가를 위한 질문이다

경력이 자신의 삶과 적절히 통합되는 방법에 만족하는지 판단해보는 것이다. 경제적 보상에 대해 어떻게 생각하는가? 텍사스 주립대 HDO 프로그램의 책임자로 있을 때 경력 초반에 비영리기관 일에 전념했지만 결국 더 좋은 급여조건을 찾아야 했던 많은 사람과 만날 수 있었다. 이 분야 사람들은 회사 미션에 큰 가치를 두는 만큼 가족을 경제적으로 제대로 부양할 수 없어 전직을 선택했다.

두 번째, 워라벨, 즉 일과 삶의 균형에 대한 질문이다

아이 입양 후 데니스는 덜 힘든 일을 선택했다. 나는 그 반대 현상도 목격했다. 아는 뮤지션들은 주로 음악 연주에 시간을 할애하기 위해 경력 초반에는 직업을 생계수단으로 택했다. 이후 그들은 음악이 아니라 다른 직업을 우선시했고 나중에 돈이 필요해지자 음악을 오히려 취미로 삼았다.

현재의 경력 경로가 돈이나 개인적 목표를 충족시키지 못한다는 자각이 그 직업을 반드시 떠나고 싶다고 볼 필요는 없지만 경로가 미래의 일과 삶의 균형에 어떤 변화를 허용할지 현실적으로 판단해야 한다. 안 그러면 계속 실망하거나 직업을 바꾸는 중대한 변화를 각오해야 한다.

당신의 기여

불만의 원인이 될 수 있는 또 다른 측면은 기여(공헌)다. 경력 초반에는 자신의 성취에 대한 기대치가 높지만 하는 일이 모두 그 방향으로 많이 나아가지는 못한다. 적절한 사례가 있다. 고등학교 친구와 대화를 나눈 적이 있다.

밥 Bob은 물리학 학사 학위 취득 후 연구용 기자재 제조업체에 입사했다. 그 회사는 인수된 후 다른 회사들과 합병되었다. 밥은 몇몇 연구개발팀의 책임을 맡았지만 회사는 다른 나라에서 신입 직원을 훈련시키라고 지시했다. 그 것은 더 유리한 세법이 적용되는 곳에서 일자리를 '아웃소싱Outsourcing'하려는 방안이었다. 밥은 진퇴양난에 빠졌다. 그는 경영진의 의사결정에 대한 영향력이 미약했고 모든 프로젝트를 끝까지 완료할 수도 없었다.

어느 날 그는 등 부상을 당해 MRI(자기공명 영상)를 찍은 후 당시 영상의학 분야의 수익성은 떨어졌지만 영상 기술자로 일하면 지금 하는 일보다 더 보람 있겠다고 생각했다. 결국 X-Ray 기술자 자격 인증을 받았다. 물리학과 실험도구 개발의 배경으로 X-Ray 장비 사용 인증 프로그램도 가르칠 수 있었다. 또한 영상교육법 교재를 공저로 출간하기도 했다. 그는 이전 직장 때만큼 돈을 벌지는 못하지만 새로운 회사에 출근하며 행복을 느낀다.

자신이 가진 스킬과 기회로 원하는 기여를 못 할 수도 있다. 나는 박사 학위 지도교수로서 대학교수의 꿈을 안고 대학원에 진학하는 많은 학생과 함께 연구를 한다. 미국에서는 대부분의 분야에서 초급 수준의 학부생의 직업보다 더 많은 박사 학위 졸업생을 배출한다. 대학원 마지막 학기가 되면 학생들은 전공 분야 취업 시장에서의 성공 여부를 판단할 수 있다. 그중 상당수는 학교가 아닌 기업에서 연구기술 능력을 발휘할 수 있는 일자리를 찾기로 결정한다.

시간이 흐르면 우선순위도 바뀔 수 있다.

제이 Jay는 경력을 바꾸기로 결심했다. 그는 금융업체 대상 투자기회를 평가하는 리서치 회사에서 근무했다. 그곳에서 일하는 동안 회사는 성장했고 성공에 대한 보상도 받았다. 그런데 40대에 암에 걸렸고 항암치료를 받는 동안 자신의 경력에 대해 후회했다.

2장에서도 논의했듯이 그는 일반적인 직업보다 천직이 중요하다는 생각을 사람들과 블로그를 통해 나누기 시작했다. 그 과정은 성공적이었지만 복직 직후 해고통보를 받았다. 제이는 자신이 회사에서 지금까지보다 더 많은 의미를 원한다는 것을 깨닫고 다른 경력 경로를 찾아보기로 결심했다.

당신의 프로세스

경력 경로를 선택할 때는 미래에 즐길 활동을 상상해본다. 아직 젊다면 새로운 고객개발과 가망고객을 찾아가는 출장업무에 도전적일 수 있다. 이때는 전국망을 갖춘 회사의 영업직을 선호할 수도 있다. 그 일에서 성공할 가능성도 있지만 새로운 고객과의 만남과 잦은 출장을 계속 즐길 수 있을지는 의문이다. 그런 생활방식은 경력 경로 전체에서 보면 짜릿하겠지만 항공료, 호텔 숙박료, 저녁 식사비의 빈번한 지출에 피곤해질 수 있다.

직무와 일의 속도에 대한 열정 상실을 '탈진(번아웃)'이라고 한다. 이것은 악순환 때문에 일어난다. 지금 하는 일의 결과를 즐기지 못해 스트레스, 슬픔, 좌절 등 부정적 감정을 느끼게 된다. 그런 감정은 회사에서 일어나는 부정적 사건에 대한 회복 탄력성을 떨어뜨리고 결국 해야 할 업무와 동료, 고객 모두가 싫어지는 원인이 된다. 출근해 최선을 다할 동기도 점점 사라진다.

이러한 탈진으로 경력을 바꿀 필요는 물론 없다. 빨리 회복하기 위해 여러 전략을 구사할 수 있다. 명상은 업무 스트레스 요인에 대한 반응을 늦추어주므로 스트레스와 불안감을 줄이는 데 도움이 된다. 기분 좋게 일할 수 있고 역경을 극복할 에너지를 더 많이 얻을 수 있다.

회사에 친밀한 동료가 있으면 회복도 빠를 수 있다. 직장 동료들을 좋아하면 일은 팀워크처럼 느껴지므로 혼자 문제에 직면하지는 않는다. 가족, 친구들과 시간을 보내거나 취미 생활, 운동 등 회사 밖에서 성취감을 얻는 활동을 해도 된다. 탈진감 자체가 경력 경로에서 패하는 이유는 아니지만 뭔가 다른 시도를 해야 한다는 신호다. 과로로 인한 동기 부족과 정서적 피로는 저절로 호전되지 않는다.

요즘 직원들은 휴가를 다 쓰지 않는다. 대부분의 고용주는 유급휴가를 주지만 유급휴가 사용을 강요할 수는 없다. 일부 직원은 휴가를 안 가면 성실해보여 빨리 승진할 수 있다고 느끼지만 그런 희생에 아무도 관심이 없을 수도 있으므로 휴가 기간 비축은 별 이득이 안 된다.

휴가를 안 떠나면 큰 단점이 있다. 잠시 일에서 벗어나는 시간은 중요하다. 늦잠, 해외여행, 하이킹, 즐거운 독서와 같은 여유를 가져야 한다. 며칠 동안 회사에서 떨어져 있다 보면 일하면서 직면한 문제들을 새로운 관점으로 바라볼 수 있다. 매일 문제를 다루다 보면 감정 세계에서 또 다른 문제가 크게 부각될 수 있다.

'동기적 뇌'는 항상 문제에 집중하도록 만든다. 일에서 떠나 휴식을 취하면 동기적 뇌가 이런 업무 문제로부터 벗어나도록 도와주므로 중요하다고 생각되는 문제들의 우선순위를 다시 정할 수 있다. 정기 휴가는 자신의 회복 탄력성 유지를 위한 수단의 일부가 되어야 한다. 회사에서 정말 고군분투하고 있다면 2주 이상의 장기 휴가가 1주 미만의 휴가보다 장기적으로 웰빙 생활에 더 큰 영향을 미친다는 일부 증거도 있다.

자신의 회복 탄력성을 높이려고 아무리 노력해도 여전히 회사업무가 너무 싫다면 경력 경로 변화를 고려해야 할 때인지도 모른다. 하지만 2장에서도 논의했듯이 일에 대한 즐거움은 부분적으로 업무 자체뿐만 아니라 더 큰 미션에 얼마나 연결할 수 있는가에서 비롯된다. 다른 직업을 찾을 때는 회사의 미션이 자신의 가치에 반향을 일으키는지 살펴본다. 이상적으로는 다음 경력이 당신이 좋아하는 특정 업무와 자신에게 중요한 분야에 기여할 기회를 주어야 한다는 점이다.

경력 경로를 정말 바꿀 수 있을까?

경력 경로 변경이 최선이라는 결정이 곧 그 과정의 끝은 아니다. 자신의 직업을 싫어하면서도 이직하지 않는 많은 사람들을 본 적이 있을 것이다. 커리어(경력)를 바꾸려는 결정에 따라 행동하려면 미래에 대한 구체적인 계획과 주변 사람들의 지지가 필요하다. 먼저 일정한 소득이 필요하다. 당신은 자신뿐만 아니라 가족 구성원들을 부양하고 있는지도 모른다. 경력을 바꾸면 무엇을 실현할 수 있는지 가족에게 말해주어야 한다. 재교육을 위해 직장에서 시간을 낼 수 있는가? 새로운 경력을 쌓기 위해 필요한 추가 교육을 감당할 수 있는가? 새로운 조직에서 먹이사슬의 밑바닥부터 시작할 각오가 되어 있는가? 앞에서 언급한 밥 Bob과의 대화에서 그는 자신과 아내가 아이를 하나만 갖기로 했기 때문에 급여가 낮은 직업 선택을 더 쉽게 할 수 있었다고 말했다.

위의 질문 중 일부의 답은 '아니오'일 것이다. 그런 경우, 앞 장에서 설명한 회복 탄력성에 초점을 맞추어 현재 직무에서 최대한 견뎌야 한다. 하지만 이 책 첫머리에서 언급했듯이 경력 경로 변경은 점점 더 흔해지고 있다. 오늘날 전직은 30년 전보다 낙인찍는 경우가 적다. 즉, 과거에 전직했던 사람들보다 옮겨갈 새로운 회사에 전직의 정당성을 설명할 필요가 적다는 의미다.

전직을 결심한다고 지금 다니는 회사를 당장 그만두라는 말은 아니다.

원하는 직업에 새로운 기술이 필요하다면 계속 일하면서 별도의 수강이나 타 학위 취득도 고려해 보아야 한다. 텍사스 주립대의 '조직의 인재 육성(HDO)' 석사 프로그램 참가 학생 중 약 ¼이 경력 전환을 모색하고 있었다. 그중 상당수는 학위 취득 후 직업을 바꾸었다.

지니 Jeannie가 그 길을 택했다. 그녀는 직업을 바꿀 생각으로 HDO 프로그램에 등록했고 졸업 후 6개월도 안 지나 소셜미디어 게시판에 '역사상 최고의 직업'이라고 설명된 직업을 갖게 되었다. 또 다른 선택은 원하는 직책의 훌륭한 후보자가 되는 데 필요한 스킬을 알아내기 위해 직업코치와 상담하는 것이다. 그 후 원활한 직업 전환을 위해 자신의 약점을 보완할 시간을 가질 수 있다. 새로운 경력 경로에서 신규 면허나 인증이 필요할 때 특히 중요하다.

지금 다니는 회사에서 전직 계획을 비밀로 하고 싶은 유혹을 받을 수도 있다. 그렇게 하는 것이 옳을 수도 있다. 회사가 전직에 찬성하지 않거나 심지어 해고 사유라면 비밀로 유지해야 한다. 하지만 전직 계획을 동료들에게 알리면 장점이 될 수도 있다. 우선 현재 회사에서는 일시적으로 근무하므로 지금 하는 일에 대한 태도가 개선될 수 있다. 어떤 상황에서든 좌절의 큰 원인은 선택할 의지가 없을 때다. 자신의 환경을 통제할 수 없다고 느끼면 회복 탄력성과 동기가 크게 줄어든다. 미래의 직업에 대한 통제권을 자신이 장악하면 현재 업무에서의 좌절감이 줄어든다. 동료들도 전직 의지를 애당초 생각보다 더 지지할지도 모른다.

동료가 전직을 생각하고 있다면 당신은 그들이 가장 좋은 기회를 얻길 바랄 것이다. 다른 동료들도 똑같이 느끼지 않겠는가. 또한 당신의 새로운 경력 경로에 도움이 되는 인적 네트워크를 동료들이 가지고 있을 수도 있다.

●●●

승진해야 하는가?

경력에서 승진 여부는 중요한 결정 사항이다. 승진의 관점에서 경력을 바라보는 경향 때문에 선택이 아닌 필수처럼 보일 수도 있다. 회사에서 승진할 가능성이 없다면 '장래성 없는 직업' 개념이 되어 직장생활을 시간만 허비하는 경우로 가정한다. 지금부터는 회사에서의 승진 가능성을 살펴본다. 승진 여부 고려부터 시작해 적합한 직책 탐색 전략까지 살펴볼 것이다.

승진 결정

우선 경력 개발과 승진을 구별해야 한다. 경력 개발은 직무 관련 새로운 스킬과 지식을 배우고 새로운 일을 시도하는 것이다. 승진 기회가 없어도 경력 개발이 가능하다.

동네에 카페를 오픈했다고 가정하자. 자신이 가게 소유주라면 현실적으로 '승진'할 기회는 없지만 30년 동안 그 가게를 운영할 수 있다. 그 기간에 고객에 대한 제품 제공, 협업, 동기부여, 직원 훈련 등의 새로운 방법을 배워야 한다. 이는 승진은 안 했지만 성취감을 주는 경력처럼 들린다. 승진 여부를 고려한다면 우선 어떤 경력 개발 기회가 있는지 알아본다.

5장에서도 논의했듯이 수강 기회, 외부 훈련자금, 멘토링을 활용할 수 있다. 승진에 필요할지도 모르는 스킬에 대해 상사, 멘토와 상의한다. 현직에서 스킬을 개발할 방법도 찾아본다. 그럼 새로운 직위로의 경로가 빨라지고 회사가 승진 후보자를 선정할 때 자주 찾는 진취성을 보여줄 수 있다. 물론 앞으로 조급하게 나아가면 안 된다. 지금 맡은 업무를 잘 처리하고 있는지 확인해야 한다.

경력 초반에는 더 많은 책임감이나 직위를 가진 직책으로 옮기고 싶어 조급할 수도 있다. 현재의 일은 해보고 싶은, 직위가 더 높은 일보다 덜 중요하게 느껴질 수 있으므로 자기 일을 하면서 세부사항에 주의하지 않을 수도 있다. 하지만 회사 서열상 고위층은 종종 하위직의 스킬을 잘 이해해야 하고 때로는 숙달되어야 한다.

회사에서 승진은 기술과 경영 2가지 트랙이 있다. 일부 기술직이나 사내 기술 트랙에는 직무수행 시 더 많은 결정권을 부여하기도 한다. 말단 영업직에서는 담당고객 수가 적고 경험이 풍부한 영업관리자의 감독을 더 많이 받을 수도 있다. 그런 경우, 고위직은 관할 부서나 관할 지역이 늘어난다. 마이크로소프트는 숙련된 프로그래머와 엔지니어를 위한 별도의 기술직 승진체계가 있다. 각 전문분야의 프로젝트에 대해 더 많은 책임을 허용하고 있다.

어떤 회사는 긴 기술직 승진체계가 없을지도 모르지만 대부분 회사는 일반 경영진 트랙이 분명히 있다. 일반 회사에서는 일상적으로 해야 할 업무가 한정된 기술과 특정 전문지식에 의존하는 말단 직위부터 시작한다. 경력이 쌓이면서 기술업무는 줄어들고 운영관리 업무가 늘어나는 관리자 직위로 이동하게 된다.

과거에는 리더나 관리자의 효율성이 그의 기술적 전문지식과 구별된다고 가정했다. 일반적인 MBA 프로그램에는 젊은 사람들이 들어온다. 그 정도 경력과 나이에서는 해당 분야의 중요한 기술적 전문지식 개발이 거의 불가능하다. 경영진으로서 별도의 전문 스킬이 필요하다면 관리자 경영 트랙으로 뛰어오르기 위한 상급 학위 과정이 합리적으로 보인다.

최근 연구에 의하면 훌륭한 리더와 관리자들은 일반적으로 그들 전문분야의 기술력을 가지고 있다는 것을 보여준다. 회사의 구체적 목표에 적합한 지식이 없다면 어떤 전략을 실행할 수 있을지 상상조차 하기 어렵다. 회사 일이 어떻게 수행되는지 명확히 이해하지 못한다면 멘토 역할도 하기 어렵다. 따라서 인적관리 트랙을 열망하는 사람들은 기술을 개발하고 사내에서 실제로 일이 어떻게 돌아가고 성취되는지 관심을 가져야 한다.

승진 관련 논의에서 다루어야 할 다음 과제는 '시간적 헌신'이다. 승진에는 추가적인 책임이 따르며 이것은 실제 시간뿐만 아니라 정신적 시간도 더 많이 필요하다. 늦은 시간의 회의, 출장, 다른 약속 등이 수반된다. 근무시간이 늘어나고 승진 전보다 융통성은 줄어든다. 근무시간이 단축되는 경우는 드물다.

승진은 근무시간 외에도 일 때문에 정신적으로 더 많은 에너지를 소비해야 한다. 회사의 골칫거리 문제들, 즉 심사숙고해야 할 사업상 문제나 반드시 해결해야 할 대인관계 문제들을 다루어야 한다. 심지어 회사의 물리적 시설 관련 문제를 다룰 때도 있다.

비비안 Vivian은 회사에서 상무로 승진했다. 3주가 지날 무렵 그녀는 사무실 건물 외관에 긁힌 지저분한 낙서에 대한 항의전화로 잠에서 깼다. 그녀는 새로운 직책에 적응하기도 전에 현지 경찰뿐만 아니라 건물관리 직원들과 그 내용을 조율해야만 했다.

1920년대 블루아 자이가닉과 마리아 오브시안키나 Blua Zeigarnik & Maria Ovsiankina의 연구에 의하면 특정 문제와 씨름할 때 '동기적 뇌'는 '인지적 뇌'에서 그 문제가 계속 활성화되도록 하므로 근무시간 후에도 일 관련 문제를 계속 생각한다. 더 위로 승진할수록 원하든 원하지 않든 회사 일이 계속 생각나는 것에 미리 대비해야 한다.

승진을 생각할 때 마지막 중요 고려사항은 급여다. 급여는 직원들의 첫 번째 고려사항 중 하나다. 경력 발전에 따라 임금 수준(구매력)이 계속 상승한다고 일반적으로 가정할 수 있다. 급여에 대한 불만은 직원들의 승진 욕구를 유발하지만 급여가 장기적으로 행복이나 업무 만족의 원동력이 아니라는 점을 급여문제의 마지막 리스트에 올려놓아야 한다.

'쾌락의 쳇바퀴 Hedonic Treadmill' 연구에 의하면 음식, 옷, 보호의 기본적 욕구가 일단 해결되면 임금인상이나 승진에서 오는 행복은 덧없어진다. 급여인상이 단기간에 행복감과 만족을 높여 주지만 몇 달 지나면 오른 소득에 적응하고 다음 급여인상이나 승진을 기대하기 시작한다.

새로운 직위에 따르는 미션과 직무에 열광하지 않는다면 급여액이 업무 만족을 보장하지 못한다. 현재 기대하는 급여액을 줄 일자리를 찾기보다 생활방식을 소득 수준에 맞추는 편이 낫다. 하지만 현재의 직책에 있었다면 지금 받는 금액 이상의 급여를 받을 자격이 있다고 느낄지도 모른다. 동료직원들의 급여액을 보면 차이가 발견된다.

경쟁업체들은 비슷한 일자리에 더 많은 급여를 지급할 수 있고 그 지역에서는 생활비가 비싸 생계유지를 위해 고생하고 있을지도 모른다. 이 요인들이 무엇이든 상사나 인사과에 찾아가 급여인상 요청의 근거로 제시할 수도 있을 것이다.

자신을 옹호하는 것은 불편할 수 있다. 특히 '친화성 Agreeableness'이 높으면 다른 사람들이 자신을 좋아해주길 바란다. 자신의 요구에 대한 사람들의 반응이 걱정되므로 뭔가를 요구하는 것이 어려울 수 있다. 티모시 저지 Timothy Judge 등의 연구에 의하면 친화성이 낮은 사람들이 높은 사람들보다 평균적으로 급여를 더 많이 받는 경향이 있다.

급여 고민이 있다면 급여인상은 중요한 문제다. 그 우려는 시간이 지나면 더 심해질 수 있고 회사에 불만을 표출하고 다른 일자리를 찾아나서게 된다. 나아가 요구하지도 않았는데 회사가 급여를 인상해주더라도 기대에 못 미치는 경우도 있다. 고용주는 직원의 마음을 읽을 수 없기 때문이다.

뭔가를 원하거나 더 받을 자격이 있다고 믿는다면 회사가 당신의 요구를 충족시키도록 급여인상을 요구하거나 적어도 잘 할 수 있는 일을 말해야 한다. 이런 요구를 할 때는 부드럽고 신사적이고 간단명료하게 자신의 기준과 이유를 밝힌다.

급여인상 건으로 담당자와 만난다면 철저히 준비해야 한다. 첫째, 급여인상 권리가 누구에게 있는지 확인한다. 상사가 항상 결정권자일 수는 없다. 둘째, 회사의 다른 직원들이 받는 급여액이 신경 쓰인다면 정확한 정보인지 확인한다. 근거 없는 소문만으로 고용주가 과소 지급했다고 비난하면 안 된다. 업계 다른 사람들보다 적게 받는다고 생각한다면 비슷한 경력의 업계 평균급여액을 확인해 기록해둔다. 임금 협상에 철저히 대비할수록 더 좋은 사례를 만들 수 있다.

만족과 불만족

승진과 관련된 자신의 동기를 어떻게 관리할 수 있을까? 승진을 갈망할 수도 있지만 승진 자격이 되려면 더 기다려야 한다고 상사가 당신에게 말할 수도 있다. 반대로 승진을 고려할 시기는 맞지만 더 높은 자리에 대한 욕구가 없음을 깨달을 수도 있다. 그런 경우, 어떡해야 할까?

8장에서 동기 강화를 위한 '연결 가능한 격차 Bridgeable Gaps'의 역할에 대해 설명했다. 많은 연구에 의하면 회사에서 승진할 때도 '연결 가능 격차'와 같은 원칙이 적용된다. 현직에서 계속 일하고 싶을 때는 만족감을 나타내고 승진하고 싶을 때는 불만을 표출해 자신을 속인다는 것이다. 이 전략은 이번 장 앞부분에서 말한 내용과 관련 있다. 자신이 좋아하지 않는 경력 경로에 그대로 있어야 할 때 낙관적인 태도를 유지하는 전략이다.

현재 맡은 일과 성과에 집중함으로써 만족감을 얻을 수 있다. 잘한 일, 누군가를 도와준 일, 회사의 미션에 기여한 일 등을 되돌아보자. 그런 생각들은 지금 하는 일에 감사하고 긍정적으로 생각하는 데 도움이 된다.

경력 경로 중에 아직 성취하지 못한 일에 집중하면 불만이 생긴다. 아직도 회사에 기여하고 싶지만 현재 위치에서는 할 수 없었던 일들을 곰곰이 되돌아본다. 정말 하고 싶었던 일인데 다른 사람이 책임지는 역할에 대해 생각해 본다. 이런 생각은 현재 직무에 대한 만족감이 줄고 대안을 찾으려는 동기를 부여할 것이다. 지금 하는 일에 만족하기 너무 힘들 수도 있지만 새로운 직무를 찾는 동기도 있다는 점을 명심하자.

새로운 직책 찾기

출근 첫날부터 다른 직책의 직원들에게 주의를 집중해야 한다. 회사 조직도를 자기 것으로 만들어야 할 이유는 충분하다. 프로젝트에 지원하거나 자원을 얻을 수 있는 직원을 알고 있어야 한다. 의사결정 과정을 이해한다면 원하는 것을 얻는 데 더 효과적이다. 다른 직원들이 수행하는 직무를 잘 배우면서 다른 경력 경로를 심사숙고할 수도 있다.

멘토의 역할에 대해서는 5장에서 이미 논의했다. 많은 멘토 관계에서는 직무와 조화를 이루고 일에 관여하는 방법을 조언받는다. 타 부서 직원들의 일상업무 생활에 대한 발언을 들으면 도움이 된다. 자신의 경력을 발전시키는 다른 방법에 필요한 모델을 얻을 수도 있다. 흥미진진한 선택방안에 대해 알 수도 있다. 물론 완벽하리라 상상했던 직업에 부적합한 요소들이 있다는 것도 알게 된다.

인적 네트워크를 통해 자신에게 가장 적합한 다음 일자리를 찾아본다. 당신이 해온 일에 깊은 감명을 받은 사람들은 당신의 목표 달성을 도와주는데 자주 관심을 보이지만 뭔가를 자발적으로 제공하지는 않을 것이다. 승진에 관심이 있다면 먼저 그들에게 적극적으로 알린다.

4장에서 언급한 헤더 Heather와 동명이인인 헤더는 직원들이 다양한 분야에서 경험을 쌓도록 도와주는 데 관심이 있는 대형 금융업체에서 12년 이상 일해왔다. 그녀가 마음의 준비가 되었을 때 새로운 일에 관심이 있다고 여러 사람에게 알렸더니 사람들이 여기저기서 나타나 그녀에게 가능한 일을 제안했다. 그녀는 그 전략을 몇 년마다 성공적으로 사용해 사내에서 새로운 직책을 찾아냈다.

인적 네트워크는 자리를 찾는 다른 지원 방법보다 더 큰 이점이 있다. 서류상으로 지원자가 아무리 훌륭하더라도 채용할 회사에 이미 잘 아는 사람이 있는 누군가와 경쟁하기는 쉽지 않다. 우선 고용주 측은 이미 당신과 생활해보았으므로 함께 일하는 것이 어떨지 예상할 수 있다. 특정 직책 지원을 권유받았다면 그렇지 못한 지원자보다 성공할 가능성이 훨씬 크다.

이직해야 하는가?

이미 여러 번 지적했듯이 직원들이 같은 회사 안에서 경력 사다리를 오르는 경우보다 이직이 점점 일반화되고 있다. 최선책으로 지금 다니는 회사에서 승진할 것인지, 이직할 것인지 어떻게 결정할 수 있을까? 먼저 고려해야 할 사항은 기존 회사에서 적절한 직책을 가질 수 있느냐 여부다. 경력 초반에는 승진 기회가 흔하지만 어느 정도 승진하면 어려워질 수 있다.

　스타벅스 Starbucks, 베스트 바이 Best Buy, 로우즈 Lowe's와 같이 많은 매장을 보유한 소매 체인점들은 초기에는 자유롭게 이동할 기회를 준다. 직원들은 특정 매장 내에서 관리직으로 승진할 수 있다. 이후 더 바쁜 지역의 매니저로 승진할 수 있지만 그 동네, 지방, 기업 본사에서 그 이상의 직책으로 승진할 수 있는 직원은 거의 없다. 그 결과, 고위 경영진을 꿈꾸는 직원들은 자리만 나길 기다리거나 이직을 생각해야 할 수도 있다. 일반적으로 대기업은 고위 관리직 승진에 많은 후보자가 대기 중인 승진 '병목현상 Bottle Neck'을 겪고 있다.

　짐 Jim은 금융업체에서 일하고 있었다. 그는 경영자로 승진하는 데 관심이 있다고 상사에게 말했다. 상사는 그 자리에 오르려면 경쟁이 치열하고 10년 정도는 기다려야 한다고 알려왔다. 그는 광천수 검사업체의 몇 군데 직책에 입사지원서를 제출했고 마침내 자신의 재능에 관심을 보인 회사로 옮기게 되었다.

기존 회사에서 계속 일할 것인지 고민할 때는 2장에서 처음 논의한 자신의 핵심가치를 다시 살펴보아야 한다. 이번 장 앞부분에서 지적했듯이 자신의 가치는 시간이 흐르면서 바뀔 수 있다. 회사의 가치도 바뀔 수 있다. 때때로 회사의 가치와 미션에 대한 초반 인식은 그곳에서 일한 후에 경험하는 현실과 다를 수 있다. 개인적인 가치와 회사의 가치가 다르다면 더 적합할 수도 있는 다른 회사로의 이직을 고려해볼 명분이 된다.

경력 경로의 일정 시점이 되면 채용하려는 다른 회사의 연락을 받을 수 있다. 소셜네트워크나 한 분야에서 성공한 사람들을 추적하고 이직에 관심이 있는 지원자를 찾는 리크루트 업체를 통해서도 가능하다. 갑자기 누군가가 연락해와 특정 직책을 제의하면 기분이 으쓱해진다. 어떤 기회가 있는지 항상 귀 기울여야 하지만 이직할 생각을 하지 않았다면 다른 가능성을 찾기 전에 상사와 마주 앉아 당신의 미래에 대한 대화를 나눌 수도 있다. 다른 회사의 관심을 받고 있다는 점을 상사에게 알리고 경력 개발의 열망에 대해서도 말한다. 때때로 당신의 목표는 이직 가능성이 있을 때 기존 회사에 더 심각하게 받아들여진다. 하지만 채용되든, 이제 막 찾아보기로 결정했든 다른 일자리를 찾는 상황을 생각하기 시작할 때 '인지적 뇌'에서 무슨 일이 일어나는지 알고 주의하기 바란다.

우리는 각 직업 관련 정보인 급여, 복지, 책임에 가중치를 각각 부여하고 각 요소의 조합이 최선인 옵션을 선택해 일자리 옵션을 평가한다고 생각할 수 있지만 사실 그 정보에 부여하는 가중치는 직위에 대한 관심도에 따라 달라진다. 4장에서 언급했듯이 제이 루소 Jay Russo와 동료들의 연구에 의하면 사람들은 기대하는 직위에 잘 맞는다고 믿는 기준과 일치하는 요소들을 더 중시한 반면, 그 믿음과 일치하지 않는 요소들은 덜 중시한다.

즉, 각 옵션의 요소 중시에 강조하는 부분이 직위 선호도에 맞추어 조정된다는 것이다. 지금 다니는 회사에 그대로 재직하길 원할 경우, 재직에서 얻는 편익이 이직 시의 편익보다 커진다. 이직 쪽으로 마음이 기운다면 현재 상황보다 더 좋고 새로운 회사의 직위가 가진 속성에 갑자기 초점을 맞추는 것이다. 즉, 그 편익의 크기는 절대적 기준이 아니라 자신이 선택한 요인과 그 가중치에 달려 있는 것이다.

이러한 '확산의 일관성 Spreading Coherence'은 2가지 영향을 미친다.

첫째, 이직을 생각하는 동안 놀랄 만큼 큰 불안을 느낀다. 회사에서의 모든 문제를 인식하기 시작할 것이고 그것들은 과거보다 더 많이 당신을 괴롭힌다. 현재 직업에 대한 평가는 이직 관심도의 영향을 받고 있다.

둘째, 새로운 직업이 실제보다 더 매력적으로 보일 수도 있다. 채용 담당자들은 그 회사에서 일할 때의 불이익보다 편익을 강조하기 마련이다.

셋째, 새로운 직업에 대한 자신의 평가는 이전 회사의 경험에 의해 편향될 수 있다. 4장에서 설명한 '구조 정렬 Structural Alignment' 프로세스를 다시 확인해보면 그 이유를 알 수 있다.

옵션을 비교할 때 정렬할 수 없는 차이인 특정 요소보다 옵션 간 정렬 가능한 차이인 옵션 간 대응 가능 요소를 강조한다는 점을 기억해야 한다. 즉,

재즈 브레인: 통찰력 키우기

누구 노래인가?

재즈에서 사람들은 수많은 앨범의 대표곡을 연주한다. 뮤지션은 한 앙상블에서 한 곡 버전을 배운 후 다른 앙상블로 옮겨가 같은 곡을 연주한다. 이것은 관행이다. 다른 사람이 작곡한 곡의 연주를 녹음해 판매하려면 당연히 그 사실을 알리고 작곡가에게 수수료를 지불해야 한다. 종종 BMI나 ASCAP 같은 음원 서비스업체를 통해 거래한다. 하지만 비즈니스에서는 규칙이 다르다.

작업물의 일부는 직원 소유이고 다른 일부는 고용업체의 소유다. 이 소유권은 다니던 회사를 그만두고 새 회사를 선택할 때 특히 중요해진다. 법적 문제, 윤리적 문제 둘 다 고민해야 한다. 법적 관점에서 보면 일자리 협상을 할 때와 떠날 때 모두 주의해야 한다.

자기 소유물과 회사 소유물을 정확히 구별해야 한다. 영업 및 고객 관련 업종에서 일한다면 고객 리스트를 현재 회사에 남겨야 할 법적 의무와 이직할 때 고객 목록을 어느 정도까지 가져갈 수 있는지 따져보아야 한다. 의뢰인과 고객에게 권리를 양도하기 전 계약서를 검토할 변호사 고용도 고려해보고 회사 재직 동안 지적재산권을 취득했다면 누가 소유하고 있고 새 회사로 가져갈 수 있는지 알아야 한다.

윤리적으로도 일했던 회사, 고객, 의뢰인들에 대한 의무도 고려하기 바란다. 의료·법률 등의 일부 업종에서 고객과의 실무 관계는 매우 개인적이므로 많은 전문가는 고객들에게 이직 사실을 알리고 고객들에게 선택권을 주지만 일부 영업직에서는 회사가 소유한 자원을 이용해 고객을 유치했고 회사가 개발한 인력, 구조, 프로세스의 도움을 받았다. 법적 문제가 없더라도 현재의 회사에 대한 아무 보상도 없이 그 무형재산을 가져가는 것은 윤리적 위반으로 보인다.

현재 회사에서 접해보지 못한 요소가 새 회사에 있다면 충분한 주의를 기울이지 않을 수도 있고 새로운 직책에 대한 단점을 간과할 수도 있다. 이직 후에는 불만들을 다른 불만과 맞바꾸었다는 것을 알게 된다.

이 비교법은 '남의 떡이 더 커 보인다 Grass is Greener 효과'로 이어진다. 현재 고용주의 결점에는 친숙하지만 새로운 회사에서 직면할 문제들은 잘 모른다. 이런 상황에 실망하지 않으려면 이직 여부를 결정할 때 겉으로 보이는 것만큼 새 회사가 이상적이지 않다는 것을 기억해야 한다.

이직할 때는 미처 예상하지 못했던 문제점들을 발견할 준비가 되어 있어야 한다. 어느 회사든 부딪치는 장·단점, 행운과 불행은 총량적으로 평균을 내보면 대체로 비슷하다는 점을 기억해야 한다. 그렇다고 절대로 이직하지 말라는 뜻은 아니다. 새 회사를 평가할 때 '장밋빛 색안경'을 끼었을 수도 있음을 간과하지 말라는 뜻이다.

핵심 내용

당신의 뇌

동기적 뇌

- 사람들은 미래의 행복에 부정적 영향을 초래하는 사건을 잘못 예측한다.
- 불안과 스트레스 때문에 회사에서 경험하는 부정적 사건들을 무시하기 어렵다.
- '주체의식'을 가짐으로써 자신의 상황을 긍정적으로 느낄 수 있다.
- 미완의 작업은 목표가 활성화 상태이므로 주의와 기억을 작동시킨다.

사회적 뇌

- 회사에 친밀한 동료가 있으면 회복 탄력성이 높아진다.

인지적 뇌

- 현재의 상황이 나중에 부닥칠 상황과 같을 때 미래 태도가 가장 잘 예측된다.

실무 활용 팁

- 삶에서 나중에 원하는 것을 잘못 예측했거나 원하는 기여가 불가능하다면 당신의 경력이 불만족스러울 수 있다.
- 동료들과의 원만한 관계 개발에 힘쓴다. 이것은 당신이 생각했던 것보

다 더 중요할 수 있다.

- 규칙적으로 휴가를 사용한다. 휴가에서 돌아오면 여전히 그 자리에서 일이 당신을 기다리고 있다.

- 경력 경로에 불만이 있다면 다른 회사를 구할 때 필요한 훈련에 참석한다.

- 전직 계획을 동료들과 공유하면 도움을 받을 수 있다.

- 경력 개발과 경력 향상(승진)은 다르다.

- 너무 빨리 승진하려고 애쓰지 않는다.

- 리더십에는 다른 스킬과 함께 기술적 전문지식도 필요하다.

- 급여는 중요한 문제이지만 급여인상에서 오는 행복감은 오래 가지 않는다.

- 필요한 것을 요구하는 방법을 배운다.

- 현재의 직무에 좋은 느낌을 가지려면 잘하는 일에 집중한다. 승진에 동기를 부여하려면 아직 성취하지 못한 일에 집중한다.

- 회사에서 기회를 얻으려면 동료들의 일에 관심을 가져야 한다.

- 승진하려면 다른 회사로 이직해야 할지도 모른다.

- 다른 회사를 찾아보기 시작했다면 '기여도 효과' 확산에 주의한다. 즉, '남의 떡이 더 커 보인다'.

- 이직하는 경우, 현재 회사에서 가져갈 수 있는 것과 가져갈 수 없는 것에 주의한다.

10장
경력 관리, 어떻게 할 것인가?

책 초반부에 경력을 정의하는 어려움을 말했다. '인지적 뇌'에서 경력은 '즉석 기억 범주 Ad Hoc Category'의 일부이기 때문이다. 래리 바살로우 Larry Barsalou는 사람들이 다이어트 식품(셀러리, 당근, 칼로리 없는 탄산음료)과 '화재 시 긴급 목록(아동, 애완동물, 가족사진)'과 같은 범주 용어를 만든다는 사실을 알아내고 '즉석 기억'이라는 용어를 만들었다. 경력은 '평생 직장생활' 범주에 속한다. 이 범주는 고정되어 있지 않고 상황과 대상에 따라 바뀐다.

바살로우는 사람들이 '즉석 기억 범주'의 일원을 이상적인 조건에 가까운 정도에 따라 평가한다고 주장했다. 구성요소들이 공유한 일관적 특징에 근거해 각 범주의 이로움을 판단하는 방식과는 대조적이다. 이런 경우의 비교는 평균이나 '원형 Prototype'으로 나타낸다. '특징기반 범주 Feature-Based Category'인 새를 생각해보자.

이 범주에 속하는 대상은 '평균적인 일원들의 일관적 특징'을 기초로 결정된다. 대부분의 사람에게 '새 범주'는 올새나 참새와 같은 작은 새를 의미한다. 이 새들은 깃털과 날개가 있으며 노래를 하고 날아다니고 둥지를 짓는다. 비슷한 새들은 이 범주의 적합한 예로 판단되지만 펭귄이나 에뮤는 그렇지 않다. 그와 대조적으로 '즉석 기억 범주'인 다이어트 식품을 생각해보자. 이상적인 다이어트 식품은 맛있고 칼로리가 매우 낮다. 이런 이상적인 조건과 비슷할수록 더 좋은 음식으로 간주된다.

사람들은 이상적인 경력에 대해 나름대로 생각이 있다. 많은 사람에게 경력은 지속적인 승진, 급여인상, 영향력, 자율성을 증가시킬 수 있고 그들이 사랑하는 직업을 의미한다. 경력이 이런 이상과 얼마나 가까운가에 따라 경력의 이로움을 판단하기는 쉽지만 경력이 이상과 반드시 맞는 것은 아니다. 아니 그렇게 해서도 안 된다고 생각한다. 자신의 경력을 관리하려면 목표를 추구할 때 융통성이 있어야 한다. 정해진 이상에 따라 다른 사람들이 당신의 경력을 판단할 경우, 그들로부터 지나친 영향을 받으면 안 된다. 경력이 자신에게 얼마나 훌륭한가가 중요하다. 결국 좋은 경력이란 고정되어 있지 않고 자신의 가치관에 따라 '즉석 기억 범주'로 평가된다고 본다.

이번 장에서는 경력 선택의 위험에 영향을 미치는 요인을 알아본다. 먼저 자신의 경력에 대한 만족감을 극대화할 방안에 대해 논의하고 새로운 회사나 직책에서 좋은 관계를 발전시킬 방법도 살펴볼 것이다. 다음으로 경력 진행 과정에서 소셜네트워크 관리와 같이 더 넓은 주제로 눈을 돌려본다. 마지막으로 정리해고나 좌천과 같은 좌절의 순간을 참아내고 극복하는 방법을 다룰 예정이다.

경력 실현

2장에서 자신의 경력이나 인생에서 순방향(順方向)으로 나아가기 위한 선택의 위험에 대해 말했다. 누구나 살아가면서 기여나 공헌을 예측하기는 어려우며 개인의 성격특성에서 논의했던 '경험에의 개방성'은 당신의 구상과 안 맞는 직업을 미리 결정하기보다 미래의 새로운 가능성을 열어 놓아야 한다는 것이다.

경력 발전 과정에는 인내심도 중요하다. 우리는 정보가 빠르게 소통되는 세상에서 살고 있다. 원한다면 다른 사람들이 더 잘 나가고 있다는 충분한 증거를 찾을 수 있다. 어떤 분야에서든 누군가가 큰 돈을 벌었거나 더 어린 나이에 큰 성공을 거둔 사례를 찾아볼 수 있다. '사회적 뇌'는 자신을 남과 자주 비교하고 소셜미디어 환경은 그 상황을 더 쉽게 만들었다.

사회적 비교에는 상향식과 하향식 2가지 유형이 있다. 상향식 비교에서는 성취, 직업, 소유 등에 대해 자신보다 나은 누군가와 나름의 방식으로 비교한다. 하향식 비교에서는 자신보다 못한 사람과 비교한다. 2가지 비교 유형은 인간에게는 당연한 것이지만 둘 다 경력 관리에는 별 도움이 못 된다. 상향식 비교를 하면 부정적인 감정이 생긴다. 다른 사람의 성취에 부응하지 못하면 자기의 일과 성취에 만족하지 못하게 된다. 그 비교는 목표를 달성하기 위해 더 열심히 노력하도록 만들 수도 있지만 비교 대상이 같은 회사나 같은 직업 수준에서만 가능하다. 비교 대상이 다를수록 그들이 이룬 성취가 자신에게는 불가능하다고 생각하게 된다.

하향식 비교는 자신의 성취에 긍정적인 면이 있지만 8~9장에서도 논의했 듯이 그런 만족감도 동기부여에는 별 도움이 못 된다. 타인과의 비교는 일시적으로 기분을 좋게 해주더라도 경력 관리에는 쓸모없다. 대안으로 '자기 비교'를 한다. 현재의 자신을 과거와 미래의 자아와 비교하면 동기부여의 도구로서 큰 가치가 있다.

지금부터 새로운 성취가 없을 때는 미래의 자신이 현재의 자신과 같은 여건이 될 수 밖에 없음을 인식해야 한다. 현재와 미래의 원하는 조건 사이에 간극이 있다면 동기부여의 요인으로 작용한다. 미래의 자아에 대한 환상과 이상을 만들어보자. 아직 그 이상에 도달하지 못했다는 후회보다 미래의 목표를 강력히 추구하는 활력으로 활용해야 한다.

천준석 Jun-Seok Chun, 조엘 브로크너 Joel Brockner, 데이비드 드 크레머 David De Cremer의 연구는 다른 사람을 평가하는 위치에 있을 때 자신을 다른 사람의 현재와 비교하기보다 자신을 자신의 과거 성취와 비교하는 것이 더 큰 동기부여가 된다는 점을 시사한다. 또한 그런 평가가 타인과의 비교보다 더 공정하다고 생각한다.

경력 궤도에서 인내의 다른 중요 요소는 성공에 대해 올바른 정의가 필요하다는 점이다. 경력에서의 기여는 동기부여가 되지만 그것이 성공에 대한 지속 가능한 정의는 아니라는 점을 명심해야 한다. 급여인상과 마찬가지로 자신이 달성한 특정 목표에도 빨리 적응하게 된다. 특정 업무를 성공시키면 그 순간은 기분이 좋겠지만 성공이 정체성의 일부가 되면 좋았던 기분은 금방 사라진다.

만족스러운 생활에 영향을 미치는 요인은 회사에서 자신의 유리한 강점을 지속적으로 발휘하는 것이다. 2장에서 논의했듯이 자기 일을 천직이나 소명으로 여기는 사람들은 그렇지 않은 사람들보다 대체로 더 행복하다. 새로운 의미가 매일 주입되기 때문이다. 그래서 성공적인 경력은 일의 결과보다 일하는 방법과 과정에 따라 광범위하게 정의되어야 한다.

당신이 성공적이라고 생각하는 결과와 일의 과정을 정의하는 방법 둘 다 유연성을 유지해야 한다. 몇 년 전 선배 동료와 대화를 나누며 그의 친구인 다른 교수가 불행해진 이유에 대해 논의한 적이 있다.

그는 과학계에서 유수의 논문을 많이 발표한, 일류 연구중심 대학의 교수다. 모든 조건은 친구 교수에게 큰 기쁨을 주었어야 했다. 내 선배는 "인생의 유일한 목표가 하버드대 석좌교수 Chaired Professor라며 그것을 얻지 못하는한, 실패한 인생이다."라고 말했다. 이처럼 성공에 대한 정의가 특정 결과에만 좁게 집중된다면 목표 달성은 불가능할 뿐만 아니라 불행해질 수도 있다.

자신의 경력에 불만이 있다면 자신의 삶을 돌아보고 그런 상황에서 누군가가 행복할 수 있을지 반문해본다. 당신의 경력이 다른 사람에게 주어진다면 그는 자신의 삶을 어떻게 생각했을까? 당신의 불만인 그 경력에 다른 사람은 매우 만족했을 것이라고 생각한다면 자신의 불만 이유를 면밀히 살펴본다. 아직 실현되지 않은 특정 결과가 신경 쓰인다면 성공에 대한 정의를 포기하는 편이 낫다. 성공의 정의를 바꾸기는 어렵지만 그렇다고 불가능 한 것도 아니다.

이 전략은 포도를 따려고 뛰어든 '이솝 우화'의 여우 편과 관련 있어 보인다. 여우는 포도를 따먹을 수 없다는 것을 깨닫고 포도가 시큼할 거라고 말하며 그 포도를 폄하해버렸다. '신 포도'라는 말은 보통 부정적인 의미로 쓰인다.

이 우화의 교훈은 얻어내지 못한 대상을 평가절하하면 안 된다라는 것이지만 당신이 결코 성취할 수 없는 결과이고 그런 상황이 경력에 대한 만족감을 줄이고 심지어 동기부여를 방해한다면 그 결과를 평가절하하는 것이 도움이 된다. "저 포도는 신맛이므로 먹을 수 없을지도 모른다."라는 긍정적인 정서를 스스로 개발해 자신의 행동을 합리화할 수 있다.

●●●
새 동료들과 좋은 관계 만들기

경력 과정에서 새 직원으로 조직생활을 여러 번 경험하게 된다. 이직하거나 현재의 회사에서 직무를 바꾸거나 새로운 책임을 맡았기 때문이다. 어떤 경우든 효율적인 업무처리 능력을 키우려면 동료들과 빨리 친해져야 한다.

3장에서 '후광효과 Halo Effect'를 소개했다. 다른 사람들의 '사회적 뇌'는 당신의 노력을 가장 너그럽게 바라보게 한다. 대체로 호의를 가졌다면 실수도 용서되므로 새 회사에 합류할 때의 우선 목표는 동료와 빨리 친해지고 융화되는 것이다. 처음에는 누구나 이방인 취급을 받을 수 있다는 점을 기억하자. 기존 직원들이 당신을 신뢰하는지는 불확실하므로 믿을 만한 사람이라는 신뢰를 먼저 보여주어야 한다.

그러려면 우선 사람들이 하는 일을 주의 깊게 살펴보고 새 회사의 구성원으로서 어떻게 행동해야 할지 잘 파악해야 한다. 일부 회사는 눈에 띄는 새로운 일과 다른 사람들을 열정적으로 도와주는 개별 구성원에게 포상을 하기도 한다. 어떤 회사는 모든 직원이 회사의 성공에 전념할 때조차 지나친 열정을 싫어한다. 또 다른 회사는 매우 경쟁적인 마인드이고 어느 정도 공격적인 자세를 가져야 팀의 일원으로 간주한다. 새로운 팀에 적합한 사회적 규범에 유의해야 새 동료들이 고마워하는 방식으로 회사에 기여할 준비가 되는 것이다.

자신의 직책에 적합한 방식으로 신뢰도 얻어야 한다. 하위직으로 입사한다면 주어진 과제를 끝내는 데 집중하고 생소한 직무를 맡으면 도움을 요청한다. 다음 업무가 분명하지 않다면 해야 할 일을 확인한다. 다른 사람이 일을 요청하려고 찾아올 때까지 기다리면 안 된다.

회사 관리자로서 책임이 더 크다면 직원들의 관심 내용부터 듣고 실제로 당신이 성취할 수 있는 것만 약속해 신뢰를 얻는 것이 좋다. 동료직원들은 함께 하기로 동의한 일에 곧바로 에너지를 쏟는지 확인하고 싶어한다. 그들은 고위 경영진이 당신의 직책과 역할을 옹호하는지 보고 싶어하고 당신이 동의하지 않는 일에 대해 일관성이 있는지도 알고 싶어한다.

일부 직원은 당신의 결정을 여전히 불평한다. 모든 직원은 회사의 결정에 찬성하는 직원보다 불만자가 더 많이 얻어가는지 지켜보고 있다. 의사결정에 대해 투명하게 소통할 수 있는 능력은 구성원들에게 신뢰감을 준다. 나아가 열심히 일하는 직원들을 위해 기꺼이 싸우려는 의지는 결국 당신의 주도권 Initiatives에 대한 충성심과 지원으로 보상받는다.

좋은 첫인상은 항상 중요하지만 항상 좋을 수 만은 없다. 경솔한 말을 하거나 자신의 가치를 회사에 보여주고 싶은 욕구를 다소 지나치게 과시할 수도 있다. 초기 프로젝트에 대한 약속을 너무 많이 하고 보상은 적게 할 수도 있다.

나쁜 관계로 시작한 직원들과는 관계회복 방안을 익혀야 한다. 문제를 정면 돌파하는 것이 가장 좋다. 껄끄러운 직원들과의 대화를 피하는 방법은 많은 사회적 상황에서 훌륭한 전략이 될 수 있지만 별로 좋아하지 않는 사람들과도 회사에서 함께 일할 수 있어야 한다.

친하지 않은 직원과 1:1 또는 소규모 그룹으로 만날 시간을 정한다. 신뢰를 잃게 했을지도 모르는 사건에 대해 먼저 사과한다. 훌륭한 사과에는 다음 4가지 요소가 중요하다.

① 먼저 사과의 뜻을 분명히 전한다. "미안합니다."라고 말한다.
② 잘못한 점을 분명히 말한다. 모호하거나 "실수였습니다."와 같은 일반

적인 표현으로는 부족하다. 직원들은 당신이 잘못을 인정하길 원한다. 그래야만 무엇을 고쳐야 할지 알고 있다고 확신하기 때문이다.

③ 과거에 했던 일이 재발하지 않도록 행동을 바꾸겠다고 약속한다.

④ 과거의 행동으로 생긴 문제를 어떻게 해결할 것인지 구체적으로 말한다.

그런 사과는 더 큰 회사에서도 효과가 있다. 내가 근무한 대학의 고위 행정관은 출장지에 배우자를 여러 번 데려가면서 항공권 구매 규정을 위반했다. 사소한 윤리규정 위반이었다. 배우자가 행사에서 특정 역할을 해 항공권 구매의 적절성 여부는 불투명했지만 그는 즉시 사과문을 발표했다. 사건에 대한 책임을 지고 다시는 그런 일이 없을 거라고 약속하고 항공료 전액을 환급했다. 그 결과, 오랫동안 조직 내에서 협업 관계를 유지할 수 있었다.

사람들과 만나 관계회복을 시작한다면 방어적 태도를 버리고 그들의 말에 귀 기울여야 한다. 항상 미래 관련 대화를 나눈다. 다른 사람과의 관계개선을 위해 당신이 할 수 있는 것을 말한다. 동료들이 과거와 다르게 일하길 바라는 점이 있다면 그 점을 구체적으로 논의한다. 합류한 지 얼마 안 되었다면 회사의 사회적 규범을 아직 모를 수 있다. 당신이 기대를 어떻게 저버렸을지 동료들에게 구체적으로 물어보면 그들과의 관계가 틀어졌을 때 도움이 될 수 있다.

새 회사에서 좋은 관계를 발전시키려면 연습이 필요하다. 일부는 선천적 재능이 있어 보이지만 대부분은 이 스킬을 스스로 익혀야 한다. 관계증진 기술을 터득하기 위해 노력하고 있다면 더 나은 팀으로 통합시킬 방법을 제안해줄 수 있는 멘토나 코치를 찾아보는 것도 고려해본다. 이런 관계증진 연습을 위해 멘토와 함께 역할극을 직접 해볼 수도 있다.

● ● ● ●
사회적 네트워크 구축하기

시간이 지나면서 경력이 쌓이면 동료들과의 인연을 유지하고 싶어진다. 특정 팀의 일원에서 벗어났다고 과거의 동료들이 더 이상 자신의 네트워크의 일원이 아니라는 뜻은 아니다. 하지만 이직 후 지속적인 관계 유지가 힘들 수 있다. 이직이 보편화되었지만 이전 직장을 떠나면서 많은 사람에게 실망감을 주었을지도 모른다. 하지만 이직이 배신으로 간주되지는 않는다. 언젠가 다시 돌아오기 위해 이직하는 경우가 늘고 있는 것이 그 증거다. 이것을 '부메랑 직원'이라고 부른다. 그들의 성공적인 복귀 능력은 남아 있는 이전 직장 동료와 반대편에 섰던 사람들에 달려 있다고 보아야 한다.

먼저 당신과 동료가 함께 회사와 개인의 목표달성에 성공해야 한다는 점을 강조한다. 사람들은 함께 일할 때 종종 그들의 정체성을 주로 동일 기업 직원이라는 데 우선 초점을 맞춘다. 결국 회사를 떠난다는 것은 회사조직 밖으로 나간다는 의미이므로 동료 사이에 거리감을 만들고 이전 동료들의 성공을 염원해주는 의욕이 떨어진다.

'인지적 뇌'는 사람들을 다양한 방법으로 구분한다. 회사를 떠났다고 큰 범위의 이웃으로서 이전 동료들을 만날 수 없다는 의미는 아니다. 이전 동료들은 당신이 아끼던 사람들이며 그들이 잘되면 당신도 기쁘다는 것을 기억한다.

과거에 일했던 회사로 다시 돌아가지 않더라도 이전 직장 동료들과 여전히 협력할 방법을 찾아볼 수는 있다. 오늘날 기업들은 경쟁업체와 협력하며 단독으로는 달성할 수 없는 큰 목표를 성취해야 한다. 그것을 '경쟁업체 간 협력', 즉 코피티션 Copetition이라고 한다. 경쟁업체와 동맹을 맺는 것은 어려울 수 있다. 특히 다른 회사를 믿을 수 있을지 확신할 수 없다면 말이다. 신뢰가 부족하면 이런 동맹 관계의 원점에서 벗어나게 하므로 계약 협상을 할 필요성이 떨어지지만 여러 사람이 두 회사를 위해 일했다면 회사 간 근무 경험의 역사는 더 많이 협력할 기회가 될 수 있다.

이전 동료들과의 원만한 관계 유지는 새 회사와 이전 회사 모두에게 이익이 되는 미래의 협력을 촉진할 수 있다. 따라서 과거에 일했던 회사에 대한 부정적인 발언은 피해야 한다. 이전 회사를 비난하면 새 회사의 환심을 살 것이라고 생각할지 모르지만 실제로는 2가지 문제를 일으킨다.

이전 동료들에 대한 험담은 소문이 되어 그들의 귀에 들어갈 가능성이 있으므로 이전 동료들과의 관계를 망칠 위험을 감수해야 한다. 그리고 이전 동료들을 비난해 유명해진다면 현재 동료들에 대한 비난도 시간문제라고 그들은 생각하게 되고 당신의 사회적 자산은 줄어든다.

경력 차질 관리하기

이 책이 막바지에 다다르면서 자신의 경력 경로에서 계속 성공하는 것은 어렵다는 점을 알아야 한다. 모든 일을 바르게 하고 최선을 다하고 실수를 바로잡고 다른 직원을 도와주고 동료와의 관계를 잘 유지하더라도 완벽한 경력 관리는 어렵다. 본인은 최선을 다해도 회사와 일 자체가 잘못될 수 있다. 그 결과, 저조한 성과평가로 이어지고 무슨 일을 해도 불만인 상사를 만날 수도 있다. 팀은 최선을 다했지만 회사는 실패할 수 있다. 경기침체 Recession가 닥치면 해고당할 수도 있다.

경력은 항상 한쪽 방향으로만 움직이지 않는다는 점을 기억해야 한다. 2보 전진했다가 1보 후퇴할 수 있다. 경력 과정의 역경 대처법은 애당초 추정했던 것보다 최종적인 성공에 더 큰 영향을 미친다. 이번 장에서는 안 좋은 결과로 인해 생기는 감정을 다루어보고 고난기의 대처법을 살펴본다. 마지막으로 해고 후 다시 일자리를 찾는 방법에 눈길을 돌려보자.

슬픔

회사에서 나쁜 일이 닥칠 것이라고 예상했더라도 막상 나쁜 일이 닥치면 대부분 준비가 덜 된 경우가 많다.

에드 Ed는 일류대학 조교수였다. 그의 논문 실적은 탄탄했지만 동료들은 그가 정년보장을 받지 못할 수도 있다고 말했다. 동료들은 에드에게 더 많은 프로젝트 지원금을 신청하고 정년보장을 해줄 타 대학들의 영입제의도 알아보라고 조언했다. 하지만 에드는 그 충고를 받아들이지 않았다. 대학 평가가 진행되었고 결국 그는 정년보장을 받지 못했다.

그는 이후 몇 년 동안 그 결정에 분노하고 실망했다. 스트레스가 적은 타 대학으로 이직했지만 학술회의 참석을 중단했고 연구 성과도 계속 떨어졌다. 여러 경고 신호에도 불구하고 나쁜 결과를 예상하지 못했고 막상 비극적인 현실이 닥쳤을 때도 원만히 처리하지 못했다.

안 좋은 결과는 우리 인생 이야기에 가슴을 저리고 눈물까지 자아내곤 한다. 어쩌다 보니 경력 경로 발전계획이 차질을 빚었다. 가족과 친구들의 실망을 걱정할지도 모른다.

'슬픔의 5단계'를 들어보았는지 궁금하다. 말기 질환을 앓는 환자를 인터뷰한 엘리자베스 쿠블러 로스 Elizabeth Kubler Ross는 다음과 같이 주장했다. 종종 사람들은 부정, 분노, 협상, 우울, 수용을 경험한다. 누구나 모든 단계를 거치지는 않지만 이 단계는 실직하거나 경력 경로에 차질을 빚는 등 중대한 인생 좌절을 겪은 사람들에게도 나타나는 공통 패턴이다.

실직이나 좌천 등이 인생 스토리에 흠집을 남기므로 이것을 이해하려면 자신에게 그 이야기를 다시 말할 기회를 주고 무슨 일이 일어났는지 알아보아야 한다. 텍사스 주립대 동료 제이미 펜네베이커 Jamie Pennebaker의 연구에 의하면 쓰라린 경험을 글로 써본 사람들은 써보지 않은 사람들보다 스트레스가 적고 심각한 질병으로 의사의 진료를 받는 경우도 적다.

실직은 삶을 고통스럽게 만들기 때문에 현명하게 대처해야 한다. 실직 후 몇 주 동안 일어난 사건에 대한 느낌을 글로 써보면 이미 일어난 그 사건을 받아들이고 앞으로 나아갈 방향을 모색하는 데 도움이 된다. 현 상황에 대해 가족, 친구들과 열린 마음으로 소통도 해야 한다.

실직하면 죄책감과 수치심이 생길 수 있다. 죄책감은 마음속 깊이 솟아오르는, 자신의 행동을 뉘우치는 감정이다. 수치심은 자신의 행동이나 다른 사람들의 평가를 부끄러워하는, 남들을 의식하는 감정이다.

실직 후 2가지 이유로 수치심을 가질지도 모른다.

첫째, 자신의 직업을 다른 사람들에게 자랑했기 때문이다. 그런 경우, 이전 성과나 행동을 평가받을 수도 있다고 생각하고 그들과 관계를 맺어야 한다. 아무리 괴로워도 그 문제를 정면으로 거론해야 한다. 자신의 이전 자랑이 현재 상황을 더 악화시켰음을 받아들이면 동정심이 없는 사람들로부터도 공감을 받을 수 있다.

둘째, 다른 사람들의 부정적인 반응을 예상했기 때문이다. 증거가 부족한데도 자신이 심판받고 있다고 느낀다면 자신을 불쌍하게 여겨야 한다. 회사에서의 실수처럼 가까운 친구나 가족의 실직 소식에 대한 반응을 상상해보아야 한다. 개인적인 상황을 다른 사람에게서 생긴 것처럼 평가해보면 도움이 된다.

종종 사람들은 자신보다 다른 사람에게 격려를 훨씬 더 많이 보낸다. 실직할 경우, 지인들이 자주 찾아오기도 한다. 감정이 상한다면 슬픔에서 벗어날 방법으로 다른 사람들을 끌어들이는 것이 좋다. 슬픔의 무게를 혼자 짊어질 때보다 함께 나누면 견디기 훨씬 쉽다. 이때 남녀의 '사회적 뇌'의 작동에 차이가 있다. 여러 이유로 남성은 부정적인 사건 발생 후 지원받을 가능성이 여성보다 훨씬 낮다. 당신이 남성이고 회사에서 문제를 겪는다면 선천적인 성향부터 없애야 할지도 모른다. 남자친구, 친척, 동료가 문제를 겪더라도 그들은 도움을 요청하지 않을 수도 있으니 먼저 손을 내밀어야 한다. 작은 배려지만 당사자에게는 큰 힘이 된다.

앞으로 나아가려는 시도를 슬픔이라는 감정이 어렵게 만드므로 실직의 정신적인 고통을 인정해야 한다. 우울해지면 반응을 안 보일 수 있다. 일반적으로 분노는 미래에의 집중을 방해하며 분노는 오히려 실직의 책임자나 그 회사로 향한다. 슬픔을 이겨내면서 새로운 직업을 찾으려면 반드시 해야 할 일을 잘 준비해야 한다.

실직 때문에 신체적·정신적 문제가 생길 수도 있다는 다양한 연구 결과와 증거도 있으므로 실직으로 인한 스트레스에 대처하기 위해 특히 다른 사람들과 함께 일하는 기회가 중요하며 건강에 도움이 되는 행동을 우선적으로 해야 한다.

회복

좌절기를 겪고 경력을 이어나가려면 이미 일어난 사건에 대한 책임을 지고 그 문제를 초래한 자신의 약점을 살펴보아야 한다. 그 좌절이 자신의 경력에서 어떤 의미인지도 현실적으로 살펴보아야 한다. 그런 후 다음 직장을 찾아보아야 한다. 좌절은 자신의 행동 때문이거나 아닐 수도 있다. 값비싼 실수를 저질렀을지도 모른다. 세세한 부분까지 신경 쓰느라 일이 지체되었을 수도 있다. 동료들과 갈등이 생겼을 수도 있다.

앞으로는 같은 결과에 다시 시달리지 않도록 개선 방향을 현실적으로 평가해야 한다. 그동안 이룬 성취를 되돌아보고 부정적인 조언을 진지하게 받아들인다. 다른 곳에 입사 면접을 앞두었다면 이전 회사에서의 업무 질문에 대한 정확한 답변을 준비한다. 자신의 지식과 스킬의 약점을 찾아내기 위해 직업 상담도 고려해본다.

아무 잘못도 안 했는데 해고·좌천되기도 한다. 구조조정, 경영 부실, 경기 침체의 희생양이 될 수 있지만 이때는 다른 대처법을 생각해야 한다. 해당 산업 분야가 쇠퇴하고 있을 수도 있다. 그 업무는 많은 회사가 외주 위탁Outsourcing이나 자동화를 하고 있을지도 모른다. 몇 년 안에 사라질 가능성마저 있다면 미래 경제에 적응하기 위한 재교육이 필요하다. 실직은 대안을 고려하고 기술을 추가로 습득하기 위한 학위나 자격증 프로그램을 찾아야 할 때라는 신호를 보낼 수 있다.

경력 경로를 재고해야 할 때 '인지적 뇌'는 재훈련을 거부할 수 있다. 전문 지식을 개발하는 데 이미 많은 시간과 에너지를 들이지 않았는가. 재교육보다 과거에 했던 일을 계속하는 것이 쉽겠지만 옛 속담과 달리 '늙은 개에게도 새로운 재주를 가르칠 수 있다'. 고졸 또는 그 이상의 학력이더라도 직업을 바꾸는 데 필요한 새로운 기술을 습득할 수 있다.

정신적 예리함을 유지하는 가장 좋은 방법은 현재의 직업을 바꿀 생각이 없더라도 회사에서 새로운 스킬을 습득하기 위해 계속 도전하는 것이다. 초반 타성에서 벗어나면 일에 대한 생각을 새로운 방식으로 즐길 수 있다. 이런 좌절을 겪으면 자신의 이상적인 경력 경로가 바뀔 수도 있다는 점을 인정해야 한다.

에드 Ed의 이야기는 이번 섹션 시작 부분에 등장했다. 그는 연구중심 대학의 교수로 평생 근무할 수 없다는 말을 듣고 실의에 빠졌다. 그의 경력은 예상대로 흘러가지 않았다. 기여에 대한 생각을 바꾸는 방법도 있다. 자신의 기여도 통제 불능 상황에서는 감정적으로 견디기 어렵다.

앞에서도 논의했듯이 사람들은 자기 일에 대한 '행위 주체의식 Sense of Agency'이 있을 때 마음이 훨씬 편하다. 통제할 수 있는 일을 찾아내고 노력을 집중하면 변화된 상황에서 기분이 좋아질 것이다. 그렇게 하면 회사생활에서의 무력감을 더 이상 느끼지 않게 된다.

새 직업 찾기

직장을 잃고 새 일자리를 찾기 시작할 때는 종종 2가지 중요한 문제가 생긴다.

첫째, 이전 직장을 그만둔 이유를 조금이라도 설명해야 한다.

둘째, 구직 기간이 길어지고 좌절감을 맛볼 수 있다. 불행히도 실직은 자신의 능력과 아무 상관이 없더라도 오점을 남길 수 있다.

'대표성 추단법 Representativeness Heuristic' 연구는 마음속에 떠오른 생각에 근거해 사람을 판단하는 경향을 보여준다. 일부 실직자는 실적 부진으로 해고된 것으로 간주된다. 또 다른 실직자는 구직활동을 안 한다는 다른 사람들의 고정관념 때문에 부정적인 평가를 받는다.

채용 담당자들은 이런 편견에는 관심이 없지만 지원자들이 실직 상태라면 이직 때보다 심사숙고해야 할 요인이 더 많다고 생각하므로 기존 회사에 다니면서 새 회사 입사를 시도하는 경우가 많다. 채용 담당자들은 실직에 대해 암묵적으로 추측할 수 있으므로 이직 후 곧바로 일하지 않은 이유를 설명해야 한다.

이전 고용주들과 원만한 관계를 유지하고 있다면 그들에게 문의를 요청하고 이전 직장에서 이직 사실에 대한 설명을 준비해야 한다. 특정 약점이 실직의 원인이었다면 어떻게 보완·해결했는지 말한다. 많은 고용주는 실패를 극복하고 개선하려는 의지에 감동한다. 그런 의지가 안 보인다면 당신의 입사지원서를 좋게 안 볼 수도 있다. 이 책에서 반복되는 주제는 자신에 대한, 안 좋은 정보를 다룰 때는 장기적으로 '정직이 최선'이라는 점이다.

구직활동은 시간이 걸릴 가능성이 크므로 집중력을 유지해야 한다. 낙관적이고 분명한 생활습관을 갖는 것도 중요하다. 구직기간에 일의 진척은 서서히 진행되므로 오래 기다릴 각오가 중요하다. 실직 기간에는 아침에 일어나 매일 출근하던 습관이 사라질 수 있다. 자칫 의욕을 잃기 쉬운 이 기간에는 건강하게 지내는 생활습관이 가장 중요하다. 실직보다 무서운 상황은 바로 건강을 잃는 것이다. 건강하지 못하면 새 직업을 구할 수도 없으니 규칙적으로 생활하며 새 직장을 찾아본다. 적절한 음식 섭취, 규칙적인 운동, 긍정적인 마인드를 유지하도록 노력하고 그동안 갖지 못했던 자아와 가족과의 정이 담긴 깊은 대화도 나누어보자.

언제든 전화 통화와 면접에 응할 수 있도록 유연하고 생산적인 일상생활을 보내야 한다. 구직 사이트에 올라오는 새로운 게시물을 매일 확인한다. 오프라인 수업이나 인터넷 강의 수강과 독서로 새로운 직업 스킬을 익힌다. 헤드헌팅업체 담당자와도 정기적으로 만나 취업 기회를 상의하는 것이 좋다.

구직 기간은 외로울 수 있다. 동료들과 함께 지내는 공동체가 없을 때 특히 그렇다. 이전 동료들과 연결된 SNS 회원들은 당신을 도와줄 수 없다는 죄책감을 느낄 수 있으므로 그들과의 관계가 부담이 될 수도 있다. 지역 비영리단체는 새 일자리를 찾는 동안 자원봉사 활동을 하며 임시로 소속될 수 있는 훌륭한 공동체다. 많은 비영리단체는 단기간이라도 특정 스킬 보유자를 섭외해 활용한다. 구직활동을 도와줄 사람들을 그곳에서 만날 수도 있다.

임시 인력센터 가입도 고려해본다. 그곳을 하찮은 일을 하는 곳으로 생각할 수 있지만 오늘날 경제에서는 많은 회사가 고도로 숙련된 직책에 임시직 근로자들을 채용하고 있다. 인력센터는 일터와 연결되는 다리가 되고 정규직 일자리를 소개해줄 사람들을 만나게 해줄 수도 있다. 임시직이나 자원봉사를 통해 기술을 향상시키고 다른 단체를 도와준 경험은 면접에서 훌륭한 대화 소재가 되고 당신이 가진 다양한 능력을 인정받을 근거도 된다.

고용주들은 회사생활에는 좋은 시절과 나쁜 시절이 있다는 점을 잘 안다. 좋은 시절에는 생산적으로 보이기 쉽다. 상황이 안 좋을 때도 생산적일 수 있다는 것을 보여준다면 당신의 회복 탄력성은 채용 담당자들에게 깊은 인상을 심어줄 수 있다. 내적 에너지가 클수록 새 회사를 만날 가능성도 크다.

자신의 경력 관리는 큰 관점에서 유연한 자세로 인내심을 발휘해야 하는 평생의 과업이고 삶의 과정이다. 경력 경로에서 기회와 의미를 찾길 바라며 여러분의 건투를 빈다.

핵심 내용

당신의 뇌

동기적 뇌

- 경력 차질은 슬픔을 동반한다.
- '슬픔의 5단계'는 자동반사적이지 않지만 상실감을 가진 후 자주 생긴다.
- 수치심은 자신이 한 일에 대한 타인의 반응에 관심을 보이는 외적 감정이다.

사회적 뇌

- 상향식 사회 비교는 자신보다 잘난 사람과 비교하는 것이고 하향식 사회 비교는 자신보다 못한 사람과 비교하는 것이다.

인지적 뇌

- '즉석 기억 범주'는 목표를 중심으로 구성된다. 그 구성 요소는 이상과 비슷한 정도를 기준으로 평가받는다.

실무 활용 팁

- 사회적 비교는 비교 대상이 자신과 비슷할 때 가장 효과적이다.
- 자기 비교는 종종 타인 비교보다 유용하다.

- 성공을 너무 좁게 정의하지 말자.

- 성공하거나 만족하지 못할 무리한 목표는 과감히 포기한다.

- 이전 직장 동료들과 원만한 관계를 유지한다.

- 실직 후 슬퍼할 자신만의 시간을 갖는다.

- 회사에서 수치심은 별 도움이 안 된다. 정면으로 맞선다.

- 자신의 행동으로 인한 실직이 아니더라도 낙인찍힐 수 있음을 기억한다.

- 실직 후 새 일자리를 찾는 동안 일정한 생활방식을 유지한다.

- 구직활동 기간 중의 자원봉사나 임시직 일은 도움이 될 수 있다.

에필로그
자신의 이야기를 써보자

여러분은 8살 때가 기억날지 모르겠다. 그 아련하고 아름답던 시절이 생생히 떠오른다면 다행이지만 대부분 흐릿한 기억으로 남아 있을 것이다. 주변에 8살 초등학교 1학년생이 있다면 그들의 생활을 유심히 관찰해보길 바란다. 해맑은 표정, 자연스러운 몸짓, 노는 모습을 바라보노라면 불현듯 자신의 어린 시절 이미지가 떠오를 수 있다. 그리고 철없던 당시 사건들이 기억난다면 다행이지만 그 나이에 가졌던 생각과 감정 속으로 다시 빠져들기는 매우 어렵다.

내 어머니는 그 무렵 내게 일기 쓰기를 시키셨다. 훗날에도 일기를 보고 싶다며 누누이 강조하셨다. 덕분에 어릴 때부터 간직해온 일기 몇 페이지를 최근 우연히 읽어보다가 기억이 났다.

학교에서 수십 개의 '킥 볼 Kick Ball' 게임을 했다는 내용을 읽었고 내가 받은 새 샤프에 대한 설명과 필라델피아 프랭클린 연구소를 방문했던 것도 알 수 있었다. 내가 매우 좋아했던 기념품 동전을 받았던 일을 일기장에 적었다. 그 세부사항 중 많은 내용은 그동안 살아오면서 까맣게 잊고 있었다. 기념할 만한 중요한 사건은 그중에 없어 보였지만 말이다.

우리는 어린 시절뿐만 아니라 인생의 모든 단계를 잊고 지낸다. '인지적 뇌'의 작동방식의 핵심원리는 분명하다. 현재의 처지와 이전에 겪은 정보가 많이 겹칠수록 과거의 경험을 회상할 가능성도 커진다. 유년시절에 살았던 집이나 몇 년 전 휴가를 보낸 곳에 다시 가보면 최근 몇 년 동안 생각하지 않았던 그때 그 순간에 벌어진 세부적인 사건들이 많이 떠오른다. 따라서 과거를 기억하는 가장 쉬운 대상은 바로 지금 보는 방법과 가장 비슷한 것들이다. 당신의 '현재'는 과거를 보는 관점에 영향을 미친다는 점은 분명하다.

기억의 이런 결과 때문에 자신의 경력 궤도를 제대로 떠올리기 힘들 수 있다. 앞으로 경력을 계속 쌓아나가면 회사 초년병 시절의 불확실성에서 오는 염려는 잊혀진다. 자신의 기여도도 인식하지 못할 수 있다. 그것들은 지난 삶의 한순간이었기 때문이다. 어디서 시작했는지 기억나지 않는다면 현재 어디까지 왔는지도 알기 어렵다.

자신의 경력 발전 과정을 잘 추적할 수 있도록 중요한 순간을 기록해보라. 규칙적인 일기 쓰기로부터 영감을 받을지도 모르지만 일기가 아니더라도 매년 특정한 날을 선택한다. 생일, 설날, 특별한 의미가 있는 날을 정할 수도 있다. 잠시 그 해의 회사생활을 회상해보고 기억에 남는 사건을 적어본다. 일상적인 사건들, 회사 동료들, 당신의 희망, 꿈, 두려움에 대해서도 써본다. 자랑스러웠던 사건, 어쩔 수 없이 저지른 실수도 생각해본다. 특히 시간을 어떻게 보냈는지 기록하도록 회사에서 사용한 달력을 보관하면 좋다. 오늘날은 스마트폰으로 일정 관리가 가능해 일정을 보관하는 데 도움이 된다.

그리고 가끔 과거를 회상하듯 '현재'를 되돌아본다. 시간이 지나면서 자신의 열망과 걱정이 어떻게 변하는지 알게 된다. 중요한 일이라고 생각했던 일부 사건은 흔적도 없이 사라지고 당시는 중요하게 생각되지 않았던 다른 사건들이 삶의 결정적인 사건으로 드러날지도 모른다. 과거에 가졌던 목표의 일부는 여전히 우선순위로 남아 있다. 절대로 하지 않겠다고 생각했던 일들이 회사에서 만족감을 가져다주는 중요한 일부가 되었다는 것도 알게 된다.

양호한 건강 상태를 아직 유지할 만큼 운이 좋다면 당신의 경력은 75,000시간(약 30년 직장생활)의 인생 그 자체. 다른 사람들에게 "무슨 일을 하십니까?"라고 직업을 물었을 때 우리는 그들이 교수, 조직관리자, 기업가라고 한마디로 답하거나 한두 문장으로 요약하길 기대하지만 당신의 이야기는 그보다 분명히 더 풍부하고 재미있을 것으로 기대한다. 그런 삶의 여정에 많이 감사하길 바란다.

'세간에 떠도는 지혜 Bumper-Sticker Wisdom'에 의하면 사람들은 임종할 때 "더 많은 시간을 회사 사무실에서 보낼 걸"이라고 아쉬워하지는 않는다. 하지만 우리는 지금까지 해온 기여, 업무차 만난 사람들, 풍부한 경력을 만들어준 동료들에 대한 큰 자부심이 있다. 성공을 즐기고 장애물을 극복했을 때가 자랑스럽다. 충분한 시간이 흐른 후에는 실패조차 훌륭한 이야기 소재가 되는 경우가 많다. 그런 자신의 이야기를 기꺼이 적어놓을 것을 제안하고 싶다. 그래서 더 상세한 경력의 내밀한 이야기를 맛볼 수 있어야 한다.

마지막으로 영어에서 가장 비극적인 네 글자를 기억하길 바란다.

'TGIF ^{Thank God. It's Friday}(신이시여, 감사합니다. 오늘은 금요일입니다.)'

회사생활의 목적이 단지 주말 시간을 기다리는 것이라면 우리는 멋진 모험과 경력 개발의 기회를 놓치고 있다. 회사와 일은 삶의 일부이며 성공과 행복은 전체 경력에 달려 있다는 점을 강조하고 싶다.

감사의 글

이 책 앞표지에 한 명의 이름만 저자로 적는 바람에 내가 많은 사람의 도움을 받았다는 사실을 알리기 어렵게 되었다. 이 책은 '패스트 컴퍼니 Fast Company'의 케이트 데이비스, 리치 벨리스, 새라 그린, 칼 마이클, 하버드 비즈니스 리뷰 HBR의 에이미 갈로가 없었다면 세상에 나올 수 없었다. 지난 몇 년 동안 회사생활에 대해 많이 논의해오면서 책에서 이 문제를 해결할 영감을 얻었다. 그들과 일하면서 즐거웠고 앞으로도 그러길 바란다.

소셜미디어에서 매우 많은 사람이 자신들의 경력 경로에 대한 반복적인 요청에 응답해준 데 너무나 감사드린다. 이 책에 등장한 분들은 스스럼없이 자신의 경험을 공유했다. 그들이 보내온 이야기를 모두 쓸 수 없었던 것이 아쉽다. 항상 그렇듯 훌륭한 에이전트인 자일스 앤더슨에게 깊은 감사를 전한다. 그는 내가 글을 계속 쓰고 출판업계 이곳저곳을 돌아다닐 필요가 없을 만큼 몰아붙였다.

텍사스 주립대 '조직의 인재 육성 HDO' 프로그램을 통해 직업과 관련된 많은 의견을 알게 되었다. 이 책은 프로그램 일을 열심히 도와준 에이미 웨어, 루이스 밀러, 로렌 리프, 제시카 크로포드, 롤리 리오스, 알렉스 디케마 덕분이며 그들에게 바친다. 또한 랜디 딜, 마크 뮤식, 리차드 플로레스, 에스더 레이젠, 그리고 수년 동안 이 프로그램을 지원해준 텍사스대 문과대학 모든 학장님 덕분이다. 그 프로그램과 관련된 교직원과 학생들에게 그들의 지혜를 공유해준 데 깊은 감사를 표한다.

책이 출간되기까지 아낌없는 조언을 해준 베라 히노조사, 엘리자베스 몰리터와 내 절친이자 팟캐스트 <투 가이스 온 유어 헤드>의 공동 진행자인 밥 듀크에게도 감사를 전한다.

하버드 비즈니스 리뷰 출판사 직원들은 책이 실제로 태어나는 데 중요한 역할을 했다. 먼저 제프 키호의 의지에 감사한다. 검토자들의 다양한 조언이 책의 품격을 훨씬 높여주었다. 책 디자인을 맡은 스테파니 핑스와 마케팅 팀의 줄리 데볼에게도 감사를 표한다.

마지막으로 프로젝트에 대해 끊임없이 이야기하는 내용을 경청해준, 사랑하는 리오라 오렌트, 경력 초반의 모습을 본능적으로 상기시켜준 루카스, 일람, 니브에게도 감사한다. 그들의 이야기 중 일부는 책 안에 들어갔다. 부모님 손드라와 애드 마크먼에게도 감사드린다. 부모님의 경력과 조언은 내 경력을 살펴보는 방법을 결정하는 데 영향을 미쳤다. 그리고 초등학교 때 일기를 쓰게 해주셔서 고마워요, 어머니. 모두 사랑합니다.

용어 설명

책의 내용을 잘 활용하려면 '설명깊이의 착각'에 빠지지 말아야 한다. 인과지식이 풍부할수록 관련내용을 깊이 이해하고 자신의 경력관리를 효과적으로 해나갈 수 있다. 독자의 이해를 돕기 위해 원서에 없는 용어 설명을 추가한다. 용어의 개념을 음미하면서 읽어보자. - 편집자 주

가면 증후군 (Imposter Syndrome)

자신의 성공이 노력이 아니라 순전히 운으로 얻어졌다고 생각하고 지금까지 주변 사람들을 속여 왔다고 생각하면서 불안한 심리를 말한다. 성공 요인을 자신이 아닌 외부에 귀안하고 자신을 자격이 없거나 사기꾼으로 생각하기도 한다. 심리학에서는 가면 증후군을 타인으로부터 높은 수준의 기대를 받고 실패에 대한 두려움도 높은 사람들이 최악의 상황이 발생했을 때 겪을 충격을 사전에 완화하려는 방어기제의 일환으로 본다.

감정 (Feeling)

특정 현상이나 사건을 접했을 때 마음에서 일어나는 느낌이나 기분을 말한다. 감정의 발생 원인은 생리적·신체적 원인, 심리적 원인, 사회적 원인, 문화적 원인 4가지로 볼 수 있다. 심리학자들은 감정을 애착이라고도 부른다.

고려상표군 (Consideration Set)

소비자가 제품 구매를 결정하기 전 단계에서 최종적으로 선택 대상에 포함되는 브랜드의 집합이다. Hauser와 Wernerfelt는 사람들이 머릿속에서 인출하는 고려상표군, 즉 생각하는 제품들의 개수는 평균 3~4개라고 한다. 실제로 모든 자동차, 화장품 브랜드를 말해보라고 하면 모든 브랜드가 아니라 자신이 알고 있고 좋게 생각하는 브랜드만 말할 것이다. 이처럼 기업들이 비용을 들여 광고, 프로모션을 통해 소비자의 고려상표군 안에 들어가려고 노력하는 것이다.

구조적 정렬 (Structural Alignment)

두 가지 항목을 비교할 때 그 사이에서 가능한 모든 공통점을 찾아내는 것이다. 예를 들어, 입사하려는 A 회사와 B 회사가 있다. A와 B 모두 인센티브와 휴가를 제공한다는 공통점이 있다. 여기서 두 회사의 인센티브 수준과 휴가일 수 차이는 조정할 수 있다. 이를 조정가능한 차이라고 한다. 반대로 A 회사는 자기계발 교육 지원을 해주지만, B 회사는 지원해주지 않는다. 이것은 '비정렬 차이'라고 한다. 일반적으로 '비정렬 차이'의 중요성을 간과하고 있는데 직장을 비교할 때는 옵션 비교보다 개별적 옵션에 초점을 맞출 필요가 있다.

계통적 실패 (Systematic Failures)

계통적 실패는 사양, 설계, 제조, 운영, 유지·보수 및 폐기 등 시스템 수명의 모든 단계에서 발생할 수 있다. 예를 들어, 회사에서 내가 목표한 수치에 달성하지 못했다면 업무 프로세스에서 '계통적 실패'가 있었는지 진척 과정을 되돌아보고 수정해야 한다.

기점화와 조정 추단법 (Anchoring & Adjustment Heuristic)

아모스 트베르스키와 다니엘 카네만이 발견한 개념이다. 기점화는 행동경제학 용어로 협상 테이블에서 최초로 언급되었다. 조건에 얽매여 크게 벗어나지 못하는 효과를 의미한다. 즉, 최초 습득한 정보에 몰입해 새로운 정보를 수용하지 않거나 이를 부분적으로만 수정하는 행동 특성을 말한다. 연봉 협상 과정에서 이런 실수를 많이 범하기도 한다.

기회 계획 (Opportunistic Planning)

단기적 활동으로 '전술'과 유사한 개념으로 볼 수 있다. 전략이 장기적인 목표에 초점을 맞추는 것이라면 기회 계획은 단기적 기회에 초점을 맞추면서 더 즉흥적인 활동을 하는 것을 말한다. 예를 들어, 갑작스런 환경 변화에 대응해야 하는 활동이 있다.

기회비용 (Opportunity Cost)

특정 선택으로 인해 포기된 기회들 중 가장 큰 가치가 있는 기회나 혹은 기회가 가진 가치를 말한다. 또는 사용한 자원을 타 용도로 사용할 수 없다는 개념이다. 예를 들어, 소수 회사에 지원하기 위해 많은 시간을 보내면 다른 회사의 지원 기회는 잃는 것과 같다. 이것은 돈을 벌 기회도 자연스럽게 놓치는 것이다.

다방면 전문가 (Expert Generalist)

다방면에서 광범위한 경험과 지식을 가진 사람들이다. 사전의 말 풀이는 모든 분야에 통달한 전문가다. 전문가나 달인이 특정 분야에서 고도로 숙련된 사람인 데 비하면 광범위한 분야에서 경험과 지식, 식견을 갖춘 사람으로 보면 된다. 이런 전문가의 특징은 다양한 분야의 새로운 아이디어를 심사숙고하고 배우려는 욕구가 매우 강하다는 것이다. 광범위한 지식은 창의성에 도움이 된다. 이런 사람들의 또 다른 특징은 유추 능력이다. 다른 분야에서 새로운 아이디어를 끌어내는 능력을 말한다. 역시 창의성과 관련 있다. 이들에게는 '생각하기(사유)'를 즐긴다는 공통점이 있다. 폭넓은 지식에 기반한 깊은 사유를 통해 새로운 통찰력을 얻는 것이 이들의 특징이다. '테슬라 모터스' CEO 일론 머스크는 다방면 전문가가 되기 위한 제1 원칙을 이렇게 설명한다. 모든 것을 진리와 근본에서 시작해 핵심 생각을 흡수, 소화한 후 재구성해 체계화하는 과정을 안내하고 이끄는 것이다.

단편 판단 (Thin-Slice Judgments)

심리학과 철학에서 사용되는 용어이다. 최소한의 정보로 개인 또는 상황의 상태, 특성 또는 세부사항을 매우 빠르게 추론하는 본능적 판단을 의미한다. 우리는 보통 일반화하거나 소유한 정보가 미흡한 상태에서 결정할 때 잘못된 결정이 내려질 확률이 높다고 생각한다. 하지만 때로는 결정을 내리고 행동하기 위해 소량의 정보만 있으면 된다. 회사 면접에서는 외모나 옷차림의 단편적인 모습이 평가에도 영향을 미칠 수 있다. 면접관에게 좋은 인상을 주기 위해서는 이런 요소에도 신경 쓸 필요가 있다.

동기화된 추론 (Motivated Reasoning)

객관적 근거가 아닌 개인의 주관적 동기에 근거한 추론이다. 이는 개인의 합리화에 의해 특정지어진다. 따라서 자신이 믿고 있는 것을 확인시키는 정보만 찾고 그렇지 않은 정보는 외면하는 경향성이다. 즉, 동기적 뇌가 자신이 원하는 결과와 일치하는 방식으로 정보를 해석하는 것이다.

동기적 뇌 (Motivational Brain)

성공적인 직장생활의 필수요소 3가지 중 하나다. '정신 시스템'이라고도 한다. 다소 넓은 범주로 쓰이고 있다. 유기체의 생존, 안전과 관련된 생물학적 수준부터 다양한 사회·문화적 수준에 거쳐 가치로 존재한다. 동기적 뇌는 참여하는 과제나 활동의 가치, 자기 수행에 대한 기대감, 목표 등과 같은 차원을 지닌다. 좀 더 쉽게 설명하면 인간이 뭔가 실행하거나 회피하도록 하는 메커니즘의 집합이라고 볼 수 있다. 뇌의 핵심영역으로 오랫동안 진화된 '변연계'가 동기적 뇌의 기능을 담당한다. 동기적 뇌를 잘 이해한다면 업무 관리와 만족감과 스트레스의 근원을 이해하는 데 도움이 된다.

디브리핑-업무수행 보고 (Debriefing)

원래 해당 임무를 마친 담당자로부터 보고를 받는 것을 말한다. 인적자원개발 분야에서는 역할 연기, 측정, 현장답사와 같은 교육훈련 세션에 이어지는 활동으로 피교육자들이 교육기간 동안 배우고 경험한 것들과 향후 활동계획을 평가자나 다른 사람들과 정리하는 과정을 말한다. 회사에서 효과적으로 팀을 운영하는 데 필요한 핵심요소 중 하나다.

딥러닝 (Deep learning)

사물이나 데이터를 군집화하거나 분류하는 데 사용하는 기술이다. 예를 들어, 컴퓨터는 사진만으로 개와 고양이를 구분하지 못한다. 하지만 사람은 아주 쉽게 구분할 수 있다. 이를 위해 '기계학습'이라는 방법이 고안되었다. 많은 데이터를 컴퓨터에 입력하고 비슷한 것끼리 분류하도록 하는 기술이다. 저장된 개 사진과 비슷한 사진이 입력되면 이를 개 사진이라고 컴퓨터가 분류시키는 것이다. 딥러닝의 핵심은 분류를 통한 예측이다. 수많은 데이터 속에서 패턴을 발견해 인간이 사물을 구분하듯 컴퓨터가 데이터를 분류한다. 이 분별 방식은 두 가지로 나뉜다. '지도 학습'과 '비지도 학습'이다. 지도 학습 방식은 컴퓨터에 먼저 정보를 가르치는 방법이고 비지도 학습은 배움의 과정 없이 컴퓨터 스스로 학습하는 비교적 진보된 기술이다.

멀티 태스크 (Multi Task)

다중처리 능력을 말한다. 컴퓨터를 사용할 때 한 가지 작업에서 다른 작업으로 번갈아가며 동시에 여러 일을 할 수 있는 것을 의미한다. 마찬가지로 동시에 여러 가지 일을 하는 사람을 '멀티 태스커'라고 부른다. 인지심리학에서는 동시에 두 가지 이상의 일을 할 때 성과가 떨어진다고 한다.

목표 확산 (Goal Contagion)

주변 사람들의 목표와 행동을 따라하는 현상을 말한다. 이는 사람의 인지 체계가 주변 사람들과 가까운 관계를 유지하도록 도와주는 방법이다. 직장생활 중 매너리즘에 빠진 사람이 갓 입사한 신입사원의 열정과 패기, 에너지에 전염되어 새로운 목표를 갖고 다시 활기차게 자신의 업무를 시작하는 것도 목표 확산의 좋은 예다. 주변 사람들이 대부분 과식할 때 자신도 따라 과식하는 것도 목표 확산의 안 좋은 예다.

메타인지 (Metacognition)

전문지식을 늘리려면 자신이 가진 지식의 간극부터 알아야 한다. 자신이 무엇을 알고 모르는지 파악하지 못한다면 새로운 것을 배우려는 동기가 생기지 않는다. 즉, 메타인지는 우리 자신의 사고능력을 바라보는 또 하나의 눈이다. 자신의 인지적 활동에 대한 지식과 조절을 의미하는 것으로 내가 무엇을 알고 모르는지에 대해 아는 데서부터 자신이 모르는 부분을 보완하기 위한 계획과 그 계획의 실행 과정을 평가하는 것까지 전반적으로 의미한다. 이 능력이 뛰어난 사람은 자신의 사고과정 전반에 대한 이행과 평가가 가능하기 때문에 어떤 것을 수행하거나 배우는 과정에서 어떤 구체적 활동과 능력이 필요한지 알고 그것에 기초해 효과적인 전략을 적절히 구사할 수 있다.

미러링 (Mirroring)

상대방의 가벼운 행동부터 음성, 태도 등의 행위를 모방하는 것을 말한다. 사람들은 사회적 상호작용을 하는 동안 서로 미러링한다고 한다. 인간이라면 누구나 사랑받고 인정받고 싶어하는 욕구가 있다. 예를 들어, 거래처 관계, 새로운 사람과의 미팅과 같은 장면에서 그런 욕구가 발생한다. 또한 회사 면접을 볼 때 지친 면접관에게 활기찬 모습으로 에너지를 내뿜는다면 면접관도 에너지를 얻어 면접에서 긍정적인 영향을 가져올 수 있다.

발표자 패러독스 (Presenter's Paradox)

정보 제공자는 정보의 질과 상관없이 더 많은 양의 정보를 제공하고 싶어한다. 반면, 평가자는 무조건 많은 정보보다 가장 강력한 정보만 듣고 싶어한다. 예를 들어, 면접을 볼 때 면접관은 핵심내용만 알고 싶어하지만 지원자는 최대한 많은 정보를 제공하는 것이 자신을 어필할 수 있다고 생각한다.

백워드 설계 (Backward Design)

미국은 1985년 실시한 국제과학 학력 비교연구에서 비교국 중 최하위를 차지해 학생들의 학력 저하를 해결하기 위해 새로운 교육법안인 NCLB를 제정했다. 그때 평가 전문가인 위긴스와 맥타이가 효율적인 교수방법에 초점을 두고 평가를 중시하는 백워드 설계를 만들었다. 이 모형의 특징은 목표 및 목표 달성을 중시해 이를 위해 평가를 강조하고 근본적 아이디어(핵심개념) 학습에 중점을 두고 영속적 이해를 추구하는 것이다.

보편적 가치 세트 (The Universal Values)

여러 사람이 지속적으로 바람직하다고 생각하는 가치를 말한다. 인간의 존엄성, 자유, 평화 등과 같이 대부분의 의견이 일치하고 바람직하다고 생각하는 가치를 기본적이고 보편적인 가치라고 한다. 10가지 보편적 가치로는 주체, 자극, 쾌락, 성취, 권력, 보안, 적합, 전통, 자선, 보편주의가 있다.

블록체인 (Block Chain)

'블록'을 잇달아 '연결'한 모음을 말한다. 블록체인 기술이 쓰인 가장 유명한 사례는 가상화폐인 '비트코인'이다. 블록체인 기술에서 '블록'에는 일정 시간 동안 확정된 거래 내역이 담긴다. 온라인에서 거래 내용이 담긴 블록이 형성되는 것이다. 거래 내역을 결정하는 주체는 사용자다. 이 블록은 네트워크에 있는 모든 참여자에게 전송된다. 참여자들은 해당 거래의 타당성 여부를 확인한다. 승인된 블록만 기존 블록체인에 연결되면서 송금이 이루어진다. 이것은 신용 기반은 아니다. 시스템으로 구성, 제3자가 거래를 보증하지 않고도 거래 당사자끼리 가치를 교환할 수 있다는 것이 블록체인 구상이다.

사회적 기술 (Social Skills)

개인이 사회나 회사에서 성공적으로 적응하는 데 필요한 대인관계와 여러 가지 행동들로 구성된다. 일반적으로 사회적 기술은 4가지 성격을 특징으로 한다. 첫째, 개인이 타인과의 상호작용에서 부정적인 반응을 피하고 긍정적인 반응을 이끌어내는, 사회적으로 통용될 수 있는 행동이다. 둘째, 타인에게 현재나 미래에 특정 영향을 미치기 위하여 표출되는 행동으로 목표지향적이고 도구적이다. 셋째, 그 사회의 특수한 상황이 반영된 것으로 사회적 맥락에 따라 변화된다. 넷째, 관찰 가능한 행동과 관찰되지 않는 의식적·감정적인 요소가 모두 포함된다.

사회적 뇌 (Social Brain)

사회적 뇌 가설은 비교적 큰 인간의 두뇌가 인간이 사회적 행동을 하도록 인도하고 형성하도록 돕기 위해 진화했다는 생각에서 비롯되었다. 우리는 사회나 조직에서 벌어지는 다양한 상황들에서 적절한 행동을 찾아야 한다. 그것들이 사회적 상황에서 무의식적·의식적으로 수행해야 하는 과제이기도 하다. 이것들을 제대로 하려면 자기통제, 타인의 조망 이해, 내 행동 모니터링 등 다양한 기술이 필요한데 이를 사회적 뇌가 담당하고 있는 것이다.

설명 깊이의 착각 (Illusion of Explanatory Depth)

사람들이 세상에 존재하는 것들의 작동 방식에 대해 실제로 알고 있는 것보다 더 잘 안다고 믿는 현상을 말한다. 사람은 자신의 지식 수준을 과대평가하는 경향이 있다. 매우 일상적인 일부터 정치적 이슈처럼 더 추상적인 영역에서 이런 경향을 보인다. 예를 들어, 흔히 기계나 장치가 어떻게 작동하는지 설명할 수 있다고 자신 있어 하지만 실제로 설명해보라면 하지 못한다. 마찬가지로 어디선가 많이 들어본 용어 예를 들어, '딥러닝'이나 '블록체인'을 안다고 생각하지만 정확히 설명해보라고 하면 그렇지 못한 경우가 대부분이다. 이는 용어 자체가 많이 노출되어 있어 자신이 잘 안다고 착각하는 경우다.

소명의식 (Vocation)

원래는 종교적 개념으로 신의 부름을 받는 일이라는 의미로 사용되었으나 점점 일반화되어 부여받은 명령을 꼭 수행해야 한다는, 책임의식을 말한다.

마찬가지로 일에도 소명의식이 필요하다. 일을 단순히 직업으로만 인식했을 때보다 삶의 큰 의미나 목적의식을 부여해 소명의식을 갖는다면 더 헌신적으로 일하고 좋은 결과를 가져올 수 있다.

숙의적 인지 뇌 시스템 (Deliberative Cognotive Brain System)

인간의 사고를 직관적 인지 뇌 시스템(시스템 1), 숙의적 인지 뇌 시스템(시스템 2)으로 나눌 수 있다. 시스템 1은 단순하고 그다지 노력이 별로 필요없는 사고체계다. 반면, 시스템 2는 좀 더 복잡하고 논리적이고 추론적인 사고다. 뭔가 배우고 학습할 때는 시스템 2가 활발히 작동하지만 익숙해진다면 시스템 1에서 시스템 2로 잘 넘어가지 않는다.

어두운 3요소 (Dark Triad)

2명의 캐나다 심리학자가 냉담함과 조작, 공감능력 결여와 관련된 속성인 사이코패스, 나르시시즘, 마키아벨리즘을 분류하기 위해 이 용어를 만들었다. 사이코패스는 의학적으로 반사회적 성격장애와 품행장애를 가진 사람이다. 나르시시즘은 자기애가 너무 강해 자신을 과대평가하고 사랑하는 것이다. 마지막으로 마키아벨리즘은 군주론의 주요 이론으로 목적을 이루기 위해 수단과 방법을 가리지 않는 심리를 말한다. 회사에서 어두운 3요소 성격 특징을 가진 상사나 동료와 관계를 갖기는 쉽지 않을 것이다.

예크스-도슨 곡선 (Yerkes-Dodson Curve)

일반적으로 각성 상태가 높을수록 과제 수행에 도움이 될 것이라고 생각한다. 그러나 예크스-도슨 법칙은 각성 상태의 적정선에서 과제수행의 효율성이 최대를 나타내고 그 최대지점에서 각성수준이 높아질수록 과제 수행 효율성이 떨어진다는 법칙이다. 본문 7장 '이상적 개입'에서 그림을 보면 이해하기 더 쉬울 것이다.

옴부즈만 (Ombudsperson)

행정부가 강화되고 행정 기능이 전문화되는 자본주의 국가에서 행정부의 독주를 막고 행정권의 남용이나 부당행위로 국민의 권리나 이익이 침해되었을 때 그것을 신속히 구제하기 위해 제도화한 수단이다. 오늘날 옴부즈만의 기능은 시민보호로부터 점점 '더 나은 촉진'으로 무게중심이 옮겨지고 있다. 일부 기업에서도 사내에서의 동료간 갈등을 중재하기 위해 옴부즈만 제도를 시행하고 있다.

이유 기반 선택 (Reason-Based Choice)

인지심리학자들은 세상에는 두 가지 차이가 있다고 주장한다. 상대비교를 통한 차이와 질적으로 다른 것에 기초한 차이다. 컴퓨터와 노트북 그리고 컴퓨터와 자전거 중 더 큰 차이를 느낄 수 있는 것은 무엇인가? 당연히 컴퓨터와 노트북이라고 생각할 것이다. 비슷하다고 생각되는 두 개 이상의 대상들로부터 차이점을 더 많이 더 쉽게 떠올릴 수 있다. 즉, 공통점이 많을수록 그 공통점에 기초한 차이를 더 쉽게 비교할 수 있다. 여기서 비교가 쉽다는 것은 나의 판단과 결정에 좋은 '이유'나 '구실' 역할을 할 수 있다는 뜻이다. 사람들은 최적의 것이나 질적으로 다른 장점을 지닌 것을 선택하기보다 비교하기 쉽고 내 결정의 이유를 쉽게 말할 수 있는 대상을 선택하는 경우가 빈번하다는 것이다. 사람들이 '이유를 가장 잘 댈 만한 것'을 선택하는 경우를 어렵지 않게 볼 수 있다. 말은 인간에게 너무나 중요한 의미 전달 수단이지만 그러므로 의미 자체에 인간을 너무 집착시켜 정작 중요한 것을 놓치게 만드는 실수를 범하게도 한다. 그 중 하나가 바로 '이유'다.

인과지식 (Causal Knowledge)

세상이 어떻게 돌아가는지 알려주는 정보를 말한다. 인과지식은 설명으로 조직화된다. 즉, 인과지식은 '왜'라는 특정 질문과 관련 있다. 자신에게 설명하는 습관을 기르면 인과지식이 향상될 수 있다.

인지과학 (Cognitive Science)

인간이 느끼고 생각하고 표현하는 것을 구체적 공식이나 절차를 통해 표현하는 연구를 지향하며 인지심리학, 인공지능, 언어학, 신경과학, 인류학, 철학, 컴퓨터 과학 등 여러 분야에 걸친 다학문적인 연구 분야다. 컴퓨터 상의 모델화를 중심으로 고도의 형식성과 정밀성을 요구한다.

인지적 뇌 (Cognitive Brain)

외부 환경으로부터 입력되는 정보들을 처리해 의미를 구성하는 기능으로 정보의 형태를 파악하고 결합하는 역할을 한다. 또한 인지적 뇌는 우측 뇌로 일차적으로 합리적 사고, 문제 해결, 정보 처리를 담당하며 단기기억과 상호작용적 행동도 담당한다.

자기중심적 편향 (Egocentric Bias)

특정 대상이나 현상에 대해 과도하게 자신의 입장에서만 생각하고 판단함으로써 일어나는 인지적 왜곡을 가리키는 심리학 용어다. 자신을 중심으로 다른 대상이나 현상을 해석하고 판단하려는 인지적 오류로 소망적 사고와 비슷한 개념으로 볼 수 있다.

자기충족 예언 (Self-fulfillment Prophecy)

20세기 들어 사회학자 머턴이 사용한 용어로 자성예언이라고도 한다. 이것의 뜻은 진리로 선언된 긍정적이거나 부정적인 예언, 강력한 신념, 망상에 대한 행위자의 반응이 그 거짓 예언을 성취하는 데 충분한 영향을 미칠 수 있다는 것이다. 즉, 특정 예언이나 생각이 이루어질 것이라고 강력히 믿음으로써 그 믿음 자체에 의한 피드백을 통해 행동을 변화시켜 직간접적으로 그 믿음을 실제로 이루어지게 하는 예측을 말한다. 피그말리온 효과, 플라시보 효과와 같은 의미로 사용된다.

작동 기억력 (Working Memory)

정보들을 일시적으로 보유하고 각종 인지적 과정을 계획하고 순서를 정해 실제로 수행하는 작업장을 말한다. 감각기억보다 정보를 오래 유지할 수 있지만 이 시간이 지나면 많은 내용이 사라져버린다. 하지만 이곳에서는 단순히 정보 유지뿐만 아니라 불러들인 정보를 능동적으로 가공하므로 이를 이용해 논리적 추론이나 계산 등을 할 수 있다.

정보 비대칭 (Information Asymmetry)

시장에서 이루어지는 거래에서 쌍방이 보유한 정보의 차이를 말한다. 보험 회사와 보험가입자, 주주와 경영자, 고용주와 피고용자 등이 있다. 이처럼 상대적으로 많은 정보를 가진 쪽을 정보 우위, 반대의 경우를 정보 열위에 있다고 한다. 면접에서 정보를 많이 입수해 정보 비대칭을 줄여야 한다.

정서 (Emotion)

주관적 경험, 표출된 행동, 신경화학적 활동이 종합된 신체적-생리적 반응을 동반한 지속적인 감정을 말한다. 머리 부분의 활동을 인지라고 한다면, 정서는 가슴 부분의 활동이라 할 수 있다. 즉, 기쁨, 분노, 두려움과 같은 것은 물론 두뇌 없이 진행될 수는 없지만, 주로 생리적인 반응과 직결되어 있어 가슴이나 피부로 경험하기 때문에 머리에서만 진행되는 인지활동과 대비해 볼 수 있다. 정서는 인간심리의 중요한 부분이지만 사고나 행동을 조직할 수 없는 것처럼 정서를 조작할 수는 없다.

정신적 등가물 (Mental Equivalent)

화자의 정서와 동일한 정서를 유발하거나 감정 이입의 대상이 되는 것으로 화자의 정서를 사물에 투영했을 때의 대상물을 말한다.

조직의 인재육성 (HDO; Human Dimensions of Organizations)

텍사스 대학이 미 육군의 인간 수행(주어진 과제나 시스템에 대한 인간의 반응)를 최적화하기 위한 툴을 기반으로 만든 프로그램이다. 인문학, 행동과학, 사회과학을 혁신적으로 결합하여 조직의 핵심 문제들을 해결하기 위한 교육을 제공한다. 최고경영자 학위과정, 전문 직업 교육 과정, 학사 학위 과정이 개설되어 있다.

5가지 주요 성격 특성 (The Big Five Personality)

1. 외향성(Extraversion): 자신의 감정을 솔직히 표현할 수 있다. 타인과의 사교, 자극과 활력을 추구하는 성향으로 사회성, 활동성, 적극성과 같은 특질을 포함한다.
2. 성실성(Conscientious): 목표를 성취하기 위해 성실히 노력하는 성향으로 심사숙고하고 규범이나 규칙을 준수하고 계획을 잘 세우는 특질을 포함한다.
3. 친화성(Agreeableness): 다른 사람과 더불어 잘 지내는 성격을 말한다. 자신을 지나치게 내세우기보다 전체적인 화합을 중시하고 주변 사람들을 신뢰하는 성격이다. 친화성이 높은 사람은 조직의 상급자와 부하, 동료는 물론 고객 등 외부 이해관계자들과도 원만한 관계를 형성한다. 즉,

이타성, 애정, 신뢰, 배려, 겸손 등과 같은 특질을 포함한다.

4. 정서적 안정성(Emotional Stability): 흥분과 침울, 기쁨과 슬픔 등 감정의 양 극단을 오가는 정도를 말한다. 안정성이 높은 사람은 직장생활에서 스트레스와 긴장 상태를 잘 극복하고 타인과 차분히 상호작용하며 갈등을 심화시키지 않는다. 반대로는 불안, 우울, 분노, 감정이고, 불안정하고, 신경질적인 특질들이 포함된다.

5. 지적 개방성(Intellectual Openess): 새로운 경험이나 혁신에 대한 거부감이 적은 것을 말한다. 지적 개방성이 높은 사람은 조직생활에서 상상력과 호기심이 많고 새로운 정보를 잘 받아들이며 변화 수용도가 높다. 또한 지능, 고정관념 타파, 심미적인 것에 대한 관심, 다양성에 대한 욕구, 품위 등과 관련된 특질을 포함한다.

최근 노스웨스턴대 과학자들의 연구결과에 따르면 사람의 성격유형은 평균형(average), 내성적(reserved), 자기중심적(self-centered), 롤모델형(role model) 네 가지로 분류된다. 관련 논문은 과학저널 'Nature Human Behavior'에 게재됐다. 논문 제목은 'A robust data driven approach identifies four personality types across four large data sets'이다. 먼저 평균형은 매우 친화적이고, 성실하며, 외향적인 성격을 말한다. 자기중심적 유형은 개방성, 성실성, 친화성에서는 평균 이하인 반면 강한 외향성을 보인다. 내성적 유형은 개방성과 안정성을 제외한 나머지 영역에서 매우 안정적인 것을 말한다. 마지막으로 롤모델형은 외향성, 친화성, 성실성에서 매우 높

은 수치를 보인다. 과학자들이 분류한 최초의 성격유형 사례로 그동안 사회
과학, 인문과학계가 주도해오던 성격유형 연구에 변화가 있을 전망이다.

지배적 반응 (Dominant Response)

사회 심리학에서 지배적 반응은 '주어진 자극으로부터 가장 빠르고 쉽게 반
응이 도출되는 것'이라고 한다. 여기서 각성이 증가함에 따라 개인이 지배적
반응을 수행하는 경향을 강화시킨다. 손쉬운 작업에서는 지배적 반응이 일
반적으로 정확하거나 성공하기 쉬운 반면, 좀 더 복잡하거나 익숙하지 않은
작업에서는 지배적 반응이 실패할 가능성이 높다. 예를 들어, 유일한 경로가
직선인 단순한 미로에서는 지배적 반응이 정확히 나타나지만 십자형 모양
의 복잡한 미로에서는 잘못된 반응을 보일 가능성이 높다.

줄리어스 시저 (Julius Caesar)

로마 공화정 말기의 정치가이자 장군이다. 폼페이우스, 크라수스와 함께 3
두동맹을 맺고 콘술이 되어 민중의 큰 인기를 얻었으며 지방장관으로 갈리
아 전쟁을 수행했다. 1인 지배자가 되어 각종 사회정책, 역서 개정 등과 같은
개혁사업을 추진하였으나 브루투스 등에게 암살되고 말았다. 그는 "경험이
최고의 스승이다"라는 유명한 말을 남기기도 했다.

직원몰입 (Employee Engagement)

자신이 근무하는 기업의 성공을 위해 자발적으로 투입하는 시간, 지력, 에너지

수치다. 인적자원 측면에서 기업 성과 향상의 가장 중요한 원인 중 하나로 직원몰입도 상승을 꼽을 만큼 직원의 업무 몰입은 개인 성과는 물론 기업의 재무 성과와도 직접적인 관련이 있다. 글로벌 HR컨설팅 기업인 타워스 페린은 직원몰입도 향상을 위해 경영자들은 직원을 파악하고 직원을 성장시키고 직원에게 영감을 주고 직원의 참여를 이끌어내고 성과에 대해서는 충분히 보상하는 5가지 지침을 제안한다.

처리 유창성 (Processing Fluency)

특정 정보나 자극에 대한 정보 처리 과정에서 개인이 주관적으로 경험하는 용이한 감정이나 어려움을 의미하는 것으로 지각적 유창성과 개념적 유창성으로 구분된다. 먼저 지각적 유창성은 대상에 대한 물리적 특성(모양, 맛, 색상)에 대한 분석적 처리 과정에서 나타난다. 반복 노출, 뚜렷한 대조, 시각적 자극이 오래될수록 강화된다. 개념적 유창성은 대상의 의미를 분석적으로 처리하는 데 영향을 미친다. 자극의 의미를 분석하고 처리하는 과정에서 지각되는 용이성이 있다. 대상이 제시되는 맥락이 대상과의 관련성이 큰 경우, 증가한다.

통제 환상 (Illusion of Control)

하버드대 심리학자 앨런 랭어 교수가 지칭한 용어로 객관적인 외부환경을 자신의 뜻대로 만들어갈 수 있다고 믿는 개인의 심리적 상태를 말한다. 사람들은 자신이 영향력을 행사할 수 없는 상황에서도 자신이 통제력을 지니고 있다고 믿을 때가 있다. 즉, 자신만 열심히 잘한다면 원하는 대로 일이 풀릴 것이라고 믿는 것이다. 이때 사람들은 자신이 통제할 수 없는 일인데도 마치 통제할 수 있는 것처럼 행동한다. 통제 환상은 개인주의가 강한 사람들에게서 더 많이 나타나는 것으로 알려져 있다. 이들은 주어진 사건에 대한 통제력의 근원이 타인이나 외부 조건과의 관련성보다 개인, 즉 자신에게 있다고 여기는 경향이 있어 자신의 통제력을 과장해 지각하기 때문이다.

트레이드 오프 (Trade-Off)

상호 절충을 의미한다. 여러 선택사항 중 한 가지에 더 큰 가치를 부여하는 결정이다. 즉, 한쪽을 위해 다른 쪽을 희생시키는 것을 말한다.

학습조직 (Learning Organization)

조직구성원에 의해 지식이 창출되고 이에 기초해 조직혁신이 일어나며 조직의 환경적응력과 경쟁력이 증대되는 조직을 말한다. 즉, 조직구성원 스스로 새로운 지식의 창조·획득·공유 등의 활동을 통해 새로운 환경에 적응할 수 있도록 끊임없이 자기 변신을 할 수 있는 조직을 의미한다. 학습조직은 조직을 바라보는 새로운 관점, 새로운 사고방식으로의 전환을 의미한다. 따라서 학습조직의 단일 모형은 없으며 학습조직의 개념은 다양한 조직 유형으로 실현될 수 있다. 효율성이 핵심인 전통적 조직과 달리 학습조직에서의 핵심 가치는 문제 해결이다. 조직의 학습을 촉진하기 위해 최근 등장하는 조직 유형으로는 수평조직·네트워크 조직·가상조직 등이 있다.

확산 일관성 (Spreading Coherence)

믿음과 감정은 시간이 흐르면 더 일관된다는 이론이다. 예를 들어, 집을 사는 사람은 처음에 집의 장점과 단점 모두를 고려한다. 하지만 구매하지 않는다는 결정을 한 후에는 집의 단점만 보려는 경향이 있다. 처음에는 뭔가에 대한 강한 태도가 없었지만 결국 특정 항목을 좋아하거나 싫어하게 된다. 태도가 힘을 변화시키면 그 자세와 일치하는 정보에 대한 비중을 늘리고 그와 일치하지 않는 정보에 대한 비중을 줄인다.

후광 효과 (Halo Effect)

개인의 두드러진 특성으로 인해 연관되지 않은 그 사람의 다른 특성을 좋거나 나쁘게 평가하는 것을 의미한다. 매력적인 사람이 못생긴 사람보다 거의 모든 영역에서 유리한 평가를 받는다고 결론지은 연구 결과도 있다.

MBTI (Myers-Briggs Type Indicator)

융의 심리유형론을 근거로 마이어스와 브릭스가 고안한 자기보고식 성격유형 지표다. MBTI는 인식과 판단에 대한 융의 심리적 기능이론과 인식과 판단의 향방을 결정짓는 융의 태도 이론을 바탕으로 제작되었다. 또한 개인이 쉽게 응답할 수 있는 자기보고 문항을 통해 인식하고 판단할 때의 각자의 선호 경향을 찾고 이 선호경향들이 합쳐져 인간의 행동에 미치는 영향을 파악해 실생활에 응용할 수 있도록 제작된 심리검사다.

뇌 용어 설명

기저핵 (Basal Ganglia)

대뇌 반구의 중심 부위에 자리잡은 큰 핵의 집단으로 대뇌 피질과 백질에 둘러싸여 있다. 미상핵, 피각 및 담창구 등 종뇌에 있는 피질하 집합으로 운동을 통제한다. 중뇌의 적핵에서 도파민이 분비되는 곳이기도 하다.

변연계 (Limbic System)

1949년 물리학자 매클레인이 만든 개념이다. 뇌관의 위쪽을 둘러싼 뇌의 구조물을 말한다. 시상하부, 해마, 편도체, 시상앞핵, 변연엽, 후각신경구 등으로 이루어져 있고 측좌핵과 상호연결되어 있어 기본적인 정서(분노, 공포)와 동기(식욕, 갈증, 성욕)를 통제하고 학습에 관여한다.

시상 (Thalamus)

뇌의 5개 부분 중 하나인 간뇌의 대부분을 차지하는 주요 구조이다. 시상은 많은 신경핵군으로 이루어져 있다. 겉으로 볼 때에는 두 개의 작은 타원형으로 구성되어 있고, 이것이 좌우 대뇌반구에 하나씩 자리잡고 있다. 시상에는 두 가지 중요한 기능이 있다. 시상은 각종 수용기로부터의 신경충격을 대뇌피질로 전달하는데, 그곳에서 신경 충격은 깨어 있는 동안 촉각, 통증, 온도 등의 적절한 감각으로 형성된다. 또한 시상은 휴지상태 중에는 시냅스 전달, 즉 들어오는 충격을 조절하는데, 이러한 조절은 긴 휴지기 이후에 오는 폭발적인 신경충격을 분산시킴으로써 이루어진다.

시상하부 (Hypothalamus)

시상 바로 아래 위치하고 아몬드 크기만하다. 대사 과정, 자율 신경계를 관장하고 신경 호르몬을 합성 분비해 뇌하수체에서 호르몬이 분비되는 것을 자극하거나 억제한다. 체온, 소화, 대사, 심장 기능, 갈증, 수면, 식욕, 성욕, 피로 등 가장 기본적인 신체 활동을 관장한다. 또한 내장, 혈관 등 자율 신경계, 내분비계를 통제한다. 시상하부야 말로 뇌의 중심부에 있으면서 인간 정신의 근원이 되고 중심뇌라고도 할 만한 활동을 하고 있는 중요한 뇌이다.

피질 (Cortex)

생물체를 이루는 기관에서 겉층과 안쪽 층이 기능이나 구조면에서 서로 다를 때 겉층을 피질이라고 하며 그 안쪽에 수질을 감싸고 있다. 우리 몸의 기관에서는 뇌, 신장, 부신에 그런 조직이 있다.

해마 (Hippocampus)

변연계에서 한가운데의 원호의 일부를 형성하고, 한 쪽 해마의 크기는 보통 3~3.5세제곱센티미터 정도이고 지름은 1센티미터 정도에 길이는 5센티미터 정도이다. 해마는 뇌의 다른 부위로 신호를 전달하는 중요한 원심성 신경섬유 역할을 한다. 학습과 기억에 관여하며 감정 행동 및 일부 운동을 조절한다. 또한 시상하부의 기능을 조절하는 역할을 가지고 있다.

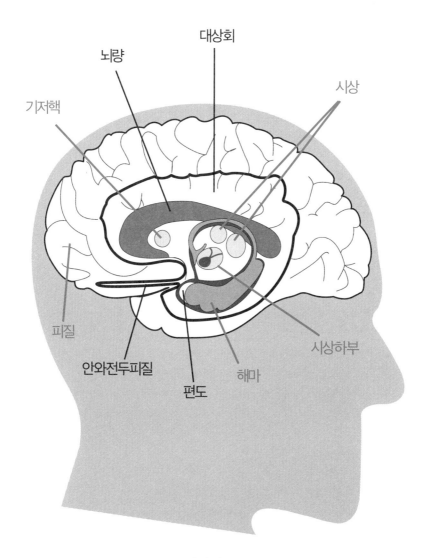

기저핵

뇌량

대상회

시상

피질

안와전두피질

편도

해마

시상하부

< 변연계 구조 >

참고문헌

1장

Bureau of Labor Statistics. *Jobs, Labor Market Experience, and Earnings Growth among Americans at 50: Results from a Longitudinal Survey.* Washington, DC: USDL17-1158 (2015).

Gentner, D. "Some Interesting Differences between Nouns and Verbs." *Cognition and Brain Theory* 4, no. 2 (1981): 161–178.

McCabe, D. P., and A. D. Castel. "Seeing Is Believing: The Effect of Brain Images on Judgments of Scientific Reasoning." *Cognition* 107, no. 1 (2008): 343–352.

Medin, D. L., and A. Ortony. "Psychological Essentialism." In *Similarity and Analogical Reasoning*, edited by S. Vosniadou and A. Ortony, 179–195. New York: Cambridge University Press, 1989.

2장

Bardi, A., and S. H. Schwartz. "Values and Behavior: Strength and Structure of Relations." *Personality and Social Psychology Bulletin* 29, no. 10 (2003): 1207–1220.

Chen, P., P. C. Ellsworth, and N. Schwarz. "Finding a Fit or Developing It: Implicit Theories about Achieving Passion for Work." *Personality and Social Psychology Bulletin* 41, no. 10 (2015): 1411–1424.

Dawson, J. "A History of Vocation: Tracing a Keyword of Work, Meaning, and Moral Purpose." *Adult Education Quarterly* 55, no. 3 (2005): 220–231.

Dik, B. J., and R. D. Duffy. "Calling and Vocation at Work." *The Counseling Psychologist* 37, no. 3 (2009): 424–450.

Duffy, R. D., B. J. Dik, and M. F. Steger. "Calling and Work-related Outcomes: Commitment as a Mediator." Journal of Vocational Behavior 78 (2011): 210–218.

Gilovich, T., and V. H. Medvec. "The Temporal Pattern to the Experience of Regret." *Journal of Personality and Social Psychology* 67, no. 3 (1994): 357–365.

Harter, J. K., F. L. Schmidt, and C. L. Keyes. "Well-being in the Workplace and Its Relationship to Business Outcomes: A Review of the Gallup Studies." In *Flourishing: The Positive Person and the Good Life*, edited by C. L. Keyes and J. Haidt. Washington, DC: American Psychological Association, 2002.

Langer, E. J. "The Illusion of Control." *Journal of Personality and Social Psychology* 32, no. 2 (1975): 311–328.

Ward, T. B. "What's Old about New Ideas." In *The Creative Cognition Approach*, edited by S. M. Smith, T. B. Ward, and R. A. Finke, 157–178. Cambridge, MA: The MIT Press, 1995.

3장

Alter, A. L., and D. M. Oppenheimer. "Uniting the Tribes of Fluency to Form a Metacognitive Nation." *Personality and Social Psychology Review* 13, no. 3 (2009): 219–235.

Ambady, N., F. J. Bernieri, and J. A. Richeson. "Toward a Histology of Social Behavior: Judgmental Accuracy from Thin Slices of the Behavioral Stream." *Advances in Experimental Social Psychology* 32 (2000): 201–271.

Beilock, S. L. Choke: *What the Secrets of the Brain Reveal about Getting It Right When You Have To*. New York: Free Press, 2010.

Darke, S. "Anxiety and Working Memory Capacity." *Cognition and Emotion* 2, no. 2 (1987): 145–154.

Higgins, E. T., G. A. King, and G. H. Mavin. "Individual Construct Accessibility and Subjective Impressions and Recall." *Journal of Personality and Social Psychology* 43, no. 1 (1982): 35–47.

Johnson, J. H., and I. G. Sarason. "Life Stress, Depression and Anxiety: Internal- External

Control as a Moderator Variable." *Journal of Psychosomatic Research* 22, no. 3 (1978): 205–208.

Nisbett, R. E., and T. D. Wilson. "The Halo Effect: Evidence for Unconscious Alteration of Judgments." *Journal of Personality and Social Psychology* 35, no. 4 (1977): 250–256.

Pickering, M. J., and S. Garrod. "Toward a Mechanistic Psychology of Dialogue." *Behavioral and Brain Sciences* 27, no. 2 (2004): 169–226.

Shafir, E. "Choosing versus Rejecting: Why Some Options Are Both Better and Worse Than Others." *Memory and Cognition* 21, no. 4 (1993): 546–556.

Shafir, E., I. Simonson, and A. Tversky. "Reason-Based Choice." *Cognition* 49 (1993): 11–36.

Spector, P. E. "Behavior in Organizations as a Function of Employee's Locus of Control." *Psychological Bulletin* 91, no. 3 (1982): 482–497.

Thompson, S. D., and H. H. Kelley. "Judgments of Responsibility for Activities in Close Relationships." *Journal of Personality and Social Psychology* 41, no. 3 (1981): 469–477.

Weaver, K., S. M. Garcia, and N. Schwarz. "The Presenter's Paradox." *Journal of Consumer Research* 39 (2012): 445–460.

4장

Gentner, D., and A. B. Markman. "Structure Mapping in Analogy and Similarity." *American Psychologist* 52, no. 1 (1997): 45–56.

Hsee, C. K. "The Evaluability Hypothesis: An Explanation of Preference Reversals for Joint and Separate Evaluation of Alternatives." *Organizational Behavior and Human Decision Processes*, 67, no. 3 (1996): 247–257.

Kruglanski, A. W., and D. M. Webster. "Motivated Closing of the Mind: 'Seizing' and 'Freezing.'" *Psychological Review* 103, no. 2 (1996): 263–283.

Kunda, Z. "The Case for Motivated Reasoning." *Psychological Bulletin* 108, no. 3 (1990): 480–498.

Lakoff, G., and M. Johnson. *Metaphors We Live By*. Chicago, IL: The University of Chicago Press, 1980.

Loschelder, D. D., M. Friese, M. Schaerer, and A. D. Galinsky. "The Too-Much-Precision Effect: When and Why Precise Anchors Backfire with Experts." *Psychological Science* 27, no. 12 (2016): 1573–1587.

Markman, A. B., and D. L. Medin. "Similarity and Alignment in Choice." *Organizational Behavior and Human Decision Processes* 63, no. 2 (1995): 117–130.

Roseman, I. J. "Appraisal Determinants of Emotions: Constructing an Accurate and Comprehensive Theory." *Cognition and Emotion* 10, no. 3 (1996): 241–278.

Russo, E. J., V. H. Medvec, and M. G. Meloy. "The Distortion of Information during Decisions." *Organizational Behavior and Human Decision Processes* 66 (1996): 102–110.

Schaerer, M., R. I. Swaab, and A. D. Galinsky. "Anchors Weigh More Than Power: Why Absolute Powerlessness Liberates Negotiators to Achieve Better Outcomes." *Psychological Science* 26, no. 2 (2015): 170–181.

Shafir, E., I. Simonson, and A. Tversky. "Reason-Based Choice." *Cognition* 49 (1993): 11–36.

Stanovich, K. E., and R. F. West. "Individual Differences in Rational Thought." *Journal of Experimental Psychology: General* 127, no. 2 (1998): 161–188.

Trope, Y., and N. Liberman. "Temporal Construal." *Psychological Review* 110, no. 3 (2003): 403–421.

Tversky, A., and D. Kahneman. "Judgment under Uncertainty: Heuristics and Biases." *Science* 185 (1974): 1124–1131.

Wilson, T. D., and J. W. Schooler. "Thinking Too Much: Introspection Can Reduce the Quality of Preferences and Decisions." *Journal of Personality and Social Psychology* 60, no. 2 (1991): 181–192.

5장

Aarts, H., P. M. Gollwitzer, and R. R. Hassin. "Goal Contagion: Perceiving Is for Pursuing." *Journal of Personality and Social Psychology* 87, no. 1 (2004): 23–37.

Basalla, G. *The Evolution of Technology*. Cambridge, UK: Cambridge University Press, 1988.

Chi, M. T. H., and K. A. VanLehn. "The Content of Physics Self-Explanations." *Journal of the Learning Sciences* 1, no. 1 (1991): 69–105.

Dunning, D., and J. Kruger. "Unskilled and Unaware of It: How Difficulties in Recognizing One's Own Incompetence Lead to Inflated Self-Assessments." *Journal of Personality and Social Psychology* 77, no. 6 (1999): 1121–1134.

Kolligian, J., and R. J. Sternberg. "Perceived Fraudulence in Young Adults: Is There an 'Imposter

Syndrome'?" *Journal of Personality Assessment* 56, no. 2 (1991): 308–326.

Markman, A. B. *Knowledge Representation*. Mahwah, NJ: Lawrence Erlbaum Associates, 1999.

Markman, A. *Habits of Leadership*. New York: Perigee Books, 2013.

Markman, A. *Smart Thinking*. New York: Perigee Books, 2012.

Maxwell, N. L., and J. S. Lopus. "The Lake Wobegon Effect in Student Self-Reported Data." *American Economic Review* 84, no. 2 (1994): 201–205.

Metcalfe, J., and A. P. Shimamura, eds. *Metacognition: Knowing about Knowing*. Cambridge, MA: The MIT Press, 1994.

Roediger, H. L., and K. B. McDermott. Creating False Memories: Remembering Words Not Presented in Lists." *Journal of Experimental Psychology: Learning, Memory, and Cognition* 21, no. 4 (1995): 803–814.

Rosenblit, L., and F. C. Keil. "The Misunderstood Limits of Folk Science: An Illusion of Explanatory Depth." *Cognitive Science* 26 (2002): 521–562.

Sturgis, P., C. Roberts, and P. Smith. "Middle Alternatives Revisited: How the Neither/ Nor Response Acts as a Way of Saying 'I Don't Know.'" *Sociological Methods and Research* 43, no. 1 (2014): 15–38.

6장

Brummelman, E., S. Thomaes, and C. Sedikides. "Separating Narcissism from Self-esteem." *Current Directions in Psychological Science* 25, no. 1 (2016): 8–13.

Clark, H. H. *Using Language*. New York: Cambridge University Press, 1996.

Garrod, S., and G. Doherty. "Conversation, Co-ordination and Convention: An Empirical Investigation of How Groups Establish Linguistic Conventions." *Cognition* 53 (1994): 181–215.

Keating, E., and S. L. Jarvenpaa. *Words Matter: Communicating Effectively in the New Global Office*. Oakland, CA: University of California Press, 2016.

Levelt, W. J. M. *Speaking: From Intention to Articulation*. Cambridge, MA: The MIT Press, 1989.

Levinson, S. C. "Deixis." In *Handbook of Pragmatics,* edited by L. R. Horn and G. Ward, 97–121. Malden, MA: Blackwell Publishing Ltd, 2004.

McTighe, J., and R. S. Thomas. "Backward Design for Forward Action." *Educational Leadership* 60, no. 5 (2003): 52–55.

7장

Anderson, M. C., and B. A. Spellman. "On the Status of Inhibitory Mechanisms in Cognition: Memory Retrieval as a Model Case." *Psychological Review* 102, no. 1 (1995): 68–100.

Anderson, M. C., C. Green, and K. C. McCulloch. "Similarity and Inhibition in Long-term Memory: Evidence for a Two-Factor Theory." *Journal of Experimental Psychology: Learning, Memory, and Cognition* 26, no. 5 (2000): 1141–1159.

Dalston, B. H., and D. G. Behm. "Effects of Noise and Music on Human and Task Performance: A Systematic Review." *Occupational Ergonomics* 7 (2007): 143–152.

Dobbs, S., A. Furnham, and A. McClelland. "The Effect of Background Music and Noise on the Cognitive Test Performance of Introverts and Extraverts." *Applied Cognitive Psychology* 25 (2011): 307–313.

Drucker, P. F. The Practice of Management. New York: HarperCollins Publishers, 1954.

Emberson, L. L., G. Lupyan, M. H. Goldstein, and M. J. Spivey. "Overheard Cell-Phone Conversations: When Less Speech Is More Distracting." *Psychological Science* 21, no. 20 (2010): 1383–1388.

Fiske, A. P. "The Four Elementary Forms of Sociality: Framework for a Unified Theory of Social Relations." *Psychological Review* 99 (1992): 689–723.

Hanczakowski, M., C. P. Beaman, and D. M. Jones. "Learning through Clamor: The Allocation and Perception of Study Time in Noise." *Journal of Experimental Psychology: General* 147, no. 7 (2018): 1005–1022.

Hildreth, J. A. D. and C. Anderson. "Failure at the Top: How Power Undermines Collaborative Performance." *Journal of Personality and Social Psychology* 110, no. 2 (2016): 261–286.

Hillman, C. H., K. I. Erickson, and A. F. Kramer. "Be Smart, Exercise Your Heart: Exercise Effects on Brain and Cognition." *Nature Reviews Neuroscience* 9 (2008): 58–65.

Hofstede, G., G. J. Hofstede, and M. Minkov. *Cultures and Organizations* (3rd ed.). New York: McGraw-Hill, 2010.

Humphreys, M. S., and W. Revelle. "Personality, Motivation, and Performance: A Theory of the

Relationship between Individual Differences and Information Processing." *Psychological Review* 91, no. 2 (1984): 153–184.

Jonason, P. K., S. Slomski, and J. Partyka. "The Dark Triad at Work: How Toxic Employees Get Their Way." *Personality and Individual Differences* 52, no. 3 (2012): 449–453.

Mednick, S. C., D. J. Cai, J. Kanady, and S. P. A. Drummond. "Comparing the Benefits of Caffeine, Naps, and Placebo on Verbal, Motor, and Perceptual Memory." *Behavioural Brain Research* 193 (2008): 79–86.

Pashler, H. E. The Psychology of Attention. Cambridge, MA: The MIT Press, 1998. Paulhus, D. L., and K. M. Williams. "The Dark Triad of Personality: Narcissism, Machiavellianism, and Psychopathy." *Journal of Research in Personality* 36, no. 6 (2002): 556–563.

Scullin, M. K., and D. L. Bliwise. "Sleep, Cognition, and Normal Aging: Integrating a Half-century of Multidisciplinary Research." *Perspectives on Psychological Science* 10, no. 1 (2015): 97–137.

Tannenbaum, S. I., and C. P. Cerasoli. "Do Team and Individual Debriefs Enhance Performance?" *Human Factors* 55, no. 1 (2013): 231–245.

Walker, M. P. "The Role of Sleep in Cognition and Emotion." *Annals of the New York Academy of Sciences* 1156 (2009): 168–197.

Walker, M. P., and R. Stickgold. "Sleep, Memory, and Plasticity." *Annual Review of Psychology* 57 (2006): 139–166.

Yerkes, R. M., and J. D. Dodson. "The Relation of Strength of Stimulus to Rapidity of Habit-Formation." *Journal of Comparative Neurology and Psychology* 18 (1908): 459–482.

8장

Arkes, H. R., and C. Blumer. "The Psychology of Sunk Cost." *Organizational Behavior and Human Decision Processes* 35 (1985): 124–140.

Boland-Prom, K., and S. C. Anderson. "Teaching Ethical Decision Making Using Dual Relationship Principles as a Case Example." *Journal of Social Work Education* 41, no. 3 (2005): 495–510.

Brehm, J. W., and E. A. Self. "The Intensity of Motivation." *Annual Review of Psychology* 40 (1989): 109–131.

Cooper, V. W. "Homophily or the Queen Bee Syndrome: Female Evaluation of Female Leadership." *Small Group Research* 28, no. 4 (1997): 483–499.

Duckworth, A. L., C. Peterson, M. D. Matthews, and D. R. Kelly. "Grit: Perseverance and Passion for Long-term Goals." *Psychological Review* 92, no. 6 (2007): 1087–1101.

Eagly, A. H., and J. L. Chin. "Diversity and Leadership in a Changing World." *American Psychologist* 65, no. 3 (2010): 216–224.

Gigerenzer, G. "Why the Distinction between Single-Event Probabilities and Frequencies Is Important for Psychology (and Vice Versa)." In *Subjective Probability*, edited by G. Wright and P. Ayton, 129–161. New York: John Wiley and Sons, 1994.

Gigerenzer, G. *Adaptive Thinking: Rationality in the Real World*. New York: Oxford University Press, 2000.

Johnson, H. M., and C. M. Seifert. "Sources of the Continued Influence Effect: When Misinformation in Memory Affects Later Instances." *Journal of Experimental Psychology: Learning, Memory, and Cognition* 20, no. 6 (1994): 1420–1436.

Lazonick, W., and M. O'Sullivan. "Maximizing Shareholder Value: A New Ideology for Corporate Governance." *Economy and Society* 1 (2000): 13–35.

Leung, A. K., W. W. Maddux, A. D. Galinsky, and C. Y. Chiu. "Multicultural Experience Enhances Creativity: The When and How." *American Psychologist* 63, no. 3 (2008): 169–181.

Lucas, H. C., and J. M. Goh. "Disruptive Technology: How Kodak Missed the Digital Photography Revolution." *Journal of Strategic Information Systems* 18, no. 1 (2009): 46–55.

Markman, A. *Smart Change: Five Tools to Create New and Sustainable Habits in Yourself and Others*. New York: Perigee Books, 2014.

Mavin, S. "Queen Bees, Wannabees, and Afraid to Bees: No More 'Best Enemies' for Women in Management." *British Journal of Management* 19 (2008): S75–S84.

McFadden, K. L., and E. R. Towell. "Aviation Human Factors: A Framework for the New Millennium." *Journal of Air Transport Management* 5, no. 4 (1999): 177–184.

Mischel, W., and Y. Shoda. "A Cognitive-Affective System Theory of Personality: Reconceptualizing Situations, Dispositions, Dynamics, and Invariance in Personality Structure." *Psychological Review* 102, no. 2 (1995): 246–268.

Nisbett, R. E., ed. *Rules for Reasoning*. Hillsdale, NJ: Lawrence Erlbaum Associates, 1993.

Oettingen, G. *Rethinking Positive Thinking: Inside the New Science of Motivation*. New York:

Current, 2014.

Ross, L. D. "The Intuitive Psychologist and His Shortcomings: Distortions in the Attribution Process." *In Advances in Experimental Social Psychology*, Vol. 10, edited by L. Berkowitz. New York: Academic Press, 1977.

Spetzler, C., H. Winter, and J. Meyer. *Decision Quality*. New York: Wiley, 2016.

Thorsteinsson, E. B., and J. E. James. "A Meta-analysis of the Effects of Experimental Manipulations of Social Support during Laboratory Stress." *Psychology and Health* 14 (1999): 869–886.

Tversky, A., and D. Kahneman. "Judgment under Uncertainty: Heuristics and Biases." *Science* 185 (1974): 1124–1131.

Vergauwe, J., B. Wille, J. Hofmans, R. B. Kaiser, and F. De Fruyt. "The Double-Edged Sword of Leader Charisma: Understanding the Curvilinear Relationship between Charismatic Personality and Leader Effectiveness." *Journal of Personality and Social Psychology* 114, no. 1 (2018): 110–130.

Weathersby, G. B. "Leadership vs. Management." *Management Review* 88, no. 3 (1999): 5.

Wollitzky-Taylor, K. B., J. D. Horowitz, M. B. Powers, and M. J. Telch. "Psychological Approaches in the Treatment of Specific Phobias: A Meta-analysis." *Clinical Psychology Review* 28, no. 6 (2008): 1021–1037.

Woodruff, P. *The Ajax Dilemma: Justice, Fairness, and Rewards*. New York: Oxford University Press, 2011.

9장

Ajzen, I., and M. Fishbein. "Attitude-Behavior Relations: A Theoretical Analysis and Review of Empirical Research." *Psychological Bulletin* 84, no. 5 (1977): 888–918.

Artz, B., A. H. Goodall, and A. J. Oswald. "Boss Competence and Worker Well-being." *Industrial and Labor Relations Review* 70, no. 2 (2017): 419–450.

Brickman, P., and D. T. Campbell. "Hedonic Relativism and Planning the Good Society." In *Adaptation Level Theory: A Symposium*, edited by M. H. Appley, 287–302. New York: Academic Press, 1971.

Campbell, C. R., and M. J. Martinko. "An Integrative Attributional Perspective of

Empowerment and Learned Helplessness: A Multimethod Field Study." *Journal of Management* 24, no. 2 (1998): 173–200.

Dane, E., and B. J. Brummel. "Examining Workplace Mindfulness and Its Relation to Job Performance and Turnover Intention." *Human Relations* 67, no. 1 (2014): 105 –128.

de Bloom, J., S. A. E. Geurts, S. Sonnentag, T. Taris, C. de Weerth, and M. A. Kompier. "How Does a Vacation from Work Affect Employee Health and Well-being?" *Psychology and Health* 26, no. 12 (2011): 1606–1622.

de Bloom, J., S. A. Geurts, and M. A. Kompier. "Vacation (After-) Effects on Employee Health and Well-being, and the Role of Vacation Activities, Experiences, and Sleep." *Journal of Happiness Studies* 14, no. 2 (2013): 613–633.

Fritz, C., A. M. Ellis, C. A. Demsky, B. C. Lin, and F. Guros. "Embracing Work Breaks: Recovering from Work Stress." *Organizational Dynamics* 42 (2013): 274–280.

Gensowsky, M. "Personality, IQ, and Lifetime Earnings." *Labour Economics* 51 (2018): 170 –183.

Gilbert, D. T., and T. D. Wilson. "Miswanting: Some Problems in the Forecasting of Future Affective States." In *Thinking and Feeling: The Role of Affect in Social Cognition*, edited by J. Forgas, 178–197. New York: Cambridge University Press, 2000.

Gilbert, D. T., M. J. Gill, and T. D. Wilson. "The Future Is Now: Temporal Correction in Affective Forecasting." *Organizational Behavior and Human Decision Processing* 88, no. 1 (2002): 430–444.

Holyoak, K. J., and D. Simon. "Bidirectional Reasoning in Decision Making." *Journal of Experimental Psychology: General* 128, no. 1 (1999): 3–31.

Jackson, D., A. Firtko, and M. Edenborough. "Personal Resilience as a Strategy for Surviving and Thriving in the Face of Workplace Adversity: A Literature Review." *Journal of Advanced Nursing* 60, no. 1 (2007): 1–9.

Judge, T. A., B. A. Livingston, and C. Hurst. "Do Nice Guys—and Gals—Really Finish Last? The Joint Effects of Sex and Agreeableness on Income." *Journal of Personality and Social Psychology* 102, no. 2 (2012): 390–407.

Koo, M., and A. Fishbach. "Climbing the Goal Ladder: How Upcoming Actions Increase Level of Aspiration." *Journal of Personality and Social Psychology* 90, no. 1 (2010): 1–13.

Markman, A. B., and D. L. Medin. "Similarity and Alignment in Choice." *Organizational*

Behavior and Human Decision Processes 63, no. 2 (1995): 117–130.

McDonald, D. *The Golden Passport: Harvard Business School and the Limits of Capitalism, and the Moral Failure of the MBA Elite*. New York: Harper Business, 2017.

Miller, K. I., B. H. Ellis, E. G. Zook, and J. S. Lyles. "An Integrated Model of Communication, Stress, and Burnout in the Workplace." *Communication Research* 17, no. 3 (1990): 300–326.

Ovsiankina, M. "Die Wiederafunahme unterbrochener Handlungen" ["The Resumption of Interrupted Tasks"]. *Psychologische Forschung* 11 (1928): 302–379.

Russo, E. J., V. H. Medvec, and M. G. Meloy. "The Distortion of Information during Decisions." *Organizational Behavior and Human Decision Processes* 66 (1996): 102–110.

Zeigarnik, B. "Das Behalten erledigter unt unerledigter Handlungen ["The Retention of Completed and Uncompleted Actions"]. *Psychologische Forschung* 9 (1927): 1–85.

Zhang, S., and A. B. Markman. "Overcoming the Early Entrant Advantage: The Role of Alignable and Nonalignable Differences." *Journal of Marketing Research* 35 (1998): 413–426.

10장

Ashton, W. A., and A. Fuehrer. "Effects of Gender and Gender Role Identification of Participant and Type of Social Support Resource on Support Seeking." *Sex Roles* 7–8 (1993): 461–476.

Barsalou, L. W. "Ad hoc Categories." *Memory and Cognition* 11 (1983): 211–227.

Barsalou, L. W. "Ideals, Central Tendency and Frequency of Instantiation as Determinants of Graded Structure in Categories." *Journal of Experimental Psychology: Learning, Memory and Cognition* 11, no. 4 (1985): 629–654.

Bengtsson, M., and S. Kock. "'Coopetition' in Business Networks—To Cooperate and Compete Simultaneously." *Industrial Marketing Management* 29, no. 5 (2000): 411–426.

Blau, D. M., and P. K. Robins. "Job Search Outcomes for the Employed and Unemployed." *Journal of Political Economy* 98, no. 3 (1990): 637–655.

Chun, J. S., J. Brockner, and D. De Cremer. "How Temporal and Social Comparisons in Performance Evaluation Affect Fairness Perceptions." *Organizational Behavior and Human Decision Processes* 145, no. 1 (2018): 1–15.

Cohen, T. R., S. T. Wolf, A. T. Panter, and C. A. Insko. "Introducing the GASP Scale: A Measure of Guilt and Shame Proneness." *Journal of Personality and Social Psychology* 100, no. 5 (2011):

947–966.

Kübler-Ross, E. *On Death and Dying. New York: Scribner and Sons*, 1969.

McKee-Ryan, F., Z. Song, C. R. Wanberg, and A. J. Kinicki. "Psychological and Physical Well-being during Unemployment." *Journal of Applied Psychology* 90, no. 1 (2005): 53–76.

Neff, K. "Self-compassion: An Alternative Conceptualization of a Healthy Attitude toward Oneself." *Self and Identity* 2, no. 2 (2003): 85–101.

Nisbett, R. E., and T. D. Wilson. "The Halo Effect: Evidence for Unconscious Alteration of Judgments." *Journal of Personality and Social Psychology* 35, no. 4 (1977): 250–256.

Oettingen, G., H.-j. Pak, and K. Schnetter. "Self-regulation of Goal-setting: Turning Free Fantasies about the Future into Binding Goals." *Journal of Personality and Social Psychology* 80, no. 5 (2001): 736–753.

Pennebaker, J. W. "Writing about Emotional Experiences as a Therapeutic Process." *Psychological Science* 8, no. 3 (1997): 162–166.

Scher, S. J., and J. M. Darley. "How Effective Are the Things People Say to Apologize? Effects of the Realization of the Apology Speech Act." *Journal of Psycholinguistic Research* 26, no. 1 (1997): 127–140.

Shipp, A. J., S. Furst-Holloway, T. B. Harris, and B. Rosen. "Gone Today but Here Tomorrow: Extending the Unfolding Model of Turnover to Consider Boomerang Employees." *Personnel Psychology* 67 (2014): 421–462.

Smith, R. H., E. Diener, and D. H. Wedell. "Intrapersonal and Social Comparison Determinants of Happiness: A Range-frequency Analysis." *Journal of Personality and Social Psychology* 56, no. 3 (1989): 317–325.

Tversky, A., and D. Kahneman. "Judgment under Uncertainty: Heuristics and Biases." *Science* 185 (1974): 1124–1131.

Woolley, K., and A. Fishbach. "For the Fun of It: Harnessing Immediate Rewards to Increase Persistence in Long-term Goals." *Journal of Consumer Research* 42, no. 6 (2016): 952–966.

에필로그

Tulving, E., and D. M. Thomson. "Encoding Specificity and Retrieval Processes in Episodic Memory." *Psychological Review* 80 (1973): 352–373.

찾아보기

BRING YOUR BRAIN TO WORK

옮긴이 **박상진**

고려대학교 경영학 석사(MBA)과정을 졸업하고 현재 진성과학(주) 대표이사로 재직 중이다. 1996년 창업한 ㈜진성메디텍은 '혁신형 중소기업'에 선정되었고 우리나라의 진단의료산업 발전에 기여했다. 고려대 경영대학원 졸업 컨설팅 프로젝트(ELITE) 최우수상, 서울대학교 인문학 최고위과정(AFP) 최우수 논문상을 수상하였다.

번역한 책으로는 〈스마트 싱킹〉, 〈승리의 경영전략〉(공역), 〈퍼스널 MBA〉(공역), 〈스피치 에센스〉, 〈탁월한 전략이 미래를 창조한다〉, 〈생각의 시크릿〉, 〈신제품 개발 바이블〉(공역) 〈당신의 경쟁전략은 무엇인가?〉(공역) 등이 있다. 기업과 개인의 지속적 성공을 이끄는 데 필수적인 경영실무와 자기계발 관련 서적을 소개하고 있다.

국립암센터 국가 암퇴치 사업과 서울대학교병원 암병동 건립에 기부하는 등 CSR에도 적극적으로 동참하고 있다. 미국, 독일, 오스트리아에서의 출장 경험을 바탕으로 비즈니스맨을 위한 〈비즈니스 인문학 여행기〉 시리즈를 준비하고 있는 그는, 대한민국이 하루 빨리 선진국이 되는 데 일조하기를 꿈꾼다.

추천 **김경일**

아주대학교 심리학과 교수. 고려대학교 심리학과와 동 대학원을 졸업한 후 텍사스 주립대학교 심리학과에서 박사학위를 받았다. 이 책의 저자이자 인지심리학 분야의 세계적 석학인 아트 마크먼 교수의 지도 하에 인간의 판단, 의사결정, 창의성에 관해 연구했다. 저서로 《지혜의 심리학》, 《이끌지 말고 따르게 하라》, 《어쩌면 우리가 거꾸로 해왔던 것들》 등이 있다.

진성북스
도서목록

사람이 가진 무한한 잠재력을 키워가는 **진성북스**는
지혜로운 삶에 나침반이 되는 양서를 만듭니다.

새로운 시대는 逆(역)으로 시작하라!

콘트래리언

이신영 지음
408쪽 | 값 17,000원

위기극복의 핵심은 역발상에서 나온다!

세계적 거장들의 삶과 경영을 구체적이고 내밀하게 들여다본 저
자는 그들의 성공핵심은 많은 사람들이 옳다고 추구하는 흐름에
'거꾸로' 갔다는 데 있음을 발견했다. 모두가 실패를 두려워할 때
도전할 줄 알았고, 모두가 아니라고 말하는 아이디어를 성공적
인 아이디어로 발전시켰으며 최근 15년간 3대 악재라 불린 위기
속에서 기회를 찾고 성공을 거두었다.

● 한국출판문화산업 진흥원 '이달의 책' 선정도서
● KBS 1 라디오 <오한진 이정민의 황금사과> 방송

실력을 성공으로 바꾸는 비결

리더의 존재감은
어디서 나오는가

실비아 앤 휴렛 지음 | 황선영 옮김
308쪽 | 값 15,000원

이 책은 조직의 사다리를 오르는 젊은 직장인과 리더를 꿈꾸는
사람들이 시급하게 읽어야 할 필독서이다. 더이상 서류상의 자
격만으로는 앞으로 다가올 큰 기회를 잡을 수 없다. 사람들에게
자신감과 신뢰성을 보여주는 능력, 즉 강력한 존재감이 필요하
다. 여기에 소개되는 연구 결과는 읽을거리가 많고 생생한 이야
기와 신빙성 있는 자료로 가득하다. 실비아 앤 휴렛은 이 책을
통해 존재감을 완벽하게 드러내는 비법을 전수한다.

● 이코노믹리뷰 추천도서
● 저자 싱커스 50

비즈니스 성공의 불변법칙
경영의 멘탈모델을 배운다!

퍼스널 MBA

조쉬 카우프만 지음 | 이상호, 박상진 옮김
756쪽 | 값 23,500원

"MASTER THE ART OF BUSINESS"

비즈니스 스쿨에 발을 들여놓지 않고도 자신이 원하는 시간과
적은 비용으로 비즈니스 지식을 획기적으로 높이는 방법을 가르
쳐 주고 있다. 실제 비즈니스의 운영, 개인의 생산성 극대화, 그
리고 성과를 높이는 스킬을 배울 수 있다. 이 책을 통해 경영학
을 마스터하고 상위 0.01%에 속하는 부자가 되는 길을 따라가
보자.

● 아마존 경영 & 리더십 트레이닝 분야 1위
● 미국, 일본, 중국 베스트 셀러
● 경영 명저 100권을 녹여 놓은 책

앞서 가는 사람들의 두뇌 습관
스마트 싱킹

아트 마크먼 지음
박상진 옮김
352쪽 | 값 17,000원

보통 사람들은 지능이 높을수록 똑똑한 행동을 할 것이라
생각한다. 하지만 마크먼 교수는 연구를 통해 지능과 스마
트한 행동의 상관관계가 그다지 크지 않음을 증명한다. 한
연구에서는 지능검사 결과, 높은 점수를 받은 아이들을 35
년 동안 추적하여 결국 인생의 성공과 지능지수는 그다지
상관없다는 사실을 밝히기도 했다. 중요한 것은 스마트한
행동으로 이끄는 것은 바로 '생각의 습관'이라는 것이다.
스마트한 습관은 정보와 행동을 연결해 행동을 합리적으
로 수행하도록 하는 일관된 변환(consistent mapping)으
로 형성된다. 곧 스마트 싱킹은 실천을 통해 행동으로 익
혀야 한다는 뜻이다. 스마트한 습관을 창조하여 고품질 지
식을 습득하고, 그 지식을 활용하여 새로운 문제를 창의적
으로 해결해야 스마트 싱킹이 가능한 것이다. 그러려면 끊
임없이 '왜'라고 물어야 한다. '왜'라는 질문에서 우리가 얻
을 수 있는 것은 사물의 원리를 설명하는 인과적 지식이기
때문이다. 스마트 싱킹에 필요한 고품질 지식은 바로 이
인과적 지식을 통해 습득할 수 있다. 이 책은 일반인이 고
품질 지식을 얻어 스마트 싱킹을 할 수 있는 구체적인 방
법을 담고 있다. 예를 들어 문제를 글로 설명하기, 자신에
게 설명해 보기 등 문제해결 방법과 회사와 가정에서 스마
트한 문화를 창조하기 위한 8가지 방법이 기술되어 있다.

● 조선일보 등 주요 15개 언론사의 추천
● KBS TV, CBS방영 및 추천

백 마디 불통의 말, 한 마디 소통의 말

당신은 어떤 말을
하고 있나요?

김종영 지음
248쪽 | 값 13,500원

리더십의 핵심은 소통능력이다. 소통을 체계적으로 연구하는 학문이 바로 수사학이다. 이 책은 우선 사람을 움직이는 힘, 수사학을 집중 조명한다. 그리고 소통의 능력을 필요로 하는 우리 사회의 리더들에게 꼭 필요한 수사적 리더십의 원리를 제공한다. 더 나아가서 수사학의 원리를 실제 생활에 어떻게 적용할 수 있는지 일러준다. 독자는 행복한 말하기와 아름다운 소통을 체험할 것이다.

● SK텔레콤 사보 <Inside M> 인터뷰
● MBC 라디오 <라디오 북 클럽> 출연
● 매일 경제, 이코노믹리뷰, 경향신문 소개
● 대통령 취임 2주년 기념식 특별연설

무엇이 평범한 사람을 유명하게 만드는가?

폭스팩터

앤디 하버마커 지음 | 곽윤정, 이현웅 옮김
265쪽 | 값 14,000원

무의식을 조종하는 매혹의 기술

오제이 심슨, 오펜하이머, 폴 포츠, 수전 보일…논리가 전혀 먹혀들지 않는 이미지 전쟁의 세계. 이는 폭스팩터가 우리의 무의식을 교활하게 점령하고 있기 때문이다. 1%셀러브러티들의 전유물처럼 여겨졌던 행동 설계의 비밀을 일반인들도 누구나 배울 수 있다. 전 세계 스피치 전문가를 매료시킨 강력한 커뮤니케이션기법소통으로, 고민하는 모든 사람들에게 강력 추천한다.

● 폭스팩터는 자신을 드러내기 위해 반드시 필요한 무기
● 조직의 리더나 대중에게 어필하고자 하는 사람을 위한 필독서

새로운 리더십을 위한 지혜의 심리학

이끌지 말고 따르게 하라

김경일 지음
328쪽 | 값 15,000원

이 책은 '훌륭한 리더', '존경받는 리더', '사랑받는 리더'가 되고 싶어하는 모든 사람들을 위한 책이다. 요즘 사회에서는 존경보다 질책을 더 많이 받는 리더들의 모습을 쉽게 볼 수 있다. 저자는 리더십의 원형이 되는 인지심리학을 바탕으로 바람직한 리더의 모습을 하나씩 밝혀준다. 현재 리더의 위치에 있는 사람뿐만 아니라, 앞으로 리더가 되기 위해 노력하고 있는 사람이라면 인지심리학의 새로운 접근에 공감하게 될 것이다. 존경받는 리더로서 조직을 성공시키고, 나아가 자신의 삶에서도 승리하기를 원하는 사람들에게 필독을 권한다.

● OtvN <어쩌다 어른> 특강 출연
● 예스24 리더십 분야 베스트 셀러
● 국립중앙도서관 사서 추천 도서

경쟁을 초월하여 영원한 승자로 가는 지름길

탁월한 전략이
미래를 창조한다

리치 호워드 지음 | 박상진 옮김
300쪽 | 값 17,000원

이 책은 혁신과 영감을 통해 자신들의 경험과 지식을 탁월한 전략으로 바꾸려는 리더들에게 실질적인 프레임워크를 제공해준다. 저자는 탁월한 전략을 위해서는 새로운 통찰을 결합하고 독자적인 경쟁 전략을 세우고 헌신을 이끌어내는 것이 중요하다고 강조한다. 나아가 연구 내용과 실제 사례, 사고 모델, 핵심 개념에 대한 명쾌한 설명을 통해 탁월한 전략가가 되는 데 필요한 핵심 스킬을 만드는 과정을 제시해준다.

● 조선비즈, 매경이코노미 추천도서
● 저자 전략분야 뉴욕타임즈 베스트 셀러

진정한 부와 성공을 끌어당기는 단 하나의 마법

생각의 시크릿

밥 프록터, 그레그 레이드 지음 | 박상진 옮김
268쪽 | 값 13,800원

성공한 사람들은 그렇지 못한 사람들과 다른 생각을 갖고 있는 것인가? 지난 100년의 역사에서 수많은 사람을 성공으로 이끈 성공 철학의 정수를 밝힌다. <생각의 시크릿>은 지금까지 부자의 개념을 오늘에 맞게 더 구체화시켰다. 지금도 변하지 않는 법칙을 따라만 하면 누구든지 성공의 비밀에 다가갈 수 있다. 이 책은 각 분야에서 성공한 기업가들이 지난 100년간의 성공 철학을 어떻게 이해하고 따라했는지 살펴보면서, 그들의 성공 스토리를 생생하게 전달하고 있다.

● 2016년 자기계발분야 화제의 도서
● 매경이코노미, 이코노믹리뷰 소개

성과기반의 채용과 구직을 위한 가이드

100% 성공하는
채용과 면접의 기술

루 아들러 지음 | 이병철 옮김
352쪽 | 값 16,000원

기업에서 좋은 인재란 어떤 사람인가? 많은 인사담당자는 스펙만 보고 채용하다가는 낭패당하기 쉽다고 말한다. 최근 전문가들은 성과기반채용 방식에서 그 해답을 찾는다. 이는 개인의 역량을 기초로 직무에서 성과를 낼 수 있는 요인을 확인하고 검증하는 면접이다. 이 책은 세계의 수많은 일류 기업에서 시도하고 있는 성과기반채용에 대한 개념, 프로세스, 그리고 실패방법을 다양한 사례로 설명하고 있다.

● 2016년 경제경영분야 화제의 도서

세계를 무대로 미래의 비즈니스를 펼쳐라

21세기 글로벌 인재의 조건

시오노 마코토 지음 | 김성수 옮김
244쪽 | 값 15,000원

세계 최고의 인재는 무엇이 다른가? 이 책은 21세기 글로벌 시대에 통용될 수 있는 비즈니스와 관련된 지식, 기술, 그리고 에티켓 등을 자세하게 설명한다. 이 뿐만 아니라 재무, 회계, 제휴 등의 업무에 바로 활용가능한 실무적인 내용까지 다루고 있다. 이 모든 것들이 미래의 주인공을 꿈꾸는 젊은이들에게 글로벌 인재가 되기 위한 발판을 마련해주는데 큰 도움이 될 것이다. 저자의 화려한 국제 비즈니스 경험과 감각을 바탕으로 비즈니스에 임하는 자세와 기본기, 그리고 실천 전략에 대해서 알려준다.

인생의 고수가 되기 위한 진짜 공부의 힘

김병완의 공부혁명

김병완 지음
236쪽 | 값 13,800원

공부는 20대에게 세상을 살아갈 수 있는 힘과 자신감 그리고 내공을 길러준다. 그래서 20대 때 공부에 미쳐 본 경험이 있는 사람과 그렇지 못한 사람은 알게 모르게 평생 큰 차이가 난다. 진짜 청춘은 공부하는 청춘이다. 공부를 하지 않고 어떻게 100세 시대를 살아가고자 하는가? 공부는 인생의 예의이자 특권이다. 20대 공부는 자신의 내면을 발견할 수 있게 해주고, 그로 인해 진짜 인생을 살아갈 수 있게 해준다. 이 책에서 말하는 20대 청춘이란 생물학적인 나이만을 의미하지 않는다. 60대라도 진짜 공부를 하고 있다면 여전히 20대 청춘이고 이들에게는 미래에 대한 확신과 풍요의 정신이 넘칠 것이다.

하버드 경영대학원 마이클 포터의 성공전략 지침서

당신의 경쟁전략은 무엇인가?

조안 마그레타 지음 | 김언수, 김주권, 박상진 옮김
368쪽 | 값 22,000원

이 책은 방대하고 주요한 마이클 포터의 이론과 생각을 한 권으로 정리했다. <하버드 비즈니스리뷰> 편집장 출신인 조안 마그레타(Joan Magretta)는 마이클 포터와의 협력으로 포터교수의 아이디어를 업데이트하고, 이론을 증명하기 위해 생생하고 명확한 사례들을 알기 쉽게 설명한다. 전략경영과 경쟁전략의 핵심을 단기간에 마스터하기 위한 사람들의 필독서이다.

- 전략의 대가, 마이클 포터 이론의 결정판
- 아마존 전략분야 베스트 셀러
- 일반인과 대학생을 위한 전략경영 필독서

세계 초일류 기업이 벤치마킹한
성공전략 5단계

승리의 경영전략

AG 래플리, 로저마틴 지음
김주권, 박광태, 박상진 옮김
352쪽 | 값 18,500원

이 책은 전략의 이론만을 장황하게 나열하지 않는다. 매일 치열한 생존경쟁이 벌어지고 있는 경영 현장에서 고객과 경쟁자를 분석하여 전략을 입안하고 실행을 주도하였던 저자들의 실제 경험과 전략 대가들의 이론이 책속에서 생생하게 살아 움직이고 있다. 혁신의 아이콘인 A.G 래플리는 P&G의 최고책임자로 다시 돌아왔다. 그는 이 책에서 P&G가 실행하고 승리했던 시장지배의 전략을 구체적으로 보여줄 것이다. 생활용품 전문기업인 P&G는 지난 176년간 끊임없이 혁신을 해왔다. 보통 혁신이라고 하면 전화기, TV, 컴퓨터 등 우리 생활에 커다란 변화를 가져오는 기술이나 발명품 등을 떠올리곤 하지만, 소소한 일상을 편리하게 만드는 것 역시 중요한 혁신 중에 하나라고 할 수 있다. 그리고 그러한 혁신은 체계적인 전략의 틀 안에서 지속적으로 이루어질 수 있다. 월 스트리트 저널, 워싱턴 포스트의 베스트셀러인 <Plating to Win: 승리의 경영전략>은 전략적 사고와 그 실천의 핵심을 담고 있다. 래플리는 10년간 CEO로서 전략 컨설턴트인 로저마틴과 함께 P&G를 매출 2배, 이익은 4배, 시장가치는 100조 이상으로 성장시켰다. 이 책은 크고 작은 모든 조직의 리더들에게 대담한 전략적 목표를 일상 속에서 실행하는 방법을 보여주고 있다. 그것은 바로 사업의 성공을 좌우하는 명확하고, 핵심적인 질문인 '어디에서 사업을 해야 하고', '어떻게 승리할 것인가'에 대한 해답을 찾는 것이다.

- 경영대가 50인(Thinkers 50)이 선정한 2014 최고의 책
- 탁월한 경영자와 최고의 경영 사상가의 역작
- 월스트리스 저널 베스트 셀러

대담한 혁신상품은 어떻게 만들어지는가?

신제품 개발 바이블

로버트 쿠퍼 지음 | 류강석, 박상진, 신동영 옮김
648쪽 | 값 28,000원

오늘날 비즈니스 환경에서 진정한 혁신과 신제품개발은 중요한 도전과제이다. 하지만 대부분의 기업들에게 야심적인 혁신은 보이지 않는다. 이 책의 저자는 제품혁신의 핵심성공 요인이자 세계최고의 제품개발 프로세스인 스테이지-게이트(Stage-Gate)에 대해 강조한다. 아울러 올바른 프로젝트 선택 방법과 스테이지-게이트 프로세스를 활용한 신제품개발 성공 방법에 대해서도 밝히고 있다. 신제품은 기업번영의 핵심이다. 이러한 방법을 배우고 기업의 실적과 시장 점유율을 높이는 대담한 혁신을 성취하는 것은 담당자, 관리자, 경영자의 마지노선이다.

기초가 탄탄한 글의 힘

실용 글쓰기 정석

황성근 지음 | 252쪽 | 값 13,500원

글쓰기는 인간의 기본 능력이자 자신의 능력을 발휘하는 핵심적인 도구이다. 글은 이론만으로 잘 쓸 수 없다. 좋은 글을 많이 읽고 체계적인 연습이 필요하다. 이 책에서는 기본 원리와 구성, 나아가 활용 수준까지 글쓰기의 모든 것을 다루고 있다. 이 책은 지금까지 자주 언급되고 무조건적으로 수용되던 기존 글쓰기의 이론들을 아예 무시했다. 실제 글쓰기를 할 때 반드시 필요하고 알아두어야 하는 내용만을 담았다. 책의 내용도 외울 필요가 없고 소설 읽듯하면 바로 이해되고 그 과정에서 원리를 터득할 수 있도록 심혈을 기울인 책이다. 글쓰기에 대한 깊은 고민에 빠진 채 그 방법을 찾지 못해 방황하고 있는 사람들에게 필독하길 권한다.

회사를 살리는 영업 AtoZ

세일즈 마스터

이장석 지음 | 396쪽 | 값 17,500원

영업은 모든 비즈니스의 꽃이다. 오늘날 경영학의 눈부신 발전과 성과에도 불구하고, 영업관리는 여전히 비과학적인 분야로 남아 있다. 영업이 한 개인의 개인기나 합법과 불법을 넘나드는 묘기의 수준에 남겨두는 한, 기업의 지속적 발전은 한계에 부딪히기 마련이다. 이제 편법이 아닌 정석에 관심을 쏟을 때다. 본질을 망각한 채 결과에 올인하는 영업직원과 눈앞의 성과만으로 모든 것을 평가하려는 기형적인 조직문화는 사라져야 한다. 이 책은 영업의 획기적인 리엔지니어링을 위한 AtoZ를 제시한다. 디지털과 인공지능 시대에 더 인정받는 영업직원과 리더를 위한 필살기다.

언제까지 질병으로 고통받을 것인가?

난치병 치유의 길

앤서니 윌리엄 지음 | 박용준 옮김
468쪽 | 값 22,000원

이 책은 현대의학으로는 치료가 불가능한 질병으로 고통 받는 수많은 사람들에게 새로운 치료법을 소개한다. 저자는 사람들이 무엇으로 고통 받고, 어떻게 그들의 건강을 관리할 수 있는지에 대한 영성의 목소리를 들었다. 현대 의학으로는 설명할 수 없는 질병이나 몸의 비정상적인 상태의 근본 원인을 밝혀주고 있다. 당신이 원인불명의 증상으로 고생하고 있다면 이 책은 필요한 해답을 제공해 줄 것이다.

● 아마존 건강분야 베스트 셀러 1위

질병의 근본 원인을 밝히고 남다른 예방법을 제시한다

의사들의 120세 건강 비결은 따로 있다

마이클 그레거 지음 | 홍영준, 강태진 옮김
❶ 질병원인 치유편 | 564쪽 | 값 22,000원
❷ 질병예방 음식편 | 340쪽 | 값 15,000원

미국 최고의 영양 관련 웹사이트인 http://NutritionFacts.org를 운영 중인 세계적인 영양전문가이자 내과의사가 과학적인 증거로 치명적인 질병으로 사망하는 원인을 규명하고 병을 예방하고 치유하는 식습관에 대해 집대성한 책이다. 저자는 영양과 생활방식의 조정이 처방약, 항암제, 수술보다 더 효과적일 수 있다고 강조한다. 우수한 건강서로서 모든 가정의 구성원들이 함께 읽고 실천하면 좋은 '가정건강지킴이'로서 손색이 없다.

● 아마존 식품건강분야 1위   ● 출간 전 8개국 판권계약

나와 당신을 되돌아보는, 지혜의 심리학

어쩌면 우리가 거꾸로 해왔던 것들

김경일 지음 | 272쪽 | 값 15,000원

저자는 이 책에서 수십 년 동안 심리학을 공부해오면서 사람들로부터 가장 많은 공감을 받은 필자의 말과 글을 모아 엮었다. 수많은 독자와 청중들이 '아! 맞아. 내가 그랬었지'라며 지지했던 내용이다. 다양한 사람들이 공감한 내용들의 방점은 이렇다. 안타깝게도 세상을 살아가는 우리 대부분은 '거꾸로'하고 있는지도 모른다. 이 책은 지금까지 일상에서 거꾸로 해온 것을 반대로, 즉 우리가 '거꾸로 해왔던 수많은 말과 행동들'을 조금이라도 제자리로 되돌아보려는 노력의 산물이다. 이런 지혜를 터득하고 심리학을 생활 속에서 실천하길 바란다.

유능한 리더는 직원의 회복력부터 관리한다

스트레스 받지 않는 사람은 무엇이 다른가

데릭 로저, 닉 페트리 지음
김주리 옮김 | 308쪽 | 값 15,000원

이 책은 흔한 스트레스 관리에 관한 책이 아니다. 휴식을 취하는 방법에 관한 책도 아니다. 인생의 급류에 휩쓸리지 않고 어려움을 헤쳐 나갈 수 있는 능력인 회복력을 강화하여 삶을 주체적으로 사는 법에 관한 명저다. 엄청난 무게의 힘든 상황에서도 감정적 반응을 재설계하도록 하고, 스트레스 증가 외에는 아무런 도움이 되지 않는 자기 패배적 사고 방식을 깨는 방법을 제시한다. 깨어난 순간부터 자신의 태도를 재조정하는 데 도움이 되는 사례별 연구와 극복 기술을 소개한다.

상위 7% 우등생 부부의 9가지 비결

사랑의 완성 결혼을 다시 생각하다

그레고리 팝캑 지음
민지현 옮김 | 396쪽 | 값 16,500원

결혼 상담 치료사인 저자는 특별한 부부들이 서로를 대하는 방식이 다른 모든 부부관계에도 도움이 된다고 알려준다. 그리고 성공적인 부부들의 삶과 그들의 행복비결을 밝힌다. 저자 자신의 결혼생활 이야기를 비롯해 상담치료 사례와 이에대한 분석, 자가진단용 설문, 훈련 과제 및 지침 등으로 구성되어 있다. 이 내용들은 오랜 결혼 관련 연구논문으로 지속적으로 뒷받침되고 있으며 효과가 입증된 것들이다. 이 책을 통해 독자들은 자신의 어떤 점이 결혼생활에 부정적으로 작용하며, 긍정적인 변화를 위해서는 어떤 노력을 해야 하는지 배울 수 있다.

기후의 역사와 인류의 생존

시그널

벤저민 리버만, 엘리자베스 고든 지음
은종환 옮김 | 440쪽 | 값 18,500원

이 책은 인류의 역사를 기후변화의 관점에서 풀어내고 있다. 인류의 발전과 기후의 상호작용을 흥미 있게 조명한다. 인류 문화의 탄생부터 현재에 이르기까지 역사의 중요한 지점을 기후의 망원경으로 관찰하고 해석한다. 당시의 기후조건이 필연적으로 만들어낸 여러 사회적인 변화를 파악한다. 결코 간단하지 않으면서도 흥미진진한, 그리고 현대인들이 심각하게 다뤄야 할 이 주제에 대해 탐구를 시작하고자 하는 독자에게 이 책이 좋은 길잡이가 되리라 기대해본다.

"비즈니스의 성공을 위해
꼭 알아야하는 경영의 핵심지식"

퍼스널 MBA

조쉬 카우프만 지음
이상호, 박상진 옮김
756쪽 | 값 25,000원

지속가능한 성공적인 사업은 경영의 어느 한 부분의 탁월성만으로는 불충분하다. 이는 가치창조, 마케팅, 영업, 유통, 재무회계, 인간의 이해, 인적자원 관리, 전략을 포함한 경영관리 시스템 등 모든 부분의 지식과 경험 그리고 통찰력이 갖추어 질 때 가능한 일이다. 그렇다고 그 방대한 경영학을 모두 섭렵할 필요는 없다고 이 책의 저자는 강조한다. 단지 각각의 경영원리를 구성하고 있는 멘탈 모델(Mental Model)을 제대로 익힘으로써 가능하다.

세계 최고의 부자인 빌게이츠, 워런버핏과 그의 동업자 찰리 멍거(Charles T. Munger)를 비롯한 많은 기업가들이 이 멘탈모델을 통해서 비즈니스를 시작하고, 또 큰 성공을 거두었다. 이 책에서 제시하는 경영의 핵심개념 248가지를 통해 독자들은 경영의 멘탈모델을 습득하게 된다.

필자는 지난 5년간 수천 권이 넘는 경영 서적을 읽었다. 수백 명의 경영 전문가를 인터뷰하고, 포춘지 선정 세계 500대 기업에서 일을 했으며, 사업도 시작했다. 그 과정에서 배우고 경험한 지식들을 모으고, 정제하고, 잘 다듬어서 몇 가지 개념으로 정리하게 되었다. 이들 경영의 기본 원리를 이해한다면, 현명한 의사결정을 내리는 데 유익하고 신뢰할 수 있는 도구를 얻게 된다. 이러한 개념들의 학습에 시간과 노력을 투자해 마침내 그 지식을 활용할 수 있게 된다면, 독자는 어렵지 않게 전 세계 인구의 상위 1% 안에 드는 탁월한 사람이 된다. 이 책의 주요내용은 다음과 같다.

● 실제로 사업을 운영하는 방법
● 효과적으로 창업하는 방법
● 기존에 하고 있던 사업을 더 잘 되게 하는 방법
● 경영 기술을 활용해 개인적 목표를 달성하는 방법
● 조직을 체계적으로 관리하여 성과를 내는 방법

언어를 넘어 문화와 예술을 관통하는 수사학의 힘

현대 수사학

요아힘 크나페 지음
김종영, 홍설영 옮김 | 480쪽 | 값 25,000원

이 책의 목표는 인문학, 문화, 예술, 미디어 등 여러 분야에 수사학을 접목시킬 현대 수사학이론을 개발하는 것이다. 수사학은 본래 언어적 형태의 소통을 연구하는 학문이라서 기초이론의 개발도 이 점에 주력하였다. 그 결과 언어적 소통의 관점에서 수사학의 역사를 개관하고 정치 수사학을 다루는 서적은 꽤 많지만, 수사학 이론을 현대적인 관점에서 새롭고 포괄적으로 다룬 연구는 눈에 띄지 않는다. 이 책은 수사학이 단순히 언어적 행동에만 국한하지 않고, '소통이 있는 모든 곳에 수사학도 있다'는 가정에서 출발한다. 이를 토대로 크나페 교수는 현대 수사학 이론을 체계적으로 개발하고, 문학, 음악, 이미지, 영화 등 실용적인 영역에서 수사학적 분석이 어떻게 가능한지를 총체적으로 보여준다.

고혈압, 당뇨, 고지혈증, 골관절염…
큰 병을 차단하는 의사의 특별한 건강관리법

몸의 경고

박제선 지음 | 336쪽 | 값 16,000원

현대의학은 이제 수명 연장을 넘어, 삶의 질도 함께 고려하는 상황으로 바뀌고 있다. 삶의 '길이'는 현대의료시스템에서 잘 챙겨주지만, '삶의 질'까지 보장받기에는 아직 갈 길이 멀다. 삶의 질을 높이려면 개인이 스스로 해야 할 일이 있다. 진료현장의 의사가 개인의 세세한 건강을 모두 신경 쓰기에는 역부족이다. 이 책은 아파서 병원을 찾기 전에 스스로 '예방'할 수 있는 영양요법과 식이요법에 초점 을 맞추고 있다. 병원에 가기 두렵거나 귀찮은 사람, 이미 질환을 앓고 있지만 심각성을 깨닫지 못하는 사람들에게 가정의학과 전문의가 질병 예방 길잡이를 제공하는 좋은 책이다.

감정은 인간을 어떻게 지배하는가

감정의 역사

롭 보디스 지음 | 민지현 옮김 | 356쪽 |
값 16,500원

이 책은 몸짓이나 손짓과 같은 제스처, 즉 정서적이고 경험에 의해 말하지 않는 것들을 설득력 있게 설명한다. 우리가 느끼는 시간과 공간의 순간에 마음과 몸이 존재하는 역동적인 산물이라고 주장하면서, 생물학적, 인류학적, 사회 문화적 요소를 통합하는 진보적인 접근방식을 사용하여 전 세계의 정서적 만남과 개인 경험의 변화를 설명한다. 감정의 역사를 연구하는 최고 학자 중 한 명으로, 독자들은 정서적 삶에 대한 그의 서사적 탐구에 매혹당하고, 감동받을 것이다.

하버드 경영 대학원 마이클 포터의 성공전략 지침서

당신의 경쟁전략은 무엇인가?

조안 마그레타 지음
김언수, 김주권, 박상진 옮김
368쪽 | 값 22,000원

마이클 포터(Michael E. Porter)는 전략경영 분야의 세계 최고 권위자다. 개별 기업, 산업구조, 국가를 아우르는 연구를 전개해 지금까지 17권의 저서와 125편 이상의 논문을 발표했다. 저서 중 『경쟁전략(Competitive Strategy)』(1980), 『경쟁우위(Competitive Advantage)』(1985), 『국가경쟁우위(The Competitive Advantage of Nations)』(1990) 3부작은 '경영전략의 바이블이자 마스터피스'로 공인받고 있다. 경쟁우위, 산업구조 분석, 5가지 경쟁요인, 본원적 전략, 차별화, 전략적 포지셔닝, 가치사슬, 국가경쟁력 등의 화두는 전략 분야를 넘어 경영학 전반에 새로운 지평을 열었고, 사실상 세계 모든 경영 대학원에서 핵심적인 교과목으로 다루고 있다. 이 책은 방대하고 주요한 마이클 포터의 이론과 생각을 한 권으로 정리했다. <하버드 비즈니스리뷰> 편집장 출신인 저자는 폭넓은 경험을 바탕으로 포터 교수의 강력한 통찰력을 경영일선에 효과적으로 적용할 수 있도록 설명한다. 즉, "경쟁은 최고가 아닌 유일무이한 존재가 되고자 하는 것이고, 경쟁자들 간의 싸움이 아니라, 자사의 장기적 투하자본이익률(ROIC)을 높이는 것이다." 등 일반인들이 잘못 이해하고 있는 포터의 이론들을 명백히 한다. 전략경영과 경쟁전략의 핵심을 단기간에 마스터하여 전략의 전문가로 발돋움 하고자 하는 대학생은 물론 전략에 관심이 있는 MBA과정의 학생들을 위한 필독서이다. 나아가 미래의 사업을 주도하여 지속적 성공을 꿈꾸는 기업의 관리자에게는 승리에 대한 영감을 제공해 줄 것이다.

● 전략의 대가, 마이클 포터 이론의 결정판
● 아마존전략 분야 베스트 셀러
● 일반인과 대학생을 위한 전략경영 필독서

UN 선정, 미래 경영의 17가지 과제

지속가능발전목표란 무엇인가?

딜로이트 컨설팅 엮음 | 배정희, 최동건 옮김 | 360쪽 | 값 17,500원

지속가능발전목표(SDGs)는 세계 193개국으로 구성된 UN에서 2030년까지 달성해야 할 사회과제 해결을 목표로 설정됐으며, 2015년 채택 후 순식간에 전 세계로 퍼졌다. SDGs의 큰 특징 중 하나는 공공, 사회, 개인(기업)의 세 부문에 걸쳐 널리 파급되고 있다는 점이다. 그러나 SDGs가 세계를 향해 던지는 근본적인 질문에 대해서는 사실 충분한 이해와 침투가 이뤄지지 않고 있다. SDGs는 단순한 외부 규범이 아니다. 단순한 자본시장의 요구도 아니다. 단지 신규사업이나 혁신의 한 종류도 아니다. SDGs는 과거 수십 년에 걸쳐 글로벌 자본주의 속에서 면면이 구축되어온 현대 기업경영 모델의 근간을 뒤흔드는 변화(진화)에 대한 요구다. 이러한 경영 모델의 진화가 바로 이 책의 주요 테마다.

노자, 궁극의 리더십을 말하다

2020 대한민국을 통합 시킬 주역은 누구인가?

안성재 지음 | 524쪽 | 값 19,500원

노자는 "나라를 다스리는 것은 간단하고도 온전한 원칙이어야지, 자꾸 복잡하게 그 원칙들을 세분해서 강화하면 안된다!"라고 일갈한다. 법과 제도를 세분해서 강화하지 않고 원칙만으로 다스리는 것이 바로 대동사회다. 원칙을 수많은 항목으로 세분해서 통제한 것은 소강사회의 모태가 되므로 경계하지 않으면 안된다. 이 책은 [도덕경]의 오해와 진실 그 모든 것을 이야기한다. 동서고금을 아우르는 지혜가 살아넘친다. [도덕경] 한 권이면 국가를 경영하는 정치지도자에서 기업을 경영하는 관리자까지 리더십의 본질을 꿰뚫을 수 있을 것이다.

나의 경력을 빛나게 하는 인지심리학

커리어 하이어

아트 마크먼 지음 | 박상진 옮김 | 340쪽 | 값 17,000원

이 책은 세계 최초로 인지과학 연구 결과를 곳곳에 배치해 '취업-업무 성과-이직'으로 이어지는 경력 경로 전 과정을 새로운 시각에서 조명했다. 또한, 저자인 아트 마크먼 교수가 미국 텍사스 주립대의 '조직의 인재 육성(HDO)'이라는 석사학위 프로그램을 직접 개설하고 책임자까지 맡으면서 '경력관리'에 대한 이론과 실무를 직접 익혔다. 따라서 탄탄한 이론과 직장에서 바로 적용할 수 있는 실용성까지 갖추고 있다. 특히 2부에서 소개하는 성공적인 직장생활의 4가지 방법들은 이 책의 백미라고 볼 수 있다.

"질병의 근본 원인을 밝히고 남다른 예방법을 제시한다"

의사들의 120세 건강비결은 따로 있다

마이클 그레거 지음
홍영준, 강태진 옮김
❶ 질병원인 치유편 값 22,000원 | 564쪽
❷ 질병예방 음식편 값 15,000원 | 340쪽

우리가 미처 몰랐던 질병의 원인과 해법
질병의 근본 원인을 밝히고 남다른 예방법을 제시한다

건강을 잃으면 모든 것을 잃는다. 의료 과학의 발달로 조만간 120세 시대도 멀지 않았다. 하지만 우리의 미래는 '얼마나 오래 살 것인가?'보다는 '얼마나 건강하게 오래 살 것인가?'를 고민해야하는 시점이다. 이 책은 질병과 관련된 주요 사망 원인에 대한 과학적 인과관계를 밝히고, 생명에 치명적인 병을 예방하고 건강을 회복시킬 수 있는 방법을 명쾌하게 제시한다. 수천 편의 연구결과에서 얻은 적절한 영양학적 식이요법을 통하여 건강을 획기적으로 증진시킬 수 있는 과학적 증거를 밝히고 있다. 15가지 주요 조기 사망 원인들(심장병, 암, 당뇨병, 고혈압, 뇌질환 등)은 매년 미국에서만 1백 6십만 명의 생명을 앗아간다. 이는 우리나라에서도 주요 사망원인이다. 이러한 비극의 상황에 동참할 필요는 없다. 강력한 과학적 증거가 뒷받침된 그레거 박사의 조언으로 치명적 질병의 원인을 정확히 파악하라. 그리고 장기간 효과적인 음식으로 위험인자를 적절히 예방하라. 그러면 비록 유전적인 단명요인이 있다 해도 이를 극복하고 장기간 건강한 삶을 영위할 수 있다. 이제 인간의 생명은 운명이 아니라, 우리의 선택에 달려있다. 기존의 건강서와는 차원이 다른 이 책을 통해서 '더 건강하게, 더 오래 사는' 무병장수의 시대를 활짝 열고, 행복한 미래의 길로 나아갈 수 있을 것이다.

● 아마존 의료건강분야 1위
● 출간 전 8개국 판권계약

120세 건강과 인문학 독서클럽

1. 취지

세상이 빠르게 변화하고 있습니다. 눈부신 기술의 진보 특히, 인공지능, 빅데이터, 초연결 그리고 유전의학과 정밀의료의 발전은 우리를 지금까지 없었던 새로운 세상으로 안내하고 있습니다. 앞으로 산업과 직업, 일과 건강관리의 변혁은 피할 수 없게 되었습니다.

이러한 변화에 따라 <120세 건강과 인문학>은 '건강은 건강할 때 지키자'라는 취지에서 신체적 건강, 정신적 건강, 사회적 건강이 조화를 이루는 건강한 삶을 찾아 나가자는 클럽입니다. 인간의 한계수명이 120세로 늘어난 지금 급격한 고령인구의 증가는 국가 의료재정에 큰 부담이 되리라 예측되고 있습니다. 우리는 건강을 지키는 것 자체가 사회와 국가에 커다란 기여를 하는 시대에 살고 있는 것입니다.

우리의 목표는 분명합니다. 스스로 자신의 건강을 지키면서 능동적인 사회활동의 기간을 충분히 연장하는 것입니다. 전문가로부터 최신의학이 전해주는 건강과학을 배우고, 5년 동안 불멸의 동서양 고전 100권을 함께 읽으며 '건강한 마음'을 위한 인문학적 소양을 넓혀 삶의 의미를 찾아볼 것입니다. 의학과 인문학의 조화를 통해 건강한 인간으로 사회에 선한 영향력을 발휘하고, 주체적인 삶을 살기 위한 지혜를 모색해가고자 합니다.

건강과 인문학을 위한 실천의 장에 여러분을 초대합니다.

2. 2020년 프로그램 일정표

월	읽을 책 (Main-Text)	건강강의	일정	월	읽을 책 (Main-Text)	건강강의	일정
1월	베니스의 상인 - 윌리엄셰익스피어	스마트 웰에이징	1/8 1/22	7월	코스모스 - 칼세이건	신장질환 예방관리	7/89 7/22
2월	신화의 힘 - 조지프 캠벨	왜, 의학 인문학인가?	2/12 2/26	8월	적과 흑 - 스탕달	유방암 예방관리	8/12 8/26
3월	군주론 - 니콜로 마키아벨리	심혈관질환 예방관리	3/11 3/25	9월	아들러의 인간이해 - 알프레드 아들러	전립선암 예방관리	9/9 9/23
4월	오주석의 한국의 미 특강	소화기암 예방관리	4/8 4/22	10월	미적 교육론 - 프리드리히 실러	우울증 예방관리	10/7 10/21
5월	하늘과 바람과 별과 시 - 윤동주	당뇨병 예방관리	5/13 5/27	11월	2020년 노벨문학상 수상작가 작품특강		11/11 11/25
6월	사기 - 사마천	간질환 예방관리	6/10 6/24	12월	순수 이성비판 - 임마누엘 칸트	감염병 예방과 면역력 향상	12/9 12/19

※ 건강(의학) 강의 주제는 사정에 따라 변경 될 수 있습니다.

3. 2018~2019년 도서목록

	2018년도	2019년도
1월	신년모임과 창립모임 / 건강(의학)	사랑의 기술 / 에리히 프롬
2월	생각의 시대 / 김용규	열하일기 / 박지원
3월	어린 왕자 / 생텍쥐페리	국가 / 플라톤
4월	삼국유사 / 일연	광장 / 최인훈
5월	인생 / 위화	건축과 도시의 인문학 / 김석철
6월	서양미술사 / E . H 곰브리치	선악의 저편 / 니체
7월	아리스토텔레스의 수사학 / 아리스토텔레스	거의 모든것 의 역사 / 빌 브라이슨
8월	일리아스 / 호메로스	그리스인 조르바 / 니스코스 카잔차키스
9월	정신분석입문 / 프로이트	파우스트 / 괴테
10월	철학의 위안 / 알랭 드 보통	원형과 무의식 / 칼 융
11월	노벨문학상 수상자 작품	관객모독 / 페터 한트케 방랑자들 / 올가 토카르추크
12월	총, 균, 쇠 / 젤러드 다이아몬드	가라마조프家의 형제들 / 도스토예프스키

4. 회원 모집 안내

1) **둘째 주 수요일**은 해당 책의 개관과 토론 주제를 발표하고,
   적극적인 토론 참여를 통해 생각의 범위를 확장해나가는 시간입니다

2) **넷째 주 수요일**은 해당 책에 대한 전문가의 종합적 특강과 질의응답으로
   책 한 권을 전체적으로 이해하는 시간입니다.

3) 자세한 내용은 〈**120세 건강과 인문학**〉 네이버 밴드에서 확인할 수 있습니다.
   https://band.us/@heathandhumanities

참가 독서와 건강에 관심이 많으신 분은 누구나 참여할 수 있습니다.

회비 30만 원(6개월) - 저녁식사,강의자료 등 포함

일시 매월 2, 4주 수요일(18:00 ~ 22:00)

장소 서울시 강남구 영동대로85길 38, 10층(진성빌딩)

문의 02-3452-7762

"책을 읽는다는 건 인류가 고안해 낸 가장 멋진 놀이[유희(Spiel)]"
비스와바 쉼보르스카(폴란드 시인, 1923~2012, 1996년도 노벨문학상 수상)

기업체 교육안내 <탁월한 전략의 개발과 실행>

월스트리트 저널(WSJ)이 포춘 500대 기업의 인사 책임자를 조사한 바에 따르면, 관리자에게 가장 중요한 자질은 <전략적 사고>로 밝혀졌다. 750개의 부도기업을 조사한 결과 50%의 기업이 전략적 사고의 부재에서 실패의 원인을 찾을 수 있었다. 시간, 인력, 자본, 기술을 효과적으로 사용하고 이윤과 생산성을 최대로 올리는 방법이자 기업의 미래를 체계적으로 예측하는 수단은 바로 '전략적 사고'에서 시작된다.

전략적 사고

부서를 초월한 업무능력

성과도출 능력

전반적 리더십

핵심재무/회계의 이해

<관리자의 필요 자질>

새로운 시대는 새로운 전략!

- 세계적인 저성장과 치열한 경쟁은 많은 기업들을 어려운 상황으로 내몰고 있다. 산업의 구조적 변화와 급변하는 고객의 취향은 경쟁우위의 지속성을 어렵게 한다. 조직의 리더들에게 사업적 혜안(Acumen)과 지속적 혁신의지가 그 어느 때보다도 필요한 시점이다.

- 핵심기술의 모방과 기업 가치사슬 과정의 효율성으로 달성해온 품질대비 가격경쟁력이 후발국에게 잠식당할 위기에 처해있다. 산업구조 조정만으로는 불충분하다. 새로운 방향의 모색이 필요할 때이다.

- 기업의 미래는 전략이 좌우한다. 장기적인 목적을 명확히 설정하고 외부환경과 기술변화를 면밀히 분석하여 필요한 역량과 능력을 개발해야 한다. 탁월한 전략의 입안과 실천으로 차별화를 통한 지속가능한 경쟁우위를 확보해야 한다. 전략적 리더십은 기업의 잠재력을 효과적으로 이끌어 낸다.

<탁월한 전략> 교육의 기대효과

① 통합적 전략교육을 통해서 직원들의 주인의식과 몰입의 수준을 높여 생산성의 상승을 가져올 수 있다.

② 기업의 비전과 개인의 목적을 일치시켜 열정적으로 도전하는 기업문화로 성취동기를 극대화할 수 있다.

③ 차별화로 추가적인 고객가치를 창출하여 장기적인 경쟁우위를 바탕으로 지속적 성공을 가져올 수 있다.

- 이미 발행된 관련서적을 바탕으로 <탁월한 전략>의 필수적인 3가지 핵심 분야(전략적 사고, 전략의 구축과 실행, 전략적 리더십)를 통합적으로 마스터하는 프로그램이다.

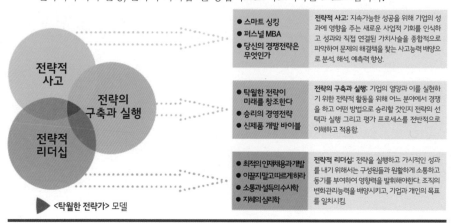

전략적 사고

전략의 구축과 실행

전략적 리더십

▶ <탁월한 전략가> 모델

- 스마트 싱킹
- 퍼스널 MBA
- 당신의 경쟁전략은 무엇인가

전략적 사고: 지속가능한 성공을 위해 기업의 성과에 영향을 주는 새로운 사업적 기회를 인식하고 성과와 직접 연결된 가치사슬을 종합적으로 파악하여 문제의 해결책을 찾는 사고능력 배양으로 분석, 해석, 예측력 향상.

- 탁월한 전략이 미래를 창조한다
- 승리의 경영전략
- 신제품 개발 바이블

전략의 구축과 실행: 기업의 열망과 이를 실현하기 위한 전략적 활동을 위해 어느 분야에서 경쟁을 하고 어떤 방법으로 승리할 것인지 전략의 선택과 실행 그리고 평가 프로세스를 전반적으로 이해하고 적용함.

- 최적의 인재채용과 개발
- 이끌지 말고 따르게 하라
- 소통과 설득의 수사학
- 지혜의 심리학

전략적 리더십: 전략을 실행하고 가시적인 성과를 내기 위해서는 구성원들과 원활하게 소통하고 동기를 부여하여 영향력을 발휘해야한다. 조직의 변화관리능력을 배양시키고, 기업과 개인의 목표를 일치시킴.

특강 및 교육 신청 문의: 진성북스, 02-3452-7762